Andreas Ebert

Schwarzes Feuer
Weißes Feuer

(M)ein Glaubensbekenntnis

claudius

Die Bibelübertragungen
stammen vom Autor selbst

Copyright © Claudius Verlag, München 2018
www.claudius.de

Alle Rechte vorbehalten. Das Werk darf – auch teilweise –
nur mit Genehmigung des Verlages wiedergegeben werden.
Umschlaggestaltung: Weiss Werkstatt, München
Layout: Mario Moths, Marl
Gesetzt aus der Sabon und Neris
Umschlagfoto: © privat
Druck: cpi – Clausen & Bosse, Leck

ISBN 978-3-532-62816-4

INHALT

*Der Prozess der Bibelinterpretation ist ... nicht
zu Ende. Jeder, der sich Gedanken etwa über eine
biblische Geschichte, einen Vers oder auch nur einen
Buchstaben macht, wird betrachtet, als schriebe er
an der Thora [Anm.: die 5 Bücher Mose, Herz der
hebräischen Bibel] weiter. Jeder tut dies entsprechend
seinem geistigen Wachstum ... Ich bin zutiefst davon
überzeugt, dass diese Empfindung für Wachstum in
der Thora selbst enthalten ist, dass die Thora selbst
diese beabsichtigt ... Die Thora wurde geschrieben
schwarzes auf weißes Feuer.*

(RABBINER MICHAEL GOLDBERGER)[1]

*Jeder Schriftgelehrte, der ein Jünger des Himmelreichs
geworden ist, gleicht einem Hausvater, der aus seinem
Schatz Neues und Altes hervorholt.*

(JESUS NACH MATTHÄUS 13,52)

*Christus hat uns befähigt, Diener des neuen Bundes zu
sein, nicht des Buchstabens sondern des Geistes. Denn
der Buchstabe tötet, der Geist aber macht lebendig.*

(PAULUS, 2. KORINTHER 3,6)

*Manchmal muss der Geist der Bibel den Buchstaben
der Bibel heilen.*

(EUGEN BISER ZUGESCHRIEBEN)

Einleitung

„Da steh' ich drauf" sagt man, wenn man sich zu speziellen kulinarischen, modischen oder sexuellen Vorlieben bekennt. „Worauf ich stehe" hieß ein Projekt, das vom Spirituellen Zentrum St. Martin in München aus bundesweit zum Mitmachen einlud. Es hat dazu motiviert, persönliche Glaubensbekenntnisse zu formulieren. Dabei hat sich gezeigt, dass heute nur wenige so vollmundig bekennen können wie einst Luther. Er hatte ja angeblich auf dem Reichstag zu Worms sein Bekenntnis vor Kaiser Karl V. mit dem tapferen Satz beendet: „Hier stehe ich, ich kann nicht anders!" Viele von uns Heutigen hingegen scheinen eher auf Treibsand zu stehen als auf festem Grund, wenn es um Gott, den Sinn des Lebens oder andere „letzte Fragen" geht. Uns ist bewusster als früher, dass es in Glaubensdingen keine absolute Sicherheit gibt und dass wir die eigenen Zweifel (und sogar den Atheismus!) mitbedenken und in den Glauben integrieren müssen, bevor wir Glaubensinhalte formulieren können.

Weil es nicht einfach ist, im Glauben „sprachfähig" zu werden, kann es ein abenteuerliches Unternehmen sein, Tastversuche zu wagen, um das letztlich Unsagbare in Worte zu fassen. Nicht nur Theologen, sondern wir alle sollten – so meine ich – gelegentlich Rechenschaft geben über das Lebensfundament, auf dem sie und wir stehen. Dies muss nicht in religiöse Sprache oder Bilder gekleidet sein. Manche glauben an Liebe, Treue, Freundschaft oder an das Gute im Menschen. Das kann für die Lebenspraxis bedeutungsvoller sein als abgehobene dogmatisch „richtige" Sätze. Viele tragen Gott und Religion plakativ vor sich her und haben dabei das eigene Seelenheil im Sinn oder das Bedürfnis, recht zu haben. Andere kennen Gott nicht und sind sich auch keiner metaphysischen Bedürfnisse bewusst, aber dennoch setzen sie sich unspektakulär für Gerechtigkeit und Frieden ein, für die Schöpfung, für Kinder, Behinderte, Schwache, Flüchtlinge, Alte oder Sterbende.

Jesus sagt: „Es werden nicht alle, die zu mir ‚Herr! Herr!' sagen, in das Himmelreich kommen, sondern die den Willen meines Vaters im Himmel *tun*!" (Matthäus 7,21). Damit beschreibt er eine mögliche Diskrepanz zwischen *Orthodoxie* (rechter Glaubenslehre) und *Orthopraxie* (rechter Lebensführung). Ähnlich formuliert er es im Gleichnis vom Weltgericht (Matthäus 25), wo diejenigen gepriesen werden, die Hungrige gesättigt, Kranke besucht und Fremde aufgenommen haben – ohne zu wissen, dass Jesus in ihnen verborgen war. Dostojewskij schreibt: „Ich definiere Orthodoxie nicht als mystischen Glauben, sondern als Menschenliebe ... Das Element des Glaubens besteht im lebendigen Leben, in der inneren Würde."[2] Franz von Assisi soll gesagt haben: „Verkündigt das Evangelium zu jeder Zeit und wenn unbedingt nötig, verwendet dabei auch Worte!"

Besonders in der franziskanischen Tradition existiert das Bewusstsein, dass es neben der kirchlich anerkannten „Orthodoxie" auch eine „alternative Orthodoxie" gibt. Sie fragt mehr nach der rechten Praxis als nach der korrekten Theorie. Sie enthält aber auch einen großen Schatz von Glaubensdeutungen, die – oft aus machtpolitischen Gründen – nicht zu offizieller Kirchenlehre wurden. Zum Teil wurden Anhänger solcher „Häresien" verfolgt und ihre Schriften verboten. Das gilt bereits für manche der sogenannten apokryphen (verborgenen) frühchristlichen Schriften wie das Thomasevangelium, die nicht in den biblischen Kanon aufgenommen wurden. Erst Mitte des 20. Jahrhunderts fand man viele dieser Manuskripte, die in der ägyptischen Wüste versteckt worden waren. Andere Lehrmeinungen wiederum haben sich zwar nicht durchsetzen können, sind aber nie verdammt worden. Man kann sie mit den Minderheitsvoten von Verfassungsgerichten vergleichen, die eigens protokolliert werden. Denn nicht immer ist die Mehrheit im Recht. So manche Mehrheitsentscheidung in Glaubensfragen hatte eine problematische Wirkungsgeschichte, während sich manch eine einst ignorierte Minderheitsmeinung heute als hoch aktuell und zukunftsweisend erweisen könnte.

Mein Credo

Auch der frömmste Christ selektiert aus der Fülle der Glaubensaussagen der Bibel und der christlichen Tradition. *Die* christliche Lehre gibt es nicht. *Jeder* Glaube ist ein Patchwork aus konservativen und liberalen, christlichen und nichtchristlichen, religiösen und „weltlichen" Zutaten. Manche Menschen sind sogar religiös mehrsprachig, können sich zum Beispiel in evangelischen ebenso wie in katholischen Bildern und Ritualen oder in christlichen wie in buddhistischen oder jüdischen Konzepten und Praktiken bewegen. Und doch haben wir eine religiöse „Muttersprache". Unsere Präferenzen haben mit kulturellen und biografischen Prägungen zu tun, die wir übernehmen oder zurückweisen. Im Lauf des Lebens können sich neue Horizonte auftun: Heute geraten beispielsweise bei uns im Westen verstärkt Erfahrungen asiatischer Religionen und Übungswege ins Blickfeld, die sich auch in

bisher ungewohnten Prämissen und Präferenzen nieder-
schlagen. Spirituell Suchende versuchen, sie in das eigene
Glaubensleben zu integrieren. Dabei werden ihnen manche alten Vorstellungen fragwürdig.

Der Prozess der religiösen Entwicklung durchläuft
Phasen, die einander ablösen. Dies geschieht laut Ken Wilber, dem US-amerikanischen Philosophen, indem bisherige Vorstellungen sowohl *transzendiert* als auch *integriert*
werden. Fortschritt bedeutet immer, sich eine Zeitlang
in einem bestimmten Bewusstseinsraum zu bewegen, bis
das bisherige Konzept von Wirklichkeit nicht mehr trägt,
seine Schattenseite zeigt und neue Fragestellungen nicht
mehr befriedigend beantworten kann. Die neue Stufe ist
zunächst vor allem eine Negation der früheren. Erst später
wird klar, dass das Bisherige nicht einfach „falsch" war,
sondern *auch* gewürdigt und bewahrt werden will.[3]

Das Christentum etwa transzendierte das Judentum
– und weigerte sich lange, das eigene jüdische Erbe wirklich zu integrieren. Man sah das Judentum bestenfalls als
inzwischen überholte Vorbereitung auf das Christentum.
Der Protestantismus wiederum verstand sich vor allem als
Anti-These zum Katholizismus. Es dauerte Jahrhunderte, bis die einen bei den jeweils anderen wenigstens ein
Fünkchen Wahrheit sehen konnten. Aber auf Dauer funktioniert das Neue nur, wenn wir uns immer wieder auch
von den Schätzen der Alten beeindrucken und inspirieren
lassen. So wie es der weise Hausvater im eingangs zitierten
Bibelvers tut: „Jeder Schriftgelehrte, der ein Jünger des
Himmelreichs geworden ist, gleicht einem Hausvater, der
aus seinem Schatz Neues und Altes hervorholt."

Auch ich bin ein „Schriftgelehrter", ein Theologe, der die alten
Sprachen und die wissenschaftliche Theologie studiert hat.

11

Das war für mich häufig sehr trocken. Zum Glück habe ich gleichzeitig die Mystik entdeckt. Schlüssel dazu waren eine persönliche Erfahrung der Präsenz Gottes und das *Buch von der Liebe* von Ernesto Cardenal, ein literarisch-mystisches Schatzkästlein, das mein Herz für Gottes Feuer empfänglicher gemacht hat.[4] Stark prägten mich auch meine Erfahrungen in der „Charismatischen Bewegung". Dabei ist meine Liebe zur Heiligen Schrift nicht kleiner, sondern größer geworden. Ich habe gelernt, zwischen den Zeilen der Bibel viele Schichten von Wahrheit zu entdecken. Die Bleiwüste wurde dynamisch.

In diesem Buch möchte ich, ausgehend vom traditionellen „apostolischen" Glaubensbekenntnis, exemplarisch meinen Glaubensweg und meine Glaubensvorstellungen schildern. Mir ist bewusst, dass sie subjektiv und biographisch geprägt und nicht absolut zu setzen sind. Entsprechend, und um der besseren Lesbarkeit willen, sind die autobiographischen Passagen dieses Buches in einer anderen Schriftart gesetzt. *Mein* Bekenntnis ist nur *eins* unter vielen. Und obwohl ich den Wert des Schweigens überaus schätze, will ich in diesem Buch von Gott reden. Der katholische Theologe Paul M. Zulehner ist der Meinung, Hauptaufgabe der Kirche sei es, das „Gottesgerücht" wach zu halten.[5]

Schon der von Rom als Ketzer gebrandmarkte geniale Theologe Origenes hat im 3. Jahrhundert die Theorie vom „mehrfachen Schriftsinn" entwickelt. Demzufolge reicht die rein literarisch-philologische Analyse biblischer Texte nicht aus. Zum „Literalsinn", der wörtlichen Auslegung, kommen der „typologische Sinn", das heißt, die dogmatisch-theologische Interpretation (Glaube), der „tropologische Sinn", die moralisch-ethische Herausforderung des Textes für den Einzelnen hier und jetzt (Liebe), und der

„anagogische Sinn", die Bedeutung des Textes für die christliche Zukunftserwartung (Hoffnung).[6]

Eine Schlüssellektüre für mich war während des Studiums das kleine Buch *Bibelauslegung als Interaktion* des US-amerikanischen Neutestamentlers Walter Wink. Er entwickelte eine Methode, wie man als Gruppe die Bibel gemeinsam so auslegen kann, dass das unfruchtbare Urteil, was nun „richtig" sei und was „falsch", relativiert wird. Nach Wink kommt es darauf an, produktive Fragen an einen Bibeltext zu richten. Und auf eine gute Frage gäbe es viele gute Antworten.[7] So kommen viele Facetten eines Textes in den Blick, wenn mehrere Sichtweisen zu Wort kommen. Ähnliches hatte es der nicaraguanische Mystiker und Dichter Ernesto Cardenal mit christlichen Basisgemeinden auf der Insel Solentiname praktiziert. Da erwiesen sich einfache Landarbeiter und Bäuerinnen als kreative Schriftausleger, die aus den alten Texten ganz anderes zutage förderten als akademische Theologen.[8] Seit dieser Lektüren versuche ich, so oft es geht die Bibel gemeinsam mit anderen „interaktiv" zu lesen. Erst viel später lernte ich die ganz ähnliche jüdische Tradition vom „schwarzen" und „weißen Feuer" kennen.

Die geschriebenen oder gedruckten Buchstaben der Heiligen Schrift bilden nach jüdischer Auffassung das Schwarze Feuer. Sie sind gegeben. Schwarz auf weiß stehen sie da. Sie inspirieren, an ihnen reibt man sich. Diese Reibung erzeugt Leben. Die alten Texte bedürfen fortlaufender Neudeutung. Ein endgültiges „Lehramt" und eine ultimative Auslegung gibt es nicht. Hier kommt das Weiße Feuer ins Spiel: Zwischen den gedruckten Buchstaben der Heiligen Schrift findet sich jede Menge weißer Leerraum, unberührt von Federkiel oder Druckerschwärze. Das

Nicht-Gesagte, was zwischen den Zeilen steht, ist notwendiges Gegenüber zum Gedruckten.[9] Und so währt im Judentum seit Jahrtausenden ein Diskurs im „Lehrhaus", eine immer neue Suche nach der biblisch fundierten Wahrheit für das je neue Hier und Heute. Dabei gibt es keine Gewinner und Verlierer, denn niemand verfügt über die Hoheit, den Streit um die rechte Auslegung zu entscheiden. Besonders tiefsinnige Deutungen wurden allerdings gesammelt. Und selbst, wenn sich die Aussagen diametral zu widersprechen scheinen, bleiben sie nebeneinander stehen. Geist neben Buchstabe, Neues neben Altem.

Seit einigen Jahren haben diese Prinzipen der Bibelauslegung im Zusammenhang mit der Methode des „Bibliologs" auch in den christlichen Kirchen Einzug gehalten. Mit ihrer Hilfe lassen sich biblische Texte in Schulklassen, Bibelkreisen oder Gottesdiensten von allen Anwesenden gemeinsam erschließen.[10] Der US-amerikanische Jude Peter Pitzele, der den Bibliolog „erfunden" hat, vergleicht das Schwarze Feuer mit einer Melodie und das Weiße Feuer, also in diesem Fall den interaktiven Bibliolog, mit einer dazu gehörigen Jazz-Improvisation.[11]

Neue Erfahrungen und Inspirationen allein reichen nicht, solange sie im luftleeren Raum stattfinden. Sie wollen integriert werden. So war es auch bei mir. Der Charismatiker in mir bewahrte den Schriftgelehrten vor der Erstarrung. Der Schriftgelehrte passte auf, dass der junge Freigeist nicht abhebt in ein spirituelles Wolkenkuckucksheim. Ich wollte nie nur Bibelgelehrter und Theologe sein, sondern hatte auch die Sehnsucht in mir, ein „Jünger des Himmelreiches" zu werden. Die Charismatiker beteten Jesus mit erhobenen Armen an in ihren Lobpreisliedern. Das war erhebend, auch für mich – aber recht folgenlos. Das war noch keine Jüngerschaft im

Sinne des Neuen Testaments. Ich fragte mich, was es bedeutete, Jesus heute nachzufolgen.

Außerdem sehnte ich mich nach einer Gestalt von Kirche, die sich tatsächlich als Verkörperung Christi verstand, als seine sichtbare Präsenz in dieser Welt, als einen Leib mit vielen Organen, vielfältig und widersprüchlich, aber dennoch beseelt von dem Einen göttlichen Geist. Ich habe bei meiner Suche Gemeinschaften kennen gelernt, in denen dieser Geist spürbar wehte. Ich durfte an solchen Gemeinschaften mitbauen und irgendwann die Stafette weitergeben. Freilich habe ich dabei – vor allem als junger Pfarrer – einige Male unreif und fahrlässig gehandelt, bin dabei an Menschen schuldig geworden oder bin ihnen etliches schuldig geblieben – was ich aufrichtig bereue. In dem, was ich tat, blieb auch ich selbst nicht unfehlbar und unverwundet. Der Leib Christi und alle seine Organe sind gezeichnet von Leid und Sünde. Auch der auferstandene Christus trägt noch die Wundmale. Und nur verwundete Heiler können dazu beitragen, dass fremde Wunden geheilt werden. Getröstet haben mich die Worte meines Mentors Richard Rohr, der mir einmal gesagt hat: „Die Schritte auf dem Weg zur Reife sind notwendigerweise unreif!"

Ich versuche in diesem Buch, meine Erfahrungen, Erkenntnisse und Schlussfolgerungen immer wieder zurückzubinden an die großen jüdisch-christlichen Traditionen, ihre Sprache, ihre Bilder, die für viele unverständlich geworden sind. Ich weiß, dass solch alte Texte zu erstarrten Formeln gerinnen können, zu Worthülsen ohne Kraft. Aber diese Worte hatten einmal Kraft. Und die ist nicht einfach verpufft. Die alte Glut schwelt noch unter der Asche der Jahrhunderte. Der Blasebalg des Heiligen Geist kann sie wieder zum Lodern bringen.

Manches muss und soll allerdings Asche bleiben. Denn in der Tradition liegen nicht nur Schätze verborgen, sondern

auch Gift und Müll. Die Kirche hat das Reich Gottes mitunter vermint, um Ketzerei, Unmoral und nicht zuletzt den eigenen Machtverlust einzudämmen. Aus der geistlichen Begleitung weiß ich, wie viele Kirchenverletzte und Gottesvergiftete es gibt, deren Urvertrauen durch eine kranke Religion zerstört wurde, in der Gott zum Moloch wurde, Lebensfreude und Sexualität unterdrückt wurden und Gehorsam die höchste Tugend war. Kirchenfunktionäre können Gottesbilder beschädigen oder zum Leuchten bringen. Eine neurotisierende falsche Gottesfurcht kann massive Blockaden erzeugen und Vertrauen fast unmöglich machen. Der Heilungsweg ist für die Betroffenen mühsam und bedarf sensibler und kundiger Begleitung. In der Passionsgeschichte schlägt der Jünger Petrus mit dem Schwert um sich und haut dem Diener des Hohenpriesters ein Ohr ab. Jesus heilt das Ohr wieder an. Jesus heilt den, den der Jünger verletzt hat.

Das Christentum ist *keine* Gesetzesreligion, sondern eine „therapeutische Religion", wie der katholische Theologe Eugen Biser gesagt hat. Religion hat im Wesentlichen nichts mit Moral oder mit Welterklärung zu tun, sondern ist etwas Eigenes. Der evangelische Theologe Daniel Schleiermacher hat bereits Ende des 18. Jahrhunderts gesagt, die Religion sei weder Moral noch Metaphysik, sondern „eine eigene Provinz im Gemüthe". Die christliche Religion ist ihrem Wesen nach eine heilsame Begegnung mit dem Heiland Jesus Christus.[12] Jesus verspricht ein „Leben in Fülle" und nimmt es in seinen Zeichenhandlungen vorweg. Er macht Schluss mit jenem Moloch-Gott, der Sühne verlangt. Er geht den Weg der Hingabe und leidet, ohne beleidigt zu sein. Er lädt dazu ein, sich mit dem eigenen Leben und mit Gott zu versöhnen. Er malt uns einen Gott vor Augen, dessen Liebe wir nicht verdienen

müssen. Und er fordert uns heraus, seinen Weg mitzuge-
hen – auch durch Leid und Nacht und Tod in eine Zukunft,
die wir weder wählen noch uns ausmalen können.

Die alten Glaubensbekenntnisse

Ich werde in diesem Buch Wort für Wort und Satz für Satz
dem Apostolischen Glaubensbekenntnis folgen. Neben
den Schriften der Bibel gehören auch die altkirchlichen
Dogmen und Bekenntnisse zum Schwarzen Feuer. Sie sind
uns „gegeben". Ich folge bewusst dem „apostolischen
Bekenntnis", und verstehe das als meinen Beitrag zum
Weißen Feuer, das in und zwischen den Zeilen der alten
Formulierungen lodert.

Die Glaubensbekenntnisse, vor allem das Apostolikum, werden von den Anhängern der meisten christlichen
Kirchen regelmäßig rezitiert. Menschen begeben sich in
eine große Tradition, wenn sie dieses Bekenntnis mitsprechen. Ein gemeinsam gesprochenes Glaubensbekenntnis
kann den Zusammenhalt und die Gruppenidentität stärken. *Gemeinsam?* Nun ja. Viele Gottesdienstbesucher
verstummen heutzutage beim Glaubensbekenntnis. Oder
sie lassen bestimmte Formeln aus. Zentrale Aussagen des
Credos sind für manch Zeitgenossen schlicht unverständlich. Einige entwickeln regelrechte Aversionen dagegen.
Das betrifft nicht nur Menschen, die der Kirche fernste-
hen, sondern geht bis in den Kern der Gemeinden hinein.
Das Credo, das eigentlich alle verbinden will, kann auch
trennen und Unbehagen auslösen, vielleicht sogar Schuldgefühle: Kann ich mich überhaupt Christ nennen, wenn
ich vieles nicht glaube, nicht verstehe, nicht mitsprechen
kann?

Ich möchte mit diesem Buch dazu beitragen, dass Sprache und Inhalte des Credos verständlicher werden. Gleichzeitig hinterfrage ich Teile des Bekenntnisses. Das Glaubensbekenntnis ist angesichts vieler neuer Herausforderungen beides: bleibende Orientierung und zugleich auslegungs-, korrektur- und ergänzungsbedürftig. Wir müssen auch hier lernen, zu transzendieren *und* zu integrieren, das Schwarze Feuer zu ehren und das Weiße Feuer zu entfachen. Vielleicht führt das dazu, dass einige das Credo künftig doch mitsprechen können – oder noch entschiedener schweigen.

Seit der frühen Christenheit existieren zwei Glaubensbekenntnisse, die bis heute in Kirchen regelmäßig rezitiert werden: Das Nicäno-Konstantinopolitanum, auch „Großes Glaubensbekenntnis" genannt, wird in festlichen lateinischen Hochämtern der katholischen Kirche gesungen oder gesprochen. In den lutherischen Kirchen ist es das Bekenntnis, das an Feiertagen von vielen Kirchengemeinden rezitiert wird. Dieses Bekenntnis gilt seit dem Konzil von Chalcedon im Jahre 451 als verbindlich. Unzählige Messkompositionen enthalten den Text auf lateinisch: Palestrinas *Missa papae Marcelli,* Bachs *h-Moll-Messe,* die *Orchestermessen* von Haydn und Mozart, Beethovens *Missa Solemnis,* Kompositionen von Schubert, Rossini und Bruckner – um nur einige zu nennen.

Das knappere Apostolikum ist wahrscheinlich ebenfalls im 5. Jahrhundert fixiert worden. Vorformen stellen das Urbekenntnis „Jesus ist Herr!" dar und dreigliedrige Bekenntnisse zu Gott dem Vater, dem Sohn und dem Heiligen Geist, die sich schon im Neuen Testament finden. Tauffragen und Taufbekenntnisse, Glaubensregeln und das altrömische Glaubensbekenntnis waren die Vorstufen. Die Legende, die Apostel selbst hätten dieses

Credo formuliert, wurde schon im Mittelalter widerlegt. Das Apostolikum ist Teil der meisten katholischen und evangelischen Sonntagsgottesdienste. Seit 1970 gibt es eine gemeinsame ökumenische Fassung, die sich nur an einer einzigen Stelle unterscheidet: Katholiken bekennen die „eine katholische" Kirche, Protestanten hingegen die „eine christliche" Kirche – weil ihnen das Wort katholisch (das ja wortwörtlich nur „weltumspannend" bedeutet) zu konfessionell klingt.

Der Wortlaut des Apostolikums lautet:

Ich glaube an Gott, den Vater, den Allmächtigen, den Schöpfer des Himmels und der Erde.

Und an Jesus Christus, seinen eingeborenen Sohn, unsern Herrn, empfangen durch den Heiligen Geist, geboren von der Jungfrau Maria, gelitten unter Pontius Pilatus, gekreuzigt, gestorben und begraben, hinabgestiegen in das Reich des Todes, am dritten Tage auferstanden von den Toten, aufgefahren in den Himmel; er sitzt zur Rechten Gottes, des allmächtigen Vaters; von dort wird er kommen, zu richten die Lebenden und die Toten.

Ich glaube an den Heiligen Geist, die heilige katholische/ christliche Kirche, Gemeinschaft der Heiligen, Vergebung der Sünden, Auferstehung der Toten und das ewige Leben.

Ganz bewusst habe ich dieses Bekenntnis als das Schwarze Feuer gewählt, an dem sich mein eigenes Weißes Feuer entzünden soll. Es ist das bekanntere und knappere der beiden und kurz genug, so dass es nach kurzer Zeit auswendig gesprochen werden kann. Es verzichtet weitgehend auf Ausdeutungen der „Heilstatsachen", sondern zählt die Glaubensinhalte nüchtern auf. Das lässt Spielraum für Interpretationen, Präzisierungen und Ergänzungen. Es handelt sich um Minimalaussagen, die geradezu nach dem Weißen Feuer rufen, das ihnen Leben einhaucht.

Ich persönlich hatte früher kaum Probleme mit dem Apostolischen Glaubensbekenntnis. Es war für mich einfach „da". Ich habe es nicht hinterfragt. Mein Theologiestudium hat dazu beigetragen, dass ich auch seine sperrigen Aussagen einordnen konnte. Seinerzeit war mir nicht klar, dass wissenschaftliche Theologie auch Herrschaftswissen für eine Elite produziert, Codes und Konzepte für Experten. Die Anfragen, die mich in den letzten Jahren haben aufhorchen lassen, kamen vor allem von Kirchenfernen und von Menschen, die keine akademische Theologie im Kopf hatten. Das geschah insbesondere in meinen Dienstjahren als Leiter des evangelischen Spirituellen Zentrums St. Martin in München, wo traditionelle Kirchenchristen eher in der Minderzahl sind. Bei uns dockten Menschen an, die häufig außerhalb der Kirche spirituelle Erfahrungen gemacht hatten, vor allem in der Begegnung mit östlichen Übungswegen. Dadurch hatten sie auch spirituelle Konzepte kennen gelernt, die mit den klassischen christlichen Dogmen nicht ohne weiteres kompatibel sind. Ihnen das Mitsprechen des klassischen Credos zuzumuten, wäre sinnlos gewesen. Deswegen gibt es in der „Martinsmesse", dem Gottesdienst des Zentrums, kein gemeinsames Credo. Allerdings haben wir die Aussagen des Credos im Stil des jüdischen Lehrhauses[13] und auch in unseren Gottesdiensten häufig „bearbeitet".

Mir selbst hat die erneute Auseinandersetzung mit dem Credo Freude gemacht. Ich habe dabei vieles entdeckt oder neu zusammendenken können. Das Buch ist darüber hinaus ein Fazit meiner fast 40 Jahre im aktiven kirchlichen Dienst. Vielleicht regen meine Versuche und meine autobiographischen Hinweise auch Sie als Leserin oder Leser an, eigene

Glaubensvorstellungen zu Papier zu bringen und/oder sie mit anderen auszutauschen. Womöglich stellt sich dabei heraus, dass Sie gar nicht auf Treibsand stehen und mehr Glaube, Hoffnung und Liebe in sich vorfinden als gedacht und dass sich das Abenteuer lohnt, zu suchen, zu fragen und Glauben zu wagen.

Andreas Ebert

ERSTER GLAUBENSARTIKEL

Mein Ich, Vater-Mutter Gott und der Ur-Segen

Ich glaube an Gott, den Vater, den Allmächtigen, den Schöpfer des Himmels und der Erde.

Ganz innen in uns wohnt die Liebe.
Gott ist verrückt vor Liebe, und daher ist sein
Benehmen nicht vorausschaubar.
Er ist betrunken vor Liebe.
Unsere Seele ist das Prunkgemach, zu dem nur Gott
einen Schlüssel hat.
Und wenn er nicht eintritt, bleibt es eben leer.
Unsere Sinne können wir sättigen bis zum Überdruss,
bis in die Seele dringt das alles gar nicht vor.
(ERNESTO CARDENAL)

Ich lebe mein Leben in wachsenden Ringen,
die sich über die Dinge ziehn.
Ich werde den letzten vielleicht nicht vollbringen,
aber versuchen will ich ihn.
Ich kreise um Gott, um den uralten Turm,
und ich kreise jahrtausendelang;
und ich weiß noch nicht: bin ich ein Falke, ein Sturm
oder ein großer Gesang.
(RAINER MARIA RILKE)

Die Schöpfung ist der Körper Gottes.
(SRI AUROBINDO ZUGESCHRIEBEN)

Ich glaube …

Das Glaubensbekenntnis beginnt mit der Aussage: „*Ich glaube*". Das ist erstaunlich, weil dieses Bekenntnis in der Regel im Kollektiv rezitiert wird. Warum also nicht „*Wir* glauben"?

Das Apostolikum geht auf ein altes Taufbekenntnis zurück. Bei der Taufe ist das Individuum gefragt und eingeladen, sich persönlich zu dem Glauben der Gemeinschaft zu bekennen, der es künftig angehören möchte. Man kann zwar den Glauben mit anderen teilen – aber nur ein Individuum kann den Glauben *bekennen*.

Wer oder was ist dieses *Ich*, das glaubt? Und was ist in diesem Zusammenhang mit „glauben" gemeint? Jedenfalls handelt es sich hier nicht um das „kleine Ich", das Ego. Der österreichische Benediktiner David Steindl-Rast hat in seinem inspirierenden Buch *Credo* darauf hingewiesen, dass unser „Ego, das letztlich aus einer Täuschung entspringt", bestenfalls etwas als „tatsächlich" anerkennen kann, nicht aber im tieferen Sinn glauben. „Und warum nicht? Weil der Glaube nicht eine Ansammlung von Behauptungen ist, die ein gläubiger Mensch für wahr hält; der Glaube ist vielmehr tiefstes, wagemutiges Vertrauen."[14]

„Ich glaube" steht in der Alltagssprache vor allem für „nicht wissen", „vermuten". Meine nicht sonderlich gläubige Berliner Oma pflegte zu sagen, wenn die Rede auf den Glauben kam: „Ick gloobe, det n Stück Rindfleisch in nem kleenen Topp jekocht ne jute Brühe jibt!" Auch ein Credo! Aber die Sache mit dem Rindfleisch ist gar keine Glaubensfrage. Das mit der Brühe *weiß* sie nämlich aus Erfahrung.

Religiöser Glaube ist auch eine Art von Wissen aus Erfahrung. In der Bibel heißt es: „Der Glaube ist eine feste

Zuversicht auf das, was man hofft, und ein Nichtzweifeln an dem, was man nicht sieht" (Hebräer 11,1). Diese Zuversicht ist ein Spüren und Erkennen, das sich nicht beweisen lässt. Trotzdem „hat das Herz Gründe, die der Verstand nicht kennt", wie Blaise Pascal formuliert hat.[15] Das hebräische „Ämet", das meist mit „Glaube" übersetzt wird, bedeutet „sich verlassen auf, sich halten an, sich festmachen, sich anvertrauen". „Ich glaube an Gott" bedeutet demnach: Ich glaube nicht nur, dass es einen Gott gibt, sondern: Ich vertraue mich Gott an, ich öffne mich für Gott, obwohl ich Gott nicht sehen oder rational beweisen kann.

Das Kleine und das Große Ich

In vielen spirituellen Traditionen wird das *Kleine Ich* (manchmal auch Ego oder Falsches Selbst genannt) vom *Großen Ich* (Wahres Selbst) unterschieden. Das Große Ich ist unser ursprüngliches Wesen, unsere Essenz, unsere wahre Identität – der Aspekt Gottes, der sich in mir als Individuum auf originelle und einmalige Weise spiegeln und verwirklichen will. Buddhisten nennen es „das Gesicht, das wir hatten, bevor wir geboren wurden". Im Lauf der Kindheit verblasst diese essenzielle Qualität. Um in einer bedrohlichen Welt zu überleben, nehmen wir unbewusst Verhaltensmuster an, die von der Umwelt erwünscht zu sein scheinen und belohnt werden. So entsteht und verfestigt sich eines jener Muster des falschen Selbst, wie sie zum Beispiel in der spirituellen Typologie des Enneagramms aufgedeckt und beschrieben werden: Wir spielen eine Rolle, ahmen etwas scheinbar Erstrebenswertes nach und verlieren dabei den lebendigen Kontakt zu unserem Wesenskern.[16]

Unser Selbstbild, das wir nach außen zeigen, aber auch

vor uns selbst aufrecht zu erhalten versuchen, ist eine Selbsttäuschung. Lange Zeit scheint dieses künstliche Ideal für uns zu arbeiten. Ja, wir brauchen es, um überhaupt eine Art Identität zu entwickeln. Wir müssen ein Ego *haben*, bevor wir es *transzendieren* und *transformieren* können, so Richard Rohr. Häufig aber scheitern wir irgendwann – oft in der Lebensmitte – an der dunklen Seite unseres automatisierten und fixierten Charaktermusters. Wir merken, wie sehr es uns einschränkt, wie es uns und unsere Mitmenschen blockiert und verletzt und Gemeinschaft verhindert. Denn das falsche Selbst kann nicht in sich ruhen oder präsent sein. Es erlebt sich als ungeborgen und bedroht, kann weder vertrauen noch sich öffnen für reife Liebe. Deswegen kann es auch nicht „glauben" im tieferen Sinn. An die Stelle des Glaubens treten Meinungen, Urteile, Konzepte, Abwehrmechanismen und Welterklärungen bis hin zu Verschwörungstheorien. Das Ego benutzt andere Menschen, um die eigene Einsamkeit zu lindern und klammert sich an Süchte und Abhängigkeiten, die sehr subtil sein können.

Am Tor zum Orakel von Delphi stand die Aufforderung: „Erkenne dich selbst!" – eine Einladung, die Schleier des falschen Selbst zu lüften und das eigene wahre Wesen zu suchen. Der große indische Seelenführer Ramana Maharshi (1879–1950) war der Meinung, dass die Erkenntnis der wahren, göttlichen Natur des Menschen von seinem Verstand verschleiert werde. Nahezu alle Verstandestätigkeiten dienten dazu, ein persönliches Pseudo-Zentrum, nämlich die „Ich-Vorstellung", zu konstruieren und zu verteidigen. Es gibt nach Ramana nur zwei Wege der Heilung:

Der *erste* ist die Bereitschaft zu einer schonungslosen Selbsterforschung. Denn wir machen uns selbst und anderen sehr viel vor; wir zeigen, wer wir gerne wären, sind aber nicht wirklich in Kontakt mit dem eigenen Seelengrund. Wir haben Angst vor dem, wonach wir uns zugleich zutiefst sehnen: Bedingungslose Geborgenheit im Sein. Selbsterforschung setzt die Bereitschaft voraus, sich selbst auf die Schliche zu kommen.

Der *zweite* Weg ist nach Ramana die völlige Hingabe an Gott, also jenes vorbehaltlose Vertrauen, das mit „Glaube" eigentlich gemeint ist.[17]

Häufig sind es Lebenskrisen, die uns wachrütteln, wenn wir das zulassen: Verlust eines lieben Menschen durch Tod oder Trennung, Krankheiten, Mobbing, Arbeitslosigkeit, Überschuldung, grobes Versagen ... Das Ego wehrt sich normalerweise mit allen Mitteln gegen Veränderung, solange sich das vertraute Selbstbild irgendwie aufrecht erhalten lässt. Krisen und Katastrophen können manchmal dazu beitragen, die Mauern dieser Abwehr zu schleifen. Dann kapituliert das Ego und das Selbst beginnt sich zu zeigen. Das mag sich anfühlen wie Sterben, ist jedoch der Durchbruch zu echter Lebendigkeit.

Neben Leid- und Krisenerfahrungen sind es Begegnungen, die uns zu bedingungsloser Liebe und Hingabe einladen, die ebenfalls eine Tür zum wahren Selbst öffnen können. Leid und Liebe sind die beiden großen Tore zur Selbstwerdung und die beiden Schulen des Glaubens.

Das Ich entsteht am Du

Der jüdische Religionsphilosoph Martin Buber ging davon aus, dass es kein isoliertes Ich gibt. „Ich" sei ein Beziehungswort und entstehe immer am Du. Nur durch Hingabe, Liebe und echte Beziehungen würde ich zu der Person, die ich eigentlich sei. In jedem Du, das mir begegnet, verbirgt sich nach Buber das Große Du, Gott selbst.[18]

Menschliche Liebe in all ihren Facetten steht der Gottesliebe nicht entgegen, sondern ist ein Übungsfeld und eine Gestalt ihrer Verwirklichung. Dennoch haben viele Religionen die menschliche Liebe, und insbesondere die Sexualität, verteufelt, als wäre sie die große Feindin des Glaubens. Doch genau das Gegenteil ist der Fall. Jede Liebe, einschließlich der erotischen Begegnung, ist der Ernstfall der Hingabe und insofern die Hohe Schule des Glaubens. In der hebräischen Bibel lautet das Verbum, das die sexuelle Vereinigung beschreibt, „erkennen". Es gibt demnach kein Erkennen im umfassenden Sinne ohne Hingabe und Liebe und auch nicht ohne Leiblichkeit.

Als Mose in der Wüste Gott am brennenden Dornbusch begegnet, fragt er: „Wie heißt du?" Und die Stimme aus dem Dornbusch antwortet: „Ich bin, der Ich bin; Ich bin da" (2.Mose/Exodus 2). „Ich bin" ist der erste Name, mit dem sich der Gott der Bibel offenbart. In dieser *Ich-Du-Begegnung* verwandelt sich auch die Selbstwahrnehmung des Mose: Im Spiegel Gottes erfährt der Mensch seinerseits, *dass er ist, was er ist und wer er ist.* Mose war vorher ein Niemand, ein Mörder, Flüchtling, Schafhirte. Jetzt aber ist er der, durch den Gott sein Volk befreien will. Vorher war er ohne Perspektive für das eigene Leben. Jetzt wird er herausgerufen zu seiner wirklichen Bestimmung. Vorher war er ein „man", jetzt aber ist er ein Ich. Jede und jeder von uns hat eine besondere Berufung, durch die wir werden, wer und was wir sind. Unser wahres Ich zu suchen lohnt sich. Dieses Große Ich ist nicht anschaulich und beschreibbar, kann bestenfalls erahnt werden als Gewissen oder Seelengrund. Nur in besonderen magisch-mystischen Augenblicken haben wir direkten Zugang zu ihm. Es spiegelt und bricht sich aber indirekt in unserer gesamten Biographie, in unseren Vorstellungen, Lebenszielen und Beziehungen. Das Kleine Ich zeige ich meiner Umwelt – und auch mir selbst. Dabei scheint ab und an auch das Große Ich auf, das in der Regel uns selbst und anderen ein Geheimnis ist und bleibt.

Deshalb möchte ich an dieser Stelle von meiner eigenen frühen Biographie erzählen, insbesondere von den Impulsen, die mich in meiner Jugend geprägt haben.

Was mich spirituell geprägt hat – Meine jungen Jahre

Kindheit in Berlin: Ich stamme aus einer Künstlerfamilie. Mein Vater und seine Schulfreunde hatten am Ende des Krieges als Flak-Helfer „dienen" müssen.[19] Er war katholisch aufgewachsen und hatte mit der Religion gebrochen. Das Versagen der Kirchen in der Nazizeit hat dabei vermutlich den Ausschlag gegeben. Die unzertrennlichen Jugendfreunde gingen gemeinsam mit meiner Mutter, einer jungen Schauspielerin, die zu ihnen gestoßen war, nach Ostberlin und wurden Teil der Gruppe junger Intellektueller um Bertolt Brecht. Sie wollten an einem antifaschistischen neuen Deutschland mitbauen.

Mein Vater hatte ein tragisches Familienschicksal. Schon vor dem Krieg war die Familie aus Schlesien nach Berlin gezogen. Irgendwann war bei meinem Großvater Chorea Huntington (Veitstanz) ausgebrochen, eine unheilbare Erbkrankheit. Im Zuge der sogenannten Euthanasie war er von den Nazis ermordet worden, was lange ein Familiengeheimnis blieb.

Mein Bruder Mattias wurde 1950 in Ostberlin geboren, ich anderthalb Jahre später. Im Juni 1953 setze sich mein Vater während des Arbeiteraufstands in der DDR nach Westberlin ab. Meine Mutter folgte ihm schließlich mit uns Kindern.

Wir lebten äußerst ärmlich in einer Einzimmerwohnung. Allmählich brach auch bei meinem Vater die Erbkrankheit aus. Er wurde nervös, fahrig, war leicht reizbar. Seine Aggressionen richteten sich gegen unsere Mutter, die versuchte, die Familie durchzubringen. Mit uns Kindern hingegen unternahm er großartige Ausflüge in die Natur, wo wir Frösche, Eidechsen, Feldmäuse und anderes Kleingetier fingen und in der selbst gebauten „Botanisiertrommel" nach Hause transportierten. Wir lernten die Berliner Museen kennen und gingen als Fans zu Fußballspielen von Herta BSC. Vor allem aber las Vati uns vor: Deutsche Heldensagen und Wilhelm Busch, Hans Falladas *Geschichten aus der Murkelei* – und mit besonderer Vorliebe *Brehms Tierleben*.

Meine erste Erinnerung in Sachen Religion datiert kurz vor meiner Einschulung: Eines Abends erklärte mein Vater meinem Bruder und mir ungefragt, warum es keinen Gott gebe. „Die Welt hat kein lieber Gott geschaffen", sagte er, „sondern das Leben hat sich entwickelt – aus Pantoffeltierchen." Im Zehnten Band von *Brehms Tierleben*, der von den „Niederen Tieren" handelt, war die Teilung und Vermehrung dieser Wesen beschrieben worden. Ich kann mich bis heute erinnern, dass mich diese väterliche Erklärung nicht beeindruckte. „Und woher kommen die Pantoffeltierchen?", fragte ich ihn. Darauf hatte er keine Antwort. Dass es keinen Gott geben solle, weil sich das Leben *entwickelt* habe – diese Logik verstand ich nicht. Dafür aber war ab jenem Zeitpunkt die Frage nach Gott endgültig in mir aufgebrochen.

Meine Mutter teilte den rigorosen Atheismus meines Vaters nicht. Sie war zumindest agnostisch. Als sie eines Abends an meinem Kinderbett sang: „Morgen früh, wenn Gott will, wirst du wieder geweckt", und ich erwiderte: „Vati sagt doch, es gibt keinen Gott!", antwortete sie: „Vielleicht gibt's ihn ja doch." Verstehe einer die Erwachsenen!

In der Nähe unserer Wohnung im Berliner Wedding gastierte einmal eine „Zeltmission". Abends wurde für die Erwachsenen gepredigt; nachmittags gab es Kinderstunden mit Musik und biblischen Geschichten. Neugierig schlich ich mich eines Tages in das große Zelt. An die Inhalte dessen, was dort gesagt wurde, kann ich mich nicht erinnern. Aber ich spürte eine besondere Atmosphäre, die die Versammlung zu durchströmen schien und auch mich erfasste. Und ich erinnere mich an ein Lied, das dort gesungen wurde: „Gott ist die Liebe, lässt dich erlösen, Gott ist die Liebe, er liebt auch dich!"

In der Grundschule ging ich „Heidenkind" heimlich in den Religionsunterricht. Ich kann bis heute ein Gedicht auswendig, das wir dort lernten und das sozusagen das Gegenprogramm zum Evolutionsatheismus meines Vaters enthielt:

Am ersten Tag schuf Gott das Licht,
am zweiten er den Himmel richt',
am dritten schuf er Land und Meer,
am vierten auch der Sterne Heer,
am fünften Fisch- und Vogelschar,
am sechsten Tier und Mensch war da.
Am siebten Tag hat Gott geruht
– und seine Werke waren gut!

Als mein Bruder acht Jahre alt war und ich fast sieben, kam es zur Katastrophe. Eines Abends im Februar 1959 hatte mein Vater einen seiner krankheitsbedingten Tobsuchtsanfälle. Er sprang auf, hob den Esstisch in die Luft und schleuderte ihn gegen meine Mutter. Mein Bruder hielt ihn von hinten fest; schließlich konnten wir in die Winterkälte fliehen. Unten im Haus gab es einen Lebensmittelladen. Wir klopften an und erhielten Asyl. Bald erschien die Polizei und führte Vati in einer Zwangsjacke ab. Wir sollten ihn lange Zeit nicht wiedersehen.

Schweden: Kurz danach wurden mein Bruder und ich für vier Monate nach Schweden verschickt. Eine christliche Hilfseinrichtung organisierte dort Erholungsaufenthalte für Großstadtkinder aus prekären Verhältnissen. Diese Sonderferien waren ohnehin geplant gewesen, auch wenn meinem Vater die christliche Ausrichtung der Veranstaltung sauer aufgestoßen war. Die Zeit in Schweden förderte meine religiöse Empfänglichkeit. Wir hatten wenig formalen Schulunterricht, dafür umso mehr Zeit, um die Natur zu erkunden, zu spielen und uns das nahrhafte Essen — abgesehen vom täglichen Lebertran, den ich hasste — schmecken zu lassen. Täglich gab es eine kurze Morgenandacht. Den Geruch und das Licht der Kerzen, die ganze Atmosphäre sog ich ein, auch die Gemeinschaft und das Singen. Das Lied „Schönster Herr Jesu" hat sich mir bis heute eingeprägt. In Schweden wurden Gott und Jesus für mich tatsächlich immer „schöner", hier bekam mein Glaube und meine Jesusbegeisterung Nahrung.

Ansbach: Unsere Mutter war während unserer Abwesenheit ins fränkische Ansbach gezogen, wo meine geschiedene Oma seit den 40er-Jahren lebte. Als wir aus dem Flugzeug stiegen, erwartete uns Mutti am Nürnberger Flughafen — gemeinsam mit einem uns unbekannten Mann samt Hund. Sie war wieder in festen Händen, lebte aber zunächst mit uns Jungs in einem winzigen Dachkämmerchen in der Altstadt. Sehr bald ließ sie uns taufen, um uns vor einer Außenseiterrolle zu bewahren: Damals gab es in Bayern noch evangelische und katholische Bekenntnisschulen; Heidenkinder, wie wir es waren, waren nicht vorgesehen. Mit Freude ging ich anschließend jeden Sonntag in den Kindergottesdienst.

Irgendwann durften mein Bruder und ich auch zur „Jungschar", einer Jugendgruppe, die sich einmal pro Woche im evangelischen Gemeindehaus traf. Highlights waren die Ferienlager in der „Jakobsruhe", einem ehemaligen Landgasthaus, das zum Freizeitheim umgebaut worden war. Ein junger Diakon leitete diese Camps und begeisterte uns mit abenteuerlichen Geländespielen und witzigen und frommen Liedern aus der „Mundorgel", die er auf dem Akkordeon begleitete. Abends am Lagerfeuer wurden spannende Geschichten vorgelesen, die meist einen religiösen Bezug hatten. Eines Morgens, mitten in den Sommerferien, war unser Diakon plötzlich verschwunden. Seine Frau wirkte verstört. Ein anderer Mann übernahm die Leitung. Allmählich sickerte durch, dass die Polizei unseren charismatischen Jugendführer verhaftet hatte, weil es angeblich zu sexuellen Übergriffen gegenüber einigen Jungs gekommen war. Mein Bruder und ich waren nicht betroffen. Er wurde zu fünf Jahren Zuchthaus verurteilt. Bei mir blieben Ratlosigkeit und Enttäuschung zurück. Ende einer Epoche.

Windsbach: Als Elfjähriger kam ich in das evangelische Internat des Windsbacher Knabenchors. Irgendwann hatte ich in der Tageszeitung gelesen, dass sie Nachwuchs suchten. Ich war wie elektrisiert, denn ich sang gern und gut. Außerdem fühlte ich mich zu Hause nicht wohl. Wir waren inzwischen zum Freund meiner Mutter gezogen, der Architekt war und meist arbeitslos. Wieder war meine Mutter die alleinige Ernährerin der Familie. Ihr Partner entpuppte sich später als Neo-Nazi. Die Vorstellung, in einer christlichen Gemeinschaft zu leben, gefiel mir ohnehin. Tatsächlich ließ sich meine Mutter dazu bewegen, mit mir zum Vorsingen zu fahren – und ich wurde angenommen.

Die Unterbringung in Windsbach war spartanisch: Jeder Schlafsaal hatte 14 Betten, jedem Knaben stand ein Pult im Studiersaal zu und ein Schrank – das war alles. Neben dem Unterricht im staatlichen Gymnasium hatten wir täglich zwei Stunden Chorprobe; dazu kamen Stimmbildung, Instrumentalstunden und Studierzeit. Freizeit gab es kaum. Der Besuch der Andacht am Morgen und am Abend war eine Pflicht, der ich gern nachkam.

Der Erziehungsstil war autoritär. Oder wie wir Schüler spotteten: „Die Erziehung ist gut und reichlich und das Essen betont christlich". Wir wurden mit Nachnamen angesprochen; bei schweren Vergehen führte der Internatsdirektor, ein Pfarrer und ehemaliger Offizier, die Prügelstrafe durch – mit einer Peitsche. Auch den „Präfekten" rutschte häufig die Hand aus. Viele Erzieher und Lehrer hatten die autoritäre Ideologie der Nazizeit internalisiert. An Nazizeiten erinnerte auch die hierarchische Struktur innerhalb der Schülerschaft: Im Schlafsaal gab es jeweils zwei Gruppen mit Gruppenführern und Untergruppenführern, die Disziplinarstrafen erteilen durften und nicht selten den Jüngeren gegenüber gewalttätig wurden. Der Leiter des berühmten Chores behandelte Sänger, die den Anforderungen nicht entsprachen, mitunter sehr erniedrigend. Ich gehörte zu denjenigen, die nicht gut vom Blatt sangen. Einmal ließ er mich vor allen Mitschülern dieselbe Stelle über 50-mal wiederholen und kommentierte meine Fehler mit beißendem Spott. Meine panische Angst führte dazu, dass ich es so erst recht nicht schaffte. Er drohte mir einige Male die Entlassung aus dem Chor an. Das schwebte wie ein Damoklesschwert über meinem Haupt. Denn nach Hause zurück zog mich nichts.

Gleichzeitig führte uns der Gründer und Chef der „Windsbacher" in die Welt der großen Chormusik ein. Wir sangen die Oratorien Bachs und Motetten aus allen Epochen. Dadurch wurde in mir ein musikalischer und spiritueller Schatz angelegt, von dem ich bis heute zehre.

Inmitten dieser teilweise bedrückenden Schul- und Internatswelt gab es auch Lichtblicke. Einer war das Erleben von Kameradschaft und Freundschaft. Ein anderer der Stolz, zu einem erstklassigen Ensemble zu gehören – und die Erfahrung, dass diszipliniertes und engagiertes Üben sich lohnt.

Und es gab Lichtgestalten, Erzieher und Lehrer, die „anders" waren: Als mein 14-jähriger Gruppenführer – ich war damals 13 – mir gegenüber grob und sexuell übergriffig wurde, löste das in mir eine Gemengelage aus Scham, Lust und Verwirrung aus. Ich ging voller Angst zu meinem Religionslehrer Gerhard Nörr, der zugleich Stadtpfarrer in Windsbach war, und beichtete ihm alles. Seine Reaktion war wunderbar. Ich fühlte mich in dieser peinlichen Situation von Herzen angenommen. Er lud mich sogar in seine Familie ein – und seine Frau Gisela und ich waren bald ein Herz und eine Seele. Außerdem gründete er einen Kindergottesdienst und bat mich und einige Freunde, als Helfer mitzumachen. Die Vorbereitungsabende, vor allem aber auch die wunderbaren Feste unseres Helferkreises, wurden für mich zu einer Ersatzheimat.

Auch unser Physiklehrer Adolf Zellfelder unterschied sich vom Gros seiner Kollegen. Er war ein kritischer Christ mit eigenen Ansichten. Und er war begeistert von den Erkenntnissen der modernen Quantenphysik und machte uns mit ihnen bekannt. Sein „Guru" war der Quantenphysiker Pascual Jordan (1902-1980). Jordan war einer der ersten gewesen, die weltanschauliche Konsequenzen aus den Erkenntnissen Einsteins und Heisenbergs zogen. Für ihn stellte sich aufgrund der revolutionären Ergebnisse der Neueren Physik die religiöse Frage neu.[20] Als wir in der Mittel- und Oberstufe waren, lud Adolf Zellfelder mich und einige Altersgenossen regelmäßig zu sich nach Haus ein, wo wir vor allem philosophische Texte lasen und diskutierten. Noch so ein Ort der Freiheit inmitten autoritärer Zwänge!

Die dritte Lichtgestalt war Gustav Rosenstein, ein junger Vikar, der den Posten als Präfekt der Oberstufe übernahm und gleichzeitig mein neuer Religionslehrer wurde. Man schrieb das Jahr 1968. Überall gärte es; die Studenten begannen gegen den „Muff unter den Talaren" zu meutern, und auch in Windsbach wurden kritische Stimmen gegen den autoritären Geist in Schule und Heim laut. Das Internat hatte nach zwei prügelnden Vorgängern einen neuen Direktor bekommen, Pfarrer Heribert Gürth. Er war Reformpädagoge und hatte vor, das System Windsbach demokratisch zu erneuern. Eine Art Windsbacher Gorbatschow. Nach kurzer Zeit kam es zum Eklat zwischen ihm und dem Chorleiter, der von antiautoritären Bewegungen nichts hielt. Er drohte, mit dem Chor nach Nürnberg auszuwandern. Das wäre das Ende des Internats gewesen. Einige Erzieher und zahlreiche Schüler der Mittel- und Oberstufe positionierten sich, als man Dr. Gürth entlassen wollte. Gustav Rosenstein stand hinter dem neuen Chef. Im Religionsunterricht las er mit uns *Widerstand und Ergebung* von Dietrich Bonhoeffer.[21] Die Biographie des Pfarrers und Widerstandskämpfers Bonhoeffer traf mich ins Mark: Glaube bedeutet nicht, sich unterzuordnen und „gehorsam" zu sein, sondern aktiv Widerstand zu leisten gegen Gewalt und Unrecht. Das begriff ich. Es machte mir auch Angst. Ich war vom Wesen her kein Revoluzzer – und wurde doch zitternd und zagend zu einem der „Rädelsführer", als Schüler der Mittel- und Oberstufe an alle Eltern einen Brief schrieben, in dem wir Missstände in Chor und Internat anprangerten. Gustav Rosenstein verfasste mit einigen Jungpräfekten ein ähnliches Schreiben und besorgte uns die Adressen. Eine Lawine brach los. Der Landesbischof reiste an. Nachdem sich die Kirche eindeutig hinter den Chorleiter gestellt hatte, wurde unser Vikar schnell versetzt – und die Unterzeichner des Schülerbriefes wurden mit einer „Dimissionsandrohung" abgemahnt. Diesmal hatte man aber die Rechnung ohne die Eltern gemacht. Bei einer Elternversammlung stellten sich diese demonstrativ hinter ihre Söhne – und die Abmahnungen wurden zurückgenommen. Ein Interimsdirektor sollte die Wogen glätten. Geprügelt und geschrien wurde fortan nicht mehr.

In Windsbach lernte ich, echte menschliche Autorität von

Amtsautorität zu unterscheiden. Die „Lichtgestalten" waren gläubige Christen. Aber sie benutzten Religion nicht zur Aufrechterhaltung von Zucht und Ordnung, sondern als Inspirationsquelle, um etwas zu bewegen und die ihnen anvertrauten Schüler menschlich zu fördern. Schon mit 13 oder 14 Jahren kam mir erstmals – auch aufgrund solcher Begegnungen – der Gedanke, Pfarrer zu werden, mit dem überheblichen Hauptmotiv, die Kirche zu ändern. Zweierlei Christentum war mir begegnet. Ich wollte zu den Unangepassten gehören, die sich am freiheitlichen Geist Jesu orientieren.

Amerikanisches Intermezzo und Ende der Schulzeit: Im Herbst 1969 reiste ich als Austauschschüler für ein Jahr in die USA. Ich landete in Jackson, Michigan, einer trostlosen Industriestadt. Meine Gasteltern aus den Südstaaten nahmen mich herzlich auf. Dennoch störten mich ihr Rassismus und der sonntägliche Kirchenbesuch in einer bekehrungsorientierten baptistischen Gemeinde. Die Predigt lief immer darauf hinaus, dass diejenigen, die ihr Leben noch nicht „Jesus übergeben" hatten, nach vorne zum Altar kommen sollten, wo man für sie betete. Mich stieß der nötigende Stil dieser Aufrufe und das Demonstrative solcher Aktionen ab. Ich war ja Christ. Aber immer hatte ich das Gefühl, dass nicht ich Jesus angenommen hatte – sondern er mich.

Kurz nach meinem USA-Aufenthalt – ich war zurück im Internat – geschah etwas, was mich bis heute verfolgt. Einer meiner besten Freunde nahm sich Weihnachten 1970 das Leben. Er hatte oft davon gesprochen, dass das Dasein für ihn sinnlos sei. Schon sehr früh hatte er atheistische Philosophen verschlungen. Seine eigene Mutter hatte ein Jahr zuvor Selbstmord begangen. Er war Pfarrerssohn, und ich war einige Male zu Gast in seiner Familie gewesen. Sein Vater strahlte all das aus, was den Glauben von Kindern schon in frühen Jahren vergiften kann: Er war hartherzig, jähzornig, geizig, egozentrisch, autoritär und übermächtig. Ich hatte dem Todesdrang meines Freundes nichts entgegenzusetzen. Adolf Zellfelder, der Physiklehrer, hatte ebenfalls immer wieder Gespräche mit ihm geführt. Er war es auch, der mich anrief und mir von Walters Tod berichtete. Mein Freund hatte einen Brief hinterlassen, der mit den Zeilen begann: „Ich glaube an keinen Gott, ich glaube an keine Liebe" – und sich am Fensterkreuz seines Elternhauses erhängt. Ein gottesvergifteter Pfarrerssohn. Ich bin später als Seelsorger immer wieder Menschen begegnet, auch Pfarrerskindern, deren Seele durch eine religiöse Indoktrination geschädigt worden war. Ich bin dankbar, dass mir selbst so eine Prägung erspart geblieben ist und ich den Glauben weitgehend als befreienden und heilsamen Gegenentwurf zu einem Leben ohne Gott erfahren konnte.

Neuendettelsau: 1972 machte ich Abitur und begann sofort mit dem Theologiestudium in der kirchlichen Hochschule Neuendettelsau, sieben Kilometer von Windsbach entfernt. Bis Ostern pendelte ich zwischen den Orten, weil ich mir als Hilfserzieher im Internat noch etwas dazu verdienen wollte, vor allem aber, weil ich mit Windsbach noch nicht „fertig" war.

In Neuendettelsau lernte ich zunächst Hebräisch – und schloss erste neue Freundschaften. Im Sprachunterricht begegnete mir Werner „Tiki" Küstenmacher, ein blitzgescheiter, frommer junger Mann mit CVJM-Vergangenheit und ein genialer Karikaturist. Gemeinsam entdeckten wir die Mystik, insbesondere durch Ernesto Cardenals *Buch von der Liebe*. Lange Abende bei Tee oder billigem Wein, erfüllt von intensivsten Gesprächen, oft beendet mit einem gemeinsamen freien Gebet – ich lernte ganz neue Formen christlicher Frömmigkeit kennen und blühte auf. In der Nacht nach der Abschlussfeier des Hebräischkurses im Februar 1973 kehrte ich nach Windsbach zurück und hatte dort ein einschneidendes Erlebnis. Ich konnte nicht einschlafen und „spürte" Gott in mir und um mich wie nie zuvor. Ich fühlte mich geborgen, erfüllt und befreit. Und ich wusste: Jetzt kann und werde ich Windsbach verlassen.

Tübingen und Würzburg: Nach drei Semestern im verschlafenen Neuendettelsau zog es mich und einige Kommilitonen nach Tübingen, damals eine der Hochburgen der Theologie: Moltmann, Jüngel, Küng, Kaspar hießen die Koryphäen. Vor allem nach den brillanten Vorlesungen Eberhard Jüngels saßen wir als Studienfreunde – der „alte Windsbacher" Andreas Richter und einige andere waren inzwischen auch dabei – und verarbeiteten das Gehörte im oft hitzigen Gespräch. Solche Dialoge haben mich weiter gebracht als alle Bücher. In die Tübinger Zeit fällt auch meine „Quarterlife-Krise". Ich war 23 Jahre alt und wurde von Depressionen heimgesucht, hatte finstere Träume, fürchtete, totkrank zu sein. Einen Therapeuten suchte „man" damals nicht auf. Ich versuchte, mich einigermaßen über Wasser zu halten und mir nicht viel anmerken zu lassen.

In dieser Zeit beschloss ich, mein Gemeindepraktikum zu absolvieren – vier Wochen in einer Pfarrei meiner Wahl. Ich ging zu meinem alten Religionslehrer Gerhard Nörr, der inzwischen Pfarrer in Würzburg war. In Würzburg war einige Jahre vorher aus einer Gruppe von „Jesus People" die „Teestube" entstanden, eine charismatische Gruppe, die sich selbst als eine Art Basisgemeinde verstand. Erstmals traf ich auf Gleichaltrige, die ähnliche Erfahrungen gemacht hatten wie ich. Gleichzeitig waren diese jungen Leute ökumenisch offen und weder fundamentalistisch noch moralisch verklemmt. Und so beschloss ich im Sommer 1976, mich ein Jahr lang in Würzburg einzuschreiben, wo nur Katholische Theologie angeboten wurde. Aber ich kam ja vor allem, um Gemeinde neu zu erleben. In Würzburg entstand auch die

Idee, eine Reise in die USA zu unternehmen, wo es viele neue Kirchenexperimente geben sollte. Unter anderem wollten auch Tiki Küstenmacher und Andreas Richter mitkommen.

Sybille Dettmer, ein Mitglied der Teestubengemeinde, erfuhr von den Reiseplänen und sagte: „Ihr müsst unbedingt nach Cincinnati! Da ist dieser junge Franziskanerpater Richard Rohr. Was der dort macht, das ist der Hammer!" Wir schrieben nach Cincinnati und wurden herzlich eingeladen. Die zwei Wochen, die ich in der jungen katholischen Gemeinschaft „New Jerusalem" und mit Richard Rohr verbrachte, haben die Erfahrungen in der Teestube noch getoppt. Meine eigene Vision von Kirche gewann weiter an Tiefe und Schärfe. Und ich hatte in Richard Rohr einen Mentor gefunden, der mich durch Briefe und viele Begegnungen auf meinem eigenen Weg als Entdecker und Mitinitiator alternativer Gemeinschaften, aber vor allem auf meinem persönlichen inneren Heilungsweg begleitet hat. Schon bald sollte ich beginnen, seine Ideen auch in Deutschland bekannt zu machen.

Ende des Studiums: Nach einem kurzen Intermezzo in Heidelberg kehrte ich nach Neuendettelsau zurück, um mich aufs theologische Examen vorzubereiten. Im letzten Semester lernte ich Knut Grønvik und Halvor Nordhaug kennen, zwei junge Theologen aus Norwegen, die als Gasthörer nach Franken gekommen waren. Eine lebenslange Freundschaft zu ihnen und ihren Frauen entwickelte sich. Halvor ist inzwischen Bischof in Bergen, Knut Gemeindeleiter in Lommedalen bei Oslo. Norwegen wurde mir später durch zahlreiche Besuche zur zweiten Heimat. Hier kam ich in Kontakt mit der Meditationsbewegung und weiteren kommunitären Experimenten. Bis heute halte ich in Norwegen regelmäßig Kurse.

... an Gott ...

Von Gott reden

Der Schweizer Theologe Karl Barth hat das Dilemma der theologischen Aufgabe, von Gott zu sprechen, 1922 so beschrieben: „Wir sollen als Theologen von Gott reden. Wir sind aber Menschen und können als solche nicht von Gott reden. Wir sollen beides, unser Sollen und unser Nicht-Können, wissen und eben damit Gott die Ehre geben."[22] Das ist nicht nur ein Problem für Theologen, sondern für alle Menschen, die vor sich und anderen Rechenschaft davon ablegen wollen, was sie trägt und woran sie glauben. Traditionelle religiöse Sprache erscheint häufig abgestumpft, verstaubt oder routiniert, ist unverständlich oder im schlimmsten Fall sogar durch Missbrauch so belastet, dass sie unbrauchbar geworden zu sein scheint. Aber wie dann von Gott reden? Es gibt ein oberflächliches, unangemessenes, pfäffisches Reden von Gott, das dazu dient, wirtschaftliche, religiöse, ideologische oder machtpolitische Zwecke zu verschleiern.

Ebenso gibt es eine zynische Art, Gott zu *verschweigen*. In den frühen 50er-Jahren, der ersten Blütezeit des Wirtschaftswunders, hat Heinrich Böll in seiner Satire *Doktor Murkes gesammeltes Schweigen* eine dummdreiste Art, die Rede von Gott auszumerzen, aufs Korn genommen. Er selbst war – als gläubiger Katholik – der Meinung, die Kirchen sollten eine Zeitlang auf das Reden von Gott ganz verzichten, bis die Menschen selbst wieder nach Gott fragen. Aber das verstand er anders als Professor Bur-Malottke in dieser genialen Erzählung:

Professor Bur-Malottke, ein renommierter und aufgeblasener Kulturphilosoph, der als Wendehals in der religiösen Begeisterung des Jahres 1945 vom Nationalsozialismus zum Katholizismus konvertiert war, erscheint beim Intendanten „seines" stromlinienförmigen Radiosenders, und teilt pathetisch mit, er fürchte, an der „religiösen Überfremdung" des Rundfunks mitschuldig zu sein. Das beträfe insbesondere einen Vortrag zum Wesen der Kunst, in dem er ununterbrochen auf „Gott" Bezug nimmt. Er möchte nun das Wort tilgen und durch die Formulierung „jenes höhere Wesen, das wir verehren" ersetzen. Es überfordere ihn allerdings, alles neu aufzunehmen. Er will, dass aus den Bändern das Wort „Gott" herausgeschnitten und durch die neue Formulierung ersetzt wird. Dr. Murke ist ein junger Redakteur, der heimlich Bandschnipsel mitgehen lässt, auf denen einige Augenblicke geschwiegen wird. Er hört sich dieses Schweigen abends vor dem Schlafengehen regelmäßig an. Ausgerechnet er bekommt die unangenehme Aufgabe, die Bänder der geschwätzigen Kulturkoryphäe zu bearbeiten. Murke beginnt während der Arbeit, Bur-Malottke leidenschaftlich zu hassen. Mit gespielter Freundlichkeit macht er dem Herrn Professor klar, dass er besagte Wendung für 27 Textstellen benötige, unterschieden nach den verschiedenen Fällen und dem Vokativ („O Gott!"). Der gerät ins Schwitzen, will aber keine weiteren Haken schlagen. Murke hebt nach Fertigstellung des „neuen" Vortrags die Bandschnipsel mit Bur-Malottkes „Gott" auf. Schweigen gibt es keins auf diesen Bändern. Als kurz darauf ein Hörspiel produziert wird, in dem ein verzweifelter Atheist viele Fragen nach dem Sinn und Ziel des Daseins stellt und jeweils nichts als Schweigen folgt, möchte der Autor in die Pausen hinein jeweils das Wort „Gott" ertönen lassen – und die Schnipsel Bur-Malottkes erhalten eine ganz neue Bestimmung. Und Murke viele Sekunden Stille.[23]

Wie und wo also von Gott reden und wie und wo von Gott schweigen? Der evangelische Theologe und Widerstandskämpfer Dietrich Bonhoeffer kam 1944, ein Jahr vor seiner Hinrichtung, in Briefen aus seiner Tegeler Gefängniszelle zu dem Schluss, dass eine nicht-religiöse Interpretation des christlichen Glaubens möglich, ja geradezu notwendig sei. Wie kann das Evangelium in einer aufgeklärten Welt so verkündigt werden, dass ein Gläubiger nicht ständig zwischen zwei unvereinbaren Weltbildern lavieren muss, sondern auch intellektuell redlich als Christ leben und glauben kann? Die Zeit der klassischen Innerlichkeit und religiöser Weltdeutung sei vorbei, so Bonhoeffer. Jenseits, Seelenheil und Erlösung seien keine relevanten Themen mehr. Und einen Gott, den es „gibt", wie es Gegenstände gibt, gebe es ohnehin nicht. Stattdessen müsse man ein religionslos-weltliches Verständnis des christlichen Glaubens entwickeln, das dem Diesseits verpflichtet ist.[24] Nachfolge bedeutete für ihn, „mitten im Diesseits jenseitig" zu sein.

Bonhoeffer stellte die Frage, ob man überhaupt noch öffentlich über Gott reden könne – auch wenn er davon ausging, dass der Austausch über die letzten Dinge im *inneren* Kreis der Gläubigen gepflegt werden könne und müsse. Nach *außen* allerdings sollten die Christen wenig reden und stattdessen engagiert handeln. Die Aufgabe der Christen sei eine doppelte: Beten (ohne Aufhebens davon zu machen) und „Tun des Gerechten". Persönlich und zu Freunden hat Bonhoeffer bis zuletzt ohne Scheu von Gott geredet. Den eigenen Glauben formuliert er so:

Ich glaube, dass Gott aus allem, auch aus dem Bösesten, Gutes entstehen lassen kann und will. Dafür braucht er Menschen, die sich alle Dinge zum Besten dienen lassen.

Ich glaube, dass Gott uns in jeder Notlage so viel Widerstandskraft geben will, wie wir brauchen. Aber er gibt sie nicht im Voraus, damit wir uns nicht auf uns selbst, sondern allein auf ihn verlassen. In solchem Glauben müsste alle Angst vor der Zukunft überwunden sein.

Ich glaube, dass auch unsere Fehler und Irrtümer nicht vergeblich sind, und dass es Gott nicht schwerer ist, mit ihnen fertig zu werden, als mit unseren vermeintlichen Guttaten. Ich glaube, dass Gott kein zeitloses Fatum ist, sondern dass er auf aufrichtige Gebete und verantwortliche Taten wartet und antwortet.[25]

Innerlich weiß sich Bonhoeffer bis in seinen Tod als Widerstandskämpfer hinein getragen von einem Gott, der auch all unsere Irrungen und Wirrungen und sogar das Böse in uns transformieren kann und der uns fähig macht, dem Bösen aktiv zu widerstehen.

Ein erstaunliches Plädoyer für das Reden von Gott kommt von Martin Buber, dem jüdischen Religionsphilosophen, dem die Kategorien der Beziehung und Begegnung so wichtig sind und der sich entschieden von einer nicht-personalen Gottesvorstellung abgewandt hat. Für ihn ist das Wort „Gott" unverzichtbar:

Ja, es ist das beladenste aller Menschenworte. Keins ist so besudelt, so zerfetzt worden. Gerade deshalb darf ich darauf nicht verzichten. Die Geschlechter der Menschen haben die Last ihres geängstigten Lebens auf dieses Wort gewälzt und es zu Boden gedrückt; es liegt im Staub und trägt ihrer aller Last ... Wo aber fände ich ein Wort, das ihm gliche, um das Höchste zu bezeichnen! Nähme ich den reinsten, funkelndsten Begriff aus der Schatzkammer der Philosophie, ich könnte darin doch nur ein unverbindliches

Gedankenbild einfangen, nicht aber die Gegenwart dessen, den ich meine, dessen, den die Geschlechter der Menschen mit ihrem ungeheuren Leben und Sterben verehrt und erniedrigt haben. Wir müssen die achten, die dieses Wort verpönen, weil sie sich gegen das Unrecht und den Unfug auflehnen, die sich so gern auf die Ermächtigung durch „Gott" berufen; aber wir dürfen es nicht preisgeben. Wie gut lässt es sich verstehen, dass manche vorschlagen, eine Zeit über „die letzten Dinge" zu schweigen, damit die missbrauchten Worte erlöst werden! Aber so sind sie nicht zu erlösen. Wir können das Wort „Gott" nicht reinwaschen, und wir können es nicht ganzmachen; aber wir können es, befleckt und zerfetzt wie es ist, vom Boden erheben und aufrichten über einer Stunde großer Sorge.[26]

Alle Beweise für oder gegen die Existenz Gottes sind widerlegbar. Der Glaube an Gott ist eine Entscheidung oder eine Art „Wette", wie Blaise Pascal gesagt hat.

Ihr sagt, dass wir unfähig sind zu erkennen, ob es einen Gott gibt. Indessen ist es gewiss, dass Gott ist oder dass er nicht ist, es gibt kein Drittes ... Die Vernunft, sagt ihr, kann nichts entscheiden ... Es muss gewettet werden, das ist nicht freiwillig, ihr seid einmal im Spiel und nicht wetten, dass Gott ist, heißt wetten, dass er nicht ist. Was wollt ihr also wählen?

Ihr habt zwei Dinge zu verlieren, die Wahrheit und das Glück und zwei Dinge zu gewinnen, eure Vernunft und euren Willen, eure Erkenntnis und eure Seligkeit, und zwei Dinge hat eure Natur zu fliehen, den Irrtum und das Elend. Wette denn, dass er ist, ohne dich lange zu besinnen, deine Vernunft wird nicht mehr verletzt, wenn du das eine als wenn du das andre wählst, weil nun doch durchaus gewählt werden muss. Hiermit ist ein Punkt erledigt. Aber eure Seligkeit? Wir wollen Gewinn und Verlust abwägen, setze du aufs Glauben, wenn du gewinnst, gewinnst du alles, wenn du verlierst, verlierst du nichts. Glaube also, wenn du kannst.[27]

Die Entscheidung für oder gegen Gott ist keine rationale. Der Gottesglaube kann tatsächlich eine Täuschung sein. Ich wette auf Gott!

Noch ein Zeugnis für Gott kommt aus einer überraschenden Ecke. Der expressionistische schwedische Autor August Strindberg, der zeitlebens Atheist und für seine „Menschenverachtung" und seine „selbstzerstörerische Skepsis" (Jörg Zink) berüchtigt war, bekennt gegen Ende seines von Wahnvorstellungen, Depressionen und schweren Krankheiten heimgesuchten Lebens: „Ich schreibe mein ganzes Unglück der einen Ursache zu, dass ich gottlos gewesen bin. Ein Mensch, der die Verbindung mit Gott abgebrochen hat, kann keinen Segen empfangen. Alles Gerede davon, dass jeder seines Glückes Schmied sei, ist Spreu. Wenn der Herr nicht das Haus baut, so arbeiten die Bauleute umsonst, das ist die ganze Wahrheit."[28]

Person oder Energie?

Jeder Mensch hat eigene Vorstellungen vom Göttlichen, wobei die Vorstellung in den abendländischen monotheistischen Religionen eher personal ist: Gott als Gegenüber, als das Große Du. Im Buddhismus dagegen ist die Vorstellung vom Göttlichen eher a-personal oder transpersonal. Erst in jüngster Zeit haben Brückenbauer zwischen Ost und West wie Ken Wilber versucht, beide Sichtweisen zusammen zu denken.

Die meisten Religionen versehen Gott mit vielen Ei-

genschaften und Namen. Im Islam sind es 99. Der 100.
Namen ist ein unaussprechliches Geheimnis. Der wichtigste offenbare Gottesnamen im Islam ist „Allerbar-
mer". Das hebräische Wort für Gott, *elohim*, ist kein
Name, sondern eine Art Gattungsbezeichnung, Singular
und Plural zugleich (also „Gott" und „Götter"). Als Mose
Gott im brennenden Dornbusch begegnet und nach Gottes Namen fragt, erhält er keine direkte Antwort, aber
ein Versprechen: „Ich bin, der ich bin" oder „Ich bin
da" oder „Ich werde mich erweisen" (2. Mose/Exodus
3,14). Nicht statisch, sondern dynamisch, ein Ereignis,
ein Prozess, eher ein Tätigkeitswort als ein Substantiv!
Auch der Gottesname JHWH, das „Tetragramm", jene
vier Buchstaben, von denen man nicht weiß, wie sie klin-
gen, weil die Juden sie niemals aussprechen, ist vermutlich
kein Eigenname. Manche glauben, es sei ein lautmalender
Ausdruck für den Lebensodem. Gott haucht der Materie Leben ein. Gott ist Atem. Und Gott ist zugleich der
Atmende, das Gegenüber. Die Lebenskraft *in* allem, was
ist. Das Große Du. Bewegung und Ruhe.

… den Vater …

Muttergott, Vatergott, Einheit und Zweiheit

Im Glaubensbekenntnis wird Gott ebenso wie im Vaterunser als „Vater" definiert. In der Kunst wird „Gottvater"
häufig als Mann dargestellt, noch häufiger als eine Art
Großvater mit langem Bart . Auch in den Texten der Bibel
überwiegen männliche Gottesbilder. Doch blickt man genauer hin, begegnet Gott ebenso mütterlich wie väterlich.
Das „Erbarmen" ist in der hebräischen Bibel ein pro-
minentes Gottesprädikat. Der entsprechende hebräische

Begriff, *chäsed*, bedeutet ursprünglich Mutterschoß, Geborgenheit, Nähe. „Wie eine Mutter ihr Kind tröstet, so will ich euch trösten", spricht Gott im Jesajabuch (66,13); „Wie ein kleines Kind bei seiner Mutter, so ist meine Seele in mir" heißt es im Psalm 131. Der Begriff „Vater" kommt als Gottestitel in der hebräischen Bibel selten vor: „Ein Vater der Waisen und ein Helfer der Witwen ist Gott in seiner heiligen Wohnung" (Psalm 68,6) oder: „Du bist mein Vater, mein Gott und der Hort meines Heils" (Psalm 89,27). Jesus hingegen hat Gott vermutlich mit keinem anderen Namen oder Titel angesprochen als mit „Abba". Man geht davon aus, dass es sich um eine Koseform des hebräischen Begriffs für Vater („Ab") handelt – wie bei uns „Papa" oder in meinem Fall „Vati".

Es gibt noch eine zweite Deutung für „Abba", die ich in einem Seminar des ZEN-Lehrers und Franziskanerpaters Johannes Messerer kennengelernt habe. Messerer hat sich intensiv mit der Kabbala beschäftigt, einer mystischen Strömung des Judentums. Die Kabbala behauptet, dass jeder Buchstabe des Alphabets auch ein Bild ist und einen Zahlenwert hat – und jede Zahl wiederum eine besondere Bedeutung. Zahlen sind zugleich Quantität und Qualität. „Abba" setzt sich im Hebräischen und Aramäischen aus den Buchstaben *Aleph* und *Beth* zusammen, im Griechischen aus *Alpha* und *Beta*. Sie sind in allen drei Sprachen die ersten beiden Buchstaben im Alphabet. A und B haben in diesen alten Sprachen den Zahlenwert 1 und 2. Nach kabbalistischer Deutung kann Abba (1 - 2 - 2 - 1) folgendermaßen gedeutet werden: Aus Einheit wird Zweiheit; und aus Zweiheit wieder Einheit. Messerer zufolge wäre dies eine Beschreibung des Wesens und Wirkens Gottes in dieser Welt. Der Gottessohn Jesus wird Menschensohn: Er kommt aus der *Einheit* mit Gott und nimmt die

Zweiheit, den *Dualismus* des irdischen Daseins auf sich – und kehrt am Ende in die göttliche *Einheit* zurück. Diese zweite Einheit hat allerdings eine „höhere Qualität" als die Einheit am Ausgangspunkt, denn sie hat die Spaltung der Nicht-Einheit integriert. Das ist der Weg Gottes, der Weg Jesu – und auch unser spiritueller Weg: Wir kommen aus der Einheit mit Gott und kehren zurück in unsere göttliche Heimat: 1 - 2 - 2 - 1. A - B - B - A.[29]

Jesus hat von Gott vornehmlich als *Vater* geredet. Aber gleichzeitig waren die Eigenschaften seines Vatergottes überraschend „unmännlich" – wenn man die gängigen Klischees von Männlichkeit voraussetzt, die bis heute nicht überwunden sind. Er hat Gott als liebenden, nahen und zärtlichen Vater erlebt und beschrieben. Eindrucksvollstes Zeugnis davon ist die Geschichte vom Verlorenen Sohn (Lukas 15,11–32). Auch hier übrigens das 1-2-2-1-Muster: Ausbruch aus der Einheit, Entzweiung, Wiedervereinigung und schließlich Versöhnung. Das ist ein völlig anderes Bild von Gott, als es damals (und zum Teil bis heute) gang und gäbe war. Dieser Vater verhält sich so, wie man es eher von einer Mutter erwartete. Vielleicht kommt auch deshalb in diesem Gleichnis keine Mutter vor.

Richard Rohr hat entdeckt, dass viele Männer (und Frauen!) in der westlichen Gesellschaft eine „Vaterwunde" haben. Abwesende, emotional unterentwickelte oder überfordernde Väter haben ein Vakuum erzeugt, einen Heißhunger nach väterlicher Liebe und Zuneigung. Viele Menschen haben zu viel Mutter und zu wenig Vater erlebt. Die Heilung dieser Wunde in der Begegnung mit dem liebenden Vatergott ist Teil der „Initiationsriten" für Männer, die Rohr entwickelt hat.[30]

Das Neue Testament definiert Gott als Liebe. Im

1. Johannesbrief 4,8 heißt es: „Gott ist Liebe. Wer in der Liebe bleibt, der bleibt in Gott und Gott in ihm". Glaube ist kein Gedankenkonstrukt, sondern er ist Beziehung, ein Eintauchen in die Liebe. Die Mystiker vor allem waren und sind es, die dieses Ineinander, diese geradezu erotische Verschmelzung von Gott und Mensch, beschrieben haben. „Gott ist ein glühender Backofen voller Liebe", sagt Luther, der als junger Mann eine kräftige mystische Ader hatte: „Gott und ich, wir müssen werden wie *ein* Kuchen". Was aber ist das Wesen der Liebe? Sie urteilt nicht, sondern akzeptiert und umarmt, was ist. Und Liebe und Furcht sind nicht kompatibel: „Gott ist Liebe … Furcht ist nicht in der Liebe, sondern die vollkommene Liebe treibt die Furcht aus" (1. Johannes 4,18). Wer an einen strafenden Gott glaubt, glaubt nicht an den Vater Jesu Christi, der die Liebe in Person ist.

Gottes Ebenbild

Der väterliche und mütterliche Gott erschafft uns Menschen nach seinem Ebenbild: männlich und weiblich. Schon im ersten Kapitel der Bibel wird zunächst etwas Merkwürdiges geschildert. Da sagt Gott „Lasst *uns* Menschen machen als unser Abbild und Gleichnis … Und Gott schuf den Menschen nach seinem Bild, und er schuf sie *männlich und weiblich*" (1. Mose/Genesis 1). Auffällig ist hier das „uns". Ist etwa der himmlische „Hofstaat" mitgemeint, die Heerscharen der Engel? Oder ist es ein erster geheimnisvoller Hinweis darauf, dass Gott kein Single ist, kein isoliertes Ich, sondern Gemeinschaft, ein Wir in liebevoller Bezogenheit? Zudem fällt auf, dass Gott sich ausdrücklich ein doppeltes Abbild schafft – männlich *und* weiblich (1. Mose/Genesis 1,27). Das Ebenbild Gottes ist androgyn! Jedes seiner Ebenbilder! Das heißt gerade nicht, dass Gott jede und jeden von uns eindeutig als Frauen *oder* Männer geschaffen hat. Jeder Mensch ist vielmehr männlich und weiblich *zugleich*. Wie Gott, dessen/deren Ebenbild wir sind. Egal, welches biologische Geschlecht wir haben: Als Ebenbilder Gottes tragen wir in uns immer auch Anteile des anderen Geschlechts. Paulus geht sogar so weit und sagt: In Christus ist nicht „Mann noch Frau" (Galater 3,28). Das sind die biblischen Wurzeln einer recht verstandenen Gendertheorie. Der Psychologe C. G. Jung spricht davon, dass der Mann einen weiblichen Seelenanteil habe (die „Anima"), die Frau hingegen einen männlichen (den „Animus"). Ein ganzer Mensch werden wir nur, wenn wir diesen gegengeschlechtlichen Anteil in uns „integrieren", so wie Gott in sich diese und alle anderen Gegensätze vereinigt.

Unsere Gottesbilder sind immer zunächst Projektionen, insbesondere Projektionen unserer Elternerfahrungen. Andererseits kann die Begegnung mit einem liebenden Vatergott zur Heilung gestörter Elternbeziehungen beitragen.

Ich bin mit einem abwesenden Vater aufgewachsen, jedenfalls nach dem siebten Lebensjahr. Meine göttliche „Bezugsperson" war der Freund und große Bruder Jesus. Es hat lange gedauert, bis ich mit Gott als Vater etwas anfangen konnte. Das ging nur, da mir eine Reihe von Mentoren begegnet ist, bei denen ich väterliche Liebe „nachholen" konnte. Im Zusammenhang fünftägiger Initiationsriten für Männer unter der Leitung von Richard Rohr bin ich in der Stille einer Waldlichtung fast greifbar meinem leiblichen und längst verstorbenen Vater begegnet und konnte ihn als Teil von mir annehmen. Seine Lebenslust, sein verrücktes Künstlertum, seine Grandiosität waren plötzlich präsent und ich begriff, dass diese Charaktereigenschaften auch zu mir gehören. Seither bin ich mit meinem Vater ausgesöhnt.

Beschäftigt man sich genauer mit biblischen Texten, wird schnell klar, dass unsere Gottesbilder nicht nur im Blick auf das Geschlecht Gottes dem Wesen Gottes eher unähnlich als ähnlich sind. Da wir aber als Menschen ohne Bilder nicht auskommen und unsere Psyche selbst ununterbrochen Bilder erzeugt, müssen wir solche Bilder als das nehmen, was sie sind: *vorläufige* Platzhalter. Reifung des Bewusstseins und Wachstum im Glauben manifestieren sich nicht zuletzt darin, dass wir überholte, allzu menschliche oder gar destruktive Gottesbilder loslassen können. Leo Tolstoi wird folgende Bemerkung zugeschrieben:

> Wenn dir der Gedanke kommt, dass alles, was du über Gott gedacht hast, verkehrt war und es keinen Gott gibt, so gerate darüber nicht in Bestürzung. Es geht allen so. Glaube aber nicht, dass dein Unglaube daher rührt, dass es keinen Gott gibt. Wenn du nicht mehr an den Gott glaubst, an den du früher geglaubt hast, so rührt es daher, dass in deinem Glauben etwas verkehrt war, und du musst dich bemühen, besser zu begreifen, was du Gott nennst. Wenn ein Wilder an seinen hölzernen Gott zu glauben aufhört, so heißt das nicht, dass es keinen Gott gibt, sondern nur, dass er nicht aus Holz ist.

Marion Küstenmacher, Werner Küstenmacher und Tilmann Haberer haben in ihrem Standardwerk *Gott 9.0* dargestellt, wie jede neue Bewusstseinsstufe, die ein Individuum, aber auch jedes Kollektiv und jede Kultur oder Religion im Lauf ihrer Entwicklung durchlaufen, vorhersagbare Veränderungen auch der Gottesbilder mit sich bringt.[31]

Ich habe bei mir selbst erlebt, dass die Gottesbilder immer mehr verschwunden sind, insbesondere in der gegenstandslosen Kontemplation, wo nicht nur der Mund schweigt, sondern auch Konzepte und Vorstellungen sich verflüchtigen. Ich kenne und schätze beides: Biblische Erzählungen von Gott, Kunstwerke und theologische oder mystische Gotteskonzepte, Dogmen und Erfahrungsberichte faszinieren und bereichern mich. Sie haben einen Platz in meinem Glauben und treten je nach Situation stärker in den Vorder- oder Hintergrund. Gleichzeitig weiß ich, dass sie immer nur Platzhalter sind, da Gottes Unermesslichkeit in kein Bild und keine Formel passt. In der Meditation erlebe ich, wie sich die Bilder auflösen. Was bleibt, ist eine Leere, die zugleich dicht und erfüllt ist, ein Licht, das alles Dunkle absorbiert und transformiert. Diese Erfahrung ist *in* mir und gleichzeitig *größer als ich*. Wenn ich beispielsweise in Gemeinschaft meditiere, kann sich eine Art kollektiver Gottesraum auftun, der uns verbindet ohne Worte und Bilder.

... den Allmächtigen ...

Allmacht und Ohnmacht Gottes
Dass die Allmacht die einzige „Eigenschaft" Gottes ist, die im Glaubensbekenntnis gleich zweimal vorkommt, empfinde ich als misslich. Keine Liebe, kein Erbarmen, keine Nähe und Zärtlichkeit, nein: Allmacht! Der hartnäckigste und stichhaltigste aller Glaubenszweifel ist ja die Frage, wie ein allmächtiger Gott so viel Leid, so viel Böses zulassen kann. Ein allmächtiger Gott könnte doch

eingreifen und dem Irrsinn Einhalt gebieten! Gott greift aber nicht ein. Will er das nicht – oder kann er das nicht? Ist Gott allmächtig oder ohnmächtig?

Auf die Frage nach Gott und dem Leid oder nach Gott und dem Bösen gibt es keine Antwort. Vor allem nicht, wenn wir Gott im Vorneherein als den „Allmächtigen" definieren, wie es das Credo tut. Wir werden darauf zurückkommen, wenn wir über Jesus Christus sprechen als Selbstoffenbarung Gottes in Menschengestalt. Nur so viel vorweg: Die Allmacht der Liebe Gottes offenbart sich in der Ohnmacht des Kreuzes. Das ist ein schwer verständliches und verdauliches Paradox. Und dennoch das Herz des christlichen Glaubens.

... den Schöpfer ...

Schöpfung und Evolution

Glaube und Naturwissenschaft widersprechen sich nicht. Ich bin überzeugt, dass es nur *eine* Wirklichkeit gibt. Diese Ansicht habe ich auch meinem bereits erwähnten Physiklehrer Adolf Zellfelder zu verdanken. Im alten mechanistischen Weltbild Newtons gab es *zwei* Wirklichkeiten. Geist und Materie, Naturwissenschaft und Religion waren sauber geschieden. Gott war bestenfalls ein erster Beweger, ein Uhrmacher, der die Evolution in Gang gesetzt hat. Das sei, so Zellfelder, seit der Entdeckung der Quantenphysik ganz anders zu sehen. Die Quantensprünge in den kleinsten Teilen der Materie, die zugleich Energie ist, seien nur statistisch messbar. Aber jedes einzelne Quantum sei „frei". Sein Zerfall sei nicht vorhersehbar. Der Urgrund des Alls sei also Freiheit und keineswegs Determination, kein Uhrwerk, sondern lebendige Dynamik. Die „Naturgesetze", wie wir sie unter den Bedingungen von Raum und Zeit wahrnehmen, hätten nur eine begrenzte Gültigkeit. Besonders eindrückliches Beispiel für die Einheit von Materie und Energie („Geist") sei das Licht. Wir lernten, dass das Licht je nach Versuchsanordnung als Teilchen oder als energetische Welle in Erscheinung tritt. Damit sei der klassische Dualismus von Materie und Geist erledigt. Die meisten Theologen des 20. Jahrhunderts nahmen die Revolution des physikalischen Weltbilds gar nicht erst zur Kenntnis, da sie sich bereits entschieden hatten, dass Wissenschaft und Glaube auf zwei unterschiedlichen Sternen existieren. Man gab sich letztlich damit zufrieden, dass die Religion zwar für Sinnfindung und Innerlichkeit zuständig sei, nicht aber für die großen kosmischen Zusammenhänge. Deswegen verwundert es auch nicht, dass viele „gläubige" Naturwissenschaftler keine Kirchenchristen sind, sondern sich für eine transkonfessionelle Mystik interessieren, die sich unter anderem durch Meditation erschließt und von der die meisten Theologen ebenso wenig Notiz nehmen wie von der Neuen Physik.[32]

Was sagt die Bibel zu alldem? Die Bibel beginnt wie viele Religionen und Mythologien mit der Schöpfung. Sie bietet gleich zwei Schöpfungsgeschichten an, die das Dasein aus verschiedenen Blickwinkeln betrachten. Die erste (1. Mose/Genesis 1) schildert das Entstehen der Welt in sechs beziehungsweise sieben Tagen (wenn man den Sabbat als Ruhetag Gottes dazu nimmt). Es handelt sich um ein Glaubenszeugnis, das allerdings erstaunliche „Vorahnungen" von dem in sich birgt, was Darwin im 19. Jahrhundert erforscht und in seiner Evolutionslehre dargestellt hat: Auch in Genesis 1 ereignet sich die Schöpfung nicht auf einen Schlag, sondern es gibt ein *Nacheinander*. Das Licht des ersten Schöpfungstages erinnert an die ungeheure Energie des Urknalls. Danach entsteht das All mit seinen Gestirnen, werden Land und Wasser geschieden. Zuerst entsteht das Mineralreich, später kommen dann die Pflanzen, die Wasser- und die Flugtiere, die Säugetiere und schließlich die Menschen. Das entspricht im Großen und Ganzen dem Ablauf der Evolution, die sich freilich über Milliarden von Jahren erstreckt hat und bis heute nicht abgeschlossen ist.

Die Geistkraft, die schon ganz am Anfang das Chaos bebrütet hat, entfaltet ihre Dynamik *in* der Evolution. Nicht nur die Welt ist noch immer im Werden – Gott selbst ist noch nicht „fertig", sondern kommt in diesem Prozess zu sich selbst, bis er/sie „alles in allem" ist (1. Korinther 15,28).

Das Entropiegesetz besagt, dass das Chaos sich nur ordnen und entfalten kann, wenn fortwährend Energie zugefügt wird. (Jeder, der seine Wohnung aufräumen muss, weiß davon ein Lied zu singen.) Durch die göttliche Energie beginnt die Entwicklung des Urchaos zum Kosmos, entfaltet sich jene ungeheure Vielfalt und Komplexität bis hin zum menschlichen Bewusstsein, die bereits beim Urknall keimhaft in der Schöpfung angelegt sind. Ich habe eine gewisse Sympathie für die Idee von der Schöpfung als *Intelligent Design*. Das muss man deutlich vom sogenannten „Kreationismus" unterscheiden, der zum Teil buchstäblich an eine Weltschöpfung in sieben Tagen glaubt, die vor 6000 Jahren stattgefunden habe. Albert Einstein formulierte seinen eigenen „tiefreligiösen Atheismus" einmal so: „Jene mit einem tiefen Gefühl verbundene Überzeugung von einer überlegenen Vernunft, die sich in der erfahrbaren Welt offenbart, bildet meinen Gottesbegriff ... Das kosmische religiöse Gefühl ist das stärkste und nobelste Motiv der wissenschaftlichen

Forschung".[33] Welche Art von Intelligenz ist es, die das Werden des Kosmos erdacht hat bis hin zum menschlichen Bewusstsein, das solche Fragen stellt?[34]

Der Jesuit Pierre Teilhard de Chardin (1881–1955), Theologe und zugleich Naturwissenschaftler, war einer der wenigen, die schon früh versucht haben, Evolution und Glaube zusammenzudenken. Für ihn entfaltet sich Gott in der Evolution, die im Punkt Omega endet, der Christus ist. Gott ist zwar nicht die Schöpfung (Pantheismus), aber er ist in ihr und entwickelt sich in und mit ihr. In der katholischen Kirche standen Teilhards Bücher lange auf dem Index. Inzwischen aber gilt er als visionäres Genie mit der Fähigkeit, zwei scheinbar einander ausschließende Weltbilder auf einer höheren Ebene zu vereinen.[35]

Schöpfungsmythen: Babylonisch und biblisch

Es ist klar, dass es sich bei den biblischen Schöpfungsgeschichten nicht so sehr um die Frage „Warum ist etwas und nicht nichts?" dreht, sondern dass es sich um mythologische Erzählungen handelt. Ein Mythos ist etwas, was nie *war*, aber immer *ist*. Mythologische Erzählungen verpacken Antworten auf die großen Rätsel des Lebens in Geschichten vom Anfang. Es geht darum, weshalb die Dinge so sind wie sie sind.

Die erste Schöpfungsgeschichte im 1. Buch Mose/ Genesis 1 ist in der Zeit des babylonischen Exils entstanden, etwa 550 vor Christus. Israel hatte alles verloren: sein Land, seinen König, seinen Tempel. Die Oberschicht war nach Babylon verschleppt worden, wo sie 70 Jahre ausharren musste. Marduk, der Obergott der Babylonier, hatte sich – so schien es – als mächtiger erwiesen als der Gott Israels.

Die Babylonier hatten einen eindrucksvollen Schöpfungsmythos, *Enūma eliš*, überliefert auf sieben Tontafeln: Der männliche Gott Apsu und seine Gattin Tiamat, ein Seeungeheuer, sind die ersten Gottheiten. Sie zeugen mehrere Götter. Als die Junggötter die Alten beim Schlafen stören, will Apsu sie töten. Der Göttersohn Ea kommt ihm zuvor und bringt den Vater um. Auf dem väterlichen Kadaver errichtet Ea seine Wohnstatt. Mit der Göttin Damkina zeugt er Marduk. Er übergibt seinem Sohn die vier Winde, um seine Mutter Tiamat zu provozieren. Das wiederum stört die anderen Götter. Sie stiften Tiamat zur Rache an. Schließlich wird Marduk beauftragt, seine Großmutter Tiamat durch Beschwörungen zu besänftigen. Er verlangt als Gegenleistung, zum Obergott ernannt zu werden. Dann bringt er Tiamat um und spaltet ihren Leib in Himmel und Erde. Aus dem Blut des Gottes Kingu, dem man die Schuld an Tiamats Gewalt gibt, erschafft er die Menschen und zwingt sie, ihn als heldenhaften Sohn, Rächer und Versorger zu verehren.[36]

Was für ein verwirrender und blutrünstiger Mythos! Wenn ein Mythos weniger die Anfänge von etwas beschreibt als das Wesen der Wirklichkeit, dann ist die Botschaft des Mythos *Enūma eliš*: Die Welt ist Gewalt. Die Götter sind grausam und blutrünstig. Himmel und Erde sind der zerstückelte Leib der Göttermutter. Der Muttermörder Marduk hat sich die Menschen unterworfen, die aufgrund eines Justizmordes entstanden sind.

Mein verstorbener Freund Walter Wink, einer der originellsten amerikanischen Neutestamentler, sagte, der babylonische Schöpfungsmythos bilde die Grundlage für den „Mythos von der erlösenden Gewalt". Wenn alles ein Produkt von Gewalt sei und wenn die Welt nur mit Gewalt beherrscht werden könne, dann legitimiere dieser Mythos Gewalt als letztes und sogar als erstes oder einziges

Mittel. Wenn die Götter Gewalttäter seien, dann werde die Gewalt selbst zum Gott. Wink stellte ernüchtert fest, dass Jesu Lehre von der Kraft kreativer Gewaltlosigkeit bis heute die Herzen und Köpfe nicht wirklich erobert hat. Spirituell habe Marduk gesiegt.[37] Der erste biblische Schöpfungsmythos kann hingegen als ein ausdrücklicher Gegenentwurf zum babylonischen verstanden werden. Israelitische Priester haben ihn während des Exils formuliert. Ihre Version ist purer Protest gegen dieses brutale Weltbild: Der Gott Israels schafft die Welt *ohne* Gewalt, allein durch sein schöpferisches Wort. Das Urchaos wird gebändigt, indem Gottes Geist über den Chaosgewässern brütet. Am Ende betrachtet Gott sein Werk und kommt zu dem Schluss: „Und siehe, es war sehr gut!" Das ist der große Ur-Segen, von Gewalt oder Sünde ist hier keine Rede. Dafür von Freude und Fruchtbarkeit. Und das Ziel der Schöpfung ist der Sabbat, die Große Ruhe. Wie wohltuend ist dieser Mythos im Vergleich zu den babylonischen Metzelgöttern! Außerdem: Die Gestirne sind für die Priester Israels keine Gottheiten wie bei den Babyloniern. Israels Priester nennen Sonne und Mond despektierlich „Lampen". Also keine Determiniertheit und Vorherbestimmung durch kosmische Mächte, hinter denen zwielichtige Gottheiten stehen, sondern die Freiheit, das Dasein verantwortlich zu gestalten.

Die erste Schöpfungsgeschichte ist auch eine Korrektur gegenüber der zweiten Schöpfungsgeschichte, die drei- bis vierhundert Jahre früher entstand, vermutlich am Königshof Davids (1. Mose/Genesis, 2 und 3): Die bekannte Geschichte vom Paradiesgarten. Hier ist Adam der „Erdling" (*adam* = Mensch; *adama* = Erde), aus dessen Seite später Eva geschaffen wird, die sich von der Schlange verführen lässt, Gottes Gebot zu übertreten und vom Baum der Erkenntnis zu naschen. Das Paradies geht verloren. Das Leben wird mühsam. Arbeit und Schwangerschaft sind qualvoll, am Ende steht der Tod.

Dieses eher trostlose Bild hat sich tiefer eingegraben ins religiöse Gedächtnis als der Große Segen der ersten Schöpfungsgeschichte. Vor allem im westlichen Christentum ist die Vorstellung vom Ur-Segen und von der wunderbaren Schöpfung fast restlos verloren gegangen. Die Sünde geriet in den Fokus. Und Sünde, das war vor allem Sex. Nach der Meinung des Augustinus (354–430), die keinerlei biblische Grundlage hat, wird die Erbsünde durch den Geschlechtsverkehr, der ohne Begierde nicht denkbar ist, von Generation zu Generation weiter vererbt. Begierde aber ist per se sündig. Die sexuelle Begierde hat zwar eine Art Halblegitimation zum Zweck der Kinderzeugung, ist sozusagen eine erlaubte und notwendige „Ferkelei". Ansonsten aber ist jede Form von Sex zu missbilligen. Der zölibatäre Weg ohne geschlechtliche Befleckung ist der edlere. Eva, die Frau, wird zur großen Verführerin. Der Mann ist ihr Oberhaupt und muss ihren Verführungskünsten Einhalt gebieten. Die ganze Schöpfung ist von der Sünde kontaminiert. Und die Menschen sind immer in Gefahr, die Schöpfung zu lieben anstatt des Schöpfers. Die Folge dieser Auffassung sind ein liebloser Umgang mit der Erde, Respektlosigkeit gegenüber Pflanzen und Tieren und nicht zuletzt die Unterdrückung der Frau.

Gott im Wald, Gott im Körper: Die Schöpfung als „erste Bibel"

Viele Menschen suchen Gott in der Natur, im Wald oder am „gestirnten Himmel über uns". Als ich Theologie studierte, war das verpönt. „Wer Gott im Wald sucht, der soll sich vom Oberförster beerdigen lassen", formulierte einmal einer meiner Theologieprofessoren unter dem Gejohle der Studierenden. Gott suche man gefälligst in der Kirche oder in geistreichen theologischen Vorträgen! Auch ich habe damals gelacht. Heute lassen sich viele Menschen von so etwas zum Glück nicht mehr einschüchtern. Wenn wir an einen dreieinigen Gott glauben, der uns in uns selbst begegnet und im Du, dann darf er uns auch in der Schöpfung begegnen. Deshalb schicke ich bei Meditationskursen die Teilnehmer immer als erstes in die Natur, in der sie lernen können, wach wahrzunehmen, was ist. Da-sein, pure Präsenz. Pflanzen und Tiere müssen das nicht mühsam lernen, wir schon.

Die Missachtung der Schöpfung und die Körperfeindlichkeit der Kirchen haben dazu beigetragen, dass das Christentum auf eine Kopf-, Gesetzes- oder Gefühlsreligion reduziert wurde. Besonders die interreligiöse Begegnung hat dieses Defizit sichtbar werden lassen. In fast allen östlichen Meditationspraktiken spielt der Körper eine entscheidende Rolle: Spirituelle Körperarbeit (Yoga, Tai Chi, Chi Gong, Karate oder Judo) sind nicht nur Vorbereitungen auf Gebet und Meditation. Sie sind „Beten mit dem Körper". Und in allen Religionen gibt es die Praxis des Pilgerns, das man immer wieder als „Beten mit den Füßen" bezeichnet hat. Sie erfreut sich heute zum Glück sogar bei Protestanten großer Beliebtheit.

1998 war ich erstmals als Pilger auf dem Jakobsweg. Ich bin eine naturferne Großstadtpflanze; Wandern oder gar Bergsteigen haben noch nie zu meinem Bewegungsrepertoire gehört. Der Vortrag zweier Frauen in meiner damaligen Gemeinde St. Lukas in München gab den Ausschlag: Eine Muslima erzählte von ihrer Pilgererfahrung in Mekka; eine Katholikin von ihren Erlebnissen auf dem Jakobsweg. Da wusste ich: Jetzt ist es soweit. Und so stand ich im Sommer 1998 auf dem Kamm der Pyrenäen und überschritt die Grenze nach Spanien. Nach wenigen Minuten ergriff ein Glücksgefühl von mir Besitz. Und ich merkte sofort, dass ich viel zu viel Gepäck dabei hatte. Im nächsten Postamt schickte ich alles Überflüssige, insbesondere die Bücher, nach Hause.

Die erste Pilgererfahrung war zunächst vor allem eine physische: Rücken und Füße schmerzten, abends kam ich erschöpft in der Herberge an und schlief wie ein Stein. Ich spürte, dass ich einen Körper habe. Und ich genoss das Alleinsein. Dann geschah etwas Unerwartetes: Nach etwa einer Woche sammelte sich um eine junge Münchner Krankenschwester eine Gruppe von Pilgern, die sich bald wie eine Familie auf Zeit anfühlte. Wir passten nicht zusammen, vor allem religiös verband uns nichts, wie es schien. Und dennoch teilten wir wochenlang Freud und Leid des Pilgerns. In dieser zweiten Phase war nach dem Körper die Seele an der Reihe. Bei Gesprächen unterwegs brachen nicht verheilte, seelische Wunden auf. Die Anonymität der Pilgergruppe auf Zeit ermöglichte eine erstaunliche Offenheit.

Ich hatte nur drei Wochen Zeit und konnte nicht die ganze Strecke bis Santiago bewältigen. Ich wusste, dass ich die Gruppe verlassen musste, die den ganzen Weg gehen wollte, und zog mich allmählich zurück. Gedanken und Gefühle wurden immer weniger. Ich begann, die Schöpfung wahrzunehmen, hörte die Vögel singen, spürte Sonne und Wind auf der Haut. Am letzten Tag wanderte ich bewusst allein – und begann schließlich, mit dem Weg zu sprechen: „Ich danke dir", sagte ich, „dass du schon so viele Menschen mit all ihren Fragen und Lasten getragen hast, seit tausend Jahren und mehr. Du bist mir zum Bruder und Freund geworden. Ich verspreche Dir, dass ich wiederkomme!" Tränen des Abschiedsschmerzes und der Freude rannen über mein Gesicht.

Ich hatte Gott als „Weg" entdeckt. Begonnen hatte alles mit den Füßen und mit dem Gehen.

Der schwäbische Pietist Friedrich Christoph Oetinger hat einmal gesagt: „Alle Wege Gottes enden in der Leiblichkeit." Das Christentum des Westens aber hat dem Leib zu wenig Beachtung geschenkt, ja, ihn sogar häufig als Quelle der sündhaften Lust abgewertet. Andere Kulturen und Religionen haben eine Spiritualität des Körpers entwickelt, die im indischen Tantra gipfelt, der Versöhnung von Religion und Sexualität. Auch die Begegnung mit den *Native Americans*, den „Indianern", hat viele Europäer inspiriert, die Schöpfung ernst zu nehmen. Der Große Geist durchwaltet die ganze Schöpfung, er wohnt in Bergen, Bäumen, Tieren und Menschen gleichermaßen. In vielen Kulturen, die wir „primitiv" oder „archaisch" nennen, werden junge Männer bei der Initiation von den Ältesten viele Tage lang in den Wald geschickt, um im leiblichen Fasten und in der Begegnung mit der Natur und den Tieren die eigene Berufung zu finden. Diese Zeit heißt bei manchen Stämmen „Crying for a Vision", Visionssuche. In der Begegnung mit der Schöpfung fragen die jungen Männer nach ihrer Lebensaufgabe und nach ihrem Platz in der Gemeinschaft. Häufig begegnet ihnen irgendwann ein „Totemtier" und sie spüren, dass die Energie dieses Tieres etwas mit ihrem eigenen Wesen zu tun hat. Wenn sie aus dem Wald zurückkehren, nehmen sie den Namen dieses Tieres an: Scheuer Fuchs, Sitzender Stier, Schneller Hirsch.

Inspiriert von diesen Traditionen wurden in den USA moderne Formen der „Visionssuche" für Erwachsene entwickelt. Nach einer Vorbereitungszeit begeben sich die Übenden vier Tage lang fastend in den Wald oder in die Wüste. Anschließend werten sie das Erlebte unter kundiger Leitung aus. Auch hier ist die Begegnung mit der Schöpfung Schlüssel zur Selbstbegegnung und Gottesbegegnung. Amerikanische Forscher haben herausgefunden, dass unsere Entfremdung von der Natur etwa drei Tage „dick" ist. Nach diesen drei Tagen und Nächten in der Natur erleben viele Menschen, dass eine Barriere gesprengt wird. Sie erfahren die Schöpfung nicht mehr als bedrohliches Gegenüber, sondern sich selbst als Teil der Schöpfung.[38] Die US-amerikanische Buddhistin Joanna Macy hat die Grundlagen einer „Tiefen-Ökologie" entwickelt und weltweit verbreitet, zu denen unter anderem auch diese „Visionssuche" gehört.[39] Richard Rohr hat auf christlicher Grundlage spirituelle Passageriten für Männer entwickelt, zu denen ebenfalls die Naturbegegnung gehört. Die Tage enden mit mehreren Ritualen, bei denen die berühmte Pauluspassage über die Liebe aus dem ersten Korintherbrief, Kapitel 13, den gesamten Prozess zusammenfasst: Alles, was ohne Liebe geschieht, ist sinnlos, selbst der Glaube oder die Gabe, Wunder zu tun. Es geht um den Reifungsweg vom Kind zum Erwachsenen, der die Erkenntnis einschließt, dass alles, was wir tun und denken, Stückwerk ist, und dass wir erst am Ende der Zeiten Gott und seine Wege vollständig erkennen werden, so wie wir von Gott schon jetzt erkannt sind. Das Kapitel gipfelt in dem berühmten Satz: „So bleiben nun Glaube, Hoffnung, Liebe, diese drei. Aber die größte unter ihnen ist die Liebe" (1. Korinther 13,13). Diese fünftägigen Riten werden in Deutschland von der Gruppe „Männerpfade", Teil des Spirituellen Zentrum St. Martin in München, angeboten, in Österreich von dem Verein *mannsein.at*.[40]

In der christlichen Tradition gibt es auch einige positive Beispiele für die Verbindung von Glaube und Schöpfung.

Viele spirituelle Lehrer haben den alten Dualismus hinter sich gelassen. Ives Leloup, ein orthodoxer französischer Abenteurer, schildert in seiner Lehrerzählung *Das Herzensgebet*, wie ein junger Philosoph auf den Heiligen Berg Athos kommt, um von den orthodoxen Mönchen das innere Gebet zu lernen. Starez Serafim, ein grober Greis, der auf den ersten Blick alles andere als „durchgeistigt" wirkt, empfiehlt ihm als erstes, den Berg zu fragen, wie er betet. Der junge Mann lernt vom Berg feste Gründung und Erdung. Dann zeigt ihm sein Mentor eine Mohnblume. Sie lehrt ihn, dass Verwurzelung Beweglichkeit ermöglicht und das Emporwachsen, dem Licht entgegen. Schließlich führt Serafim den jungen Mann ans Meer, dessen Kommen und Gehen ihn in Verbindung bringt mit dem Rhythmus des Aus- und Einatmens. Danach bringt er ihm ein verliebtes Vogelpärchen in die Zelle. Von den beiden soll er lernen, im Liebesdialog zu sein mit Gott. So lässt Leloup den greisen Serafim sagen:

Die alten Mönche waren wirkliche „Therapeuten". Bevor sie zur Erleuchtung führten, mussten sie die Natur heilen, damit sie die Gnade empfangen kann, die der Natur nicht widerspricht, sondern sie erneuert und vollendet. Nichts anderes tat der alte Starez mit dem jungen Philosophen, als er ihm eine Meditationsmethode zeigte, die manche „rein natürlich" nennen möchten. Berg, Mohn, Ozean, Vogel, Elemente der Natur, die den Menschen daran erinnern, dass er die verschiedenen Seins-Ebenen, die verschiedenen Bereiche, die den Makrokosmos bilden, erneut durchlaufen muss, bevor er weiter geht: die mineralische Ebene, die vegetative und animalische Ebene. Häufig hat der Mensch den Kontakt mit dem Kosmos, dem Felsen, den Tieren verloren. Die Folgen sind alle möglichen Beschwerden, Krankheiten, Ungeborgenheit,

Angst. Er fühlt sich überflüssig, der Welt entfremdet. So bedeutet Meditation als Erstes, eintreten in die Meditation und den Preisgesang des Universums, denn „Dinge beten früher als wir", sagen die Väter. Im Menschen kommt das Gebet der Welt zu Bewusstsein. Der Mensch ist da, um das klar auszusprechen, was alle Geschöpfe stammeln.[41]

Wir sind Menschen, bevor wir Christen sind, wir sind Geschöpfe, bevor wir Erlöste sind. Gott schuf den *Menschen* – nicht die Christen – nach seinem Ebenbild. Und die Geschöpflichkeit verbindet uns mit allen Kreaturen und mit dem gesamten Kosmos. Im evangelischen Christentum, war es der dänische Theologe Nikolai Grundtvig (1783-1872), der den Vorrang der Schöpfung vor der Erlösung betonte: „Erst der Mensch – dann der Christ!" war sein Motto. Er begründete die Bewegung der Landvolkshochschulen, um bildungsfernen Kindern und Erwachsenen im ländlichen Raum die Entfaltung ihrer geschöpflichen Anlagen zu ermöglichen.[42]

Keltische Spiritualität

Nicht überall hat man gedacht wie Augustinus, der Schöpfung, Körperlichkeit und Sexualität misstraute. Das Ja zur Schöpfung ist eine uralte alternative christliche Tradition. Besonders prägte es die Spiritualität der irischen und schottischen Kelten.

Die keltischen Christen fanden Gott in der Natur. Sie feierten die Sexualität als Lebensgabe. Frauen genossen eine weit größere Achtung als im Einflussbereich Roms. Sie hatten Anteil an der Bildung; es gab gemischtgeschlechtliche Klöster, oft geleitet von einer Äbtissin.

Pelagius, einer der großen schottischen Theologen, lebte zeitgleich mit Augustinus in Rom. Er feierte die Güte

Gottes, welche die gesamte Schöpfung durchströmt, wie „feine göttliche Lichtstrahlen, die jenen subtilen Schleier durchdringen, der Himmel und Erde trennt". Bald jedoch zog er den Hass des großen Augustinus auf sich, insbesondere, weil er Frauen lehrte, selbständig die Bibel zu lesen, und weil er glaubte, dass das Ebenbild Gottes aus dem Angesicht jedes neugeborenen Kindes erstrahle. Für Augustinus hingegen war bereits das Neugeborene von der Erbsünde entstellt. Die Sexualität war für Pelagius ein gottgegebener Aspekt unserer ursprünglichen Geschöpflichkeit und gehörte zum Großen Segen. Keineswegs leugnete er die Anfälligkeit des Menschen für die Sünde. Aber er weigerte sich, den Menschen als wesenhaft böse zu definieren.

Augustinus, der als junger Mann ein sexuell ausschweifendes Leben geführt und ein uneheliches Kind gezeugt hatte, war später angewidert von der eigenen Sinnlichkeit, die – so meinte er zumindest – das Einfallstor der Sünde gewesen sei. So kam er zu dem Schluss: Das Embryo werde bereits beim Zeugungsakt, der „leider" ohne Lust nicht funktioniere, von der Sünde kontaminiert und komme verloren auf diese Welt. Nur durch die Taufe könne der Mensch von der Erbsünde befreit werden. Ungetaufte Kinder kämen hingegen nicht in den Himmel. Selbst eine Taufe gegen den eigenen Willen sei gut, während Ungetaufte unweigerlich in der Hölle landeten – weswegen Augustinus auch Zwangstaufen für gerechtfertigt hielt.

Augustinus warf Pelagius Ketzerei vor. Er behauptete, der Schotte predige die Selbsterlösung des Menschen. Jahrelang kämpfte Augustinus für die Verdammung seines Widerparts. Die Kirche hielt jedoch an der Rechtgläubigkeit des Pelagius fest. Schließlich gelang es Augustinus gemeinsam mit anderen afrikanischen Bischöfen, die rö-

mische Staatsmacht zu überreden, Pelagius als Friedens-
störer aus Rom zu verbannen. Der Kirche blieb nichts
übrig, als ihn ebenfalls zu verdammen – ohne Angabe
von Gründen.[43]

Die keltische Glaubenstradition hielt sich noch lange
in Irland und Schottland. Iro-schottische Mönche missio-
nierten den Kontinent, ohne einen Tropfen Blut zu vergie-
ßen – allein durch ihr vorbildliches Leben. Sie versuchten
nicht, den Glauben und die Traditionen, die sie vorfanden,
zu verteufeln, sondern knüpften daran an. Auf der Synode von Whitby im Jahr 664 zwang Rom die keltische
Kirche schließlich endgültig in die Knie und verbannte deren Lesart des Christentums in den Untergrund. Dennoch
lebte diese Spiritualität weiter, vertreten etwa durch die
großen schottischen Theologen Johannes Scotus Eriugena
(9. Jahrhundert) oder durch den Franziskaner Duns Scotus
(1262–1308). Er schreibt:

> Das Ewige Licht zeigt sich in der Welt auf zweierlei Weise,
> durch die Bibel und durch die Geschöpfe. Denn das gött-
> liche Wissen in uns kann nicht wiederhergestellt werden
> außer durch die Buchstaben der Heiligen Schrift und den
> Anblick der Geschöpfe. Lerne die Worte der Schrift und
> verstehe ihren Sinn in deiner Seele! Erkenne die Gestalt und
> die Schönheit der sinnlichen Welt durch deine physischen
> Sinne, und sieh auch dort das Wort Gottes! ... Jedes sicht-
> bare und unsichtbare Geschöpf kann eine Gotteserschei-
> nung genannt werden ... Deshalb sollten wir Gott und die
> Schöpfung nicht als zwei unterschiedliche Dinge ansehen,
> sondern als ein- und dasselbe.[44]

Johannes Scotus findet Gott *in* der Schöpfung, der „ersten
Bibel". Gott ist nicht nur der Beginn der Evolution. Gott ist

in der Evolution und verwirklicht sich in der Schöpfung, ja, Gott *ist* die Schöpfung. Und dennoch größer. All das ist nicht mathematisch verrechenbar. Pan-theisten lehren die Identität von Gott und Schöpfung. Pan-Entheisten sind überzeugt, dass Gott *in* der gesamten Schöpfung gegenwärtig ist. Schon Paulus war davon ausgegangen, dass Gott in der Schöpfung erkannt werden kann (2. Römer 2). Im Thomasevangelium, das nicht ins Neue Testament aufgenommen wurde, heißt es: „Spaltet einen Holzscheit, und ich bin da. Hebt einen Stein auf, und ihr werdet mich finden!" (Logion 77). In seiner Gebets-Meditation zu diesem apokryphen Jesuswort schreibt Dietrich Koller:

> Das sagst du sicher denen, die meinen, du seist nur kultisch präsent in heiligen Schriften und Sakramenten, deine Allpräsenz aber sei uns unzugänglich. Wer beim Hausbau Feldsteine aufhebt oder Baumstämme spaltet, kann entdecken: Du bist es, der das Haus baut, ja mehr, du bist die Essenz des Baumaterials, du bist der Segen des Hauses ...
> Du bis das unsichtbare Licht des Lichts,
> du bist das All in jedem Stück,
> du bist das Über-All, für den Verstand ein Nichts,
> für meine Seele: Alles – jeden Augenblick.[45]

Für die Kelten waren Diesseits und Jenseits, Materie und Gott innig verflochten. Zwischen dem Diesseits und der „Anderwelt" befindet sich nur ein hauchdünner Schleier, und manchmal lüftet er sich und das Ewige ist inmitten von Raum und Zeit zum Greifen nah.

Franz von Assisi war einer der wenigen bedeutenden Christen des Westens, der die Schöpfung in seinen Glauben einbezog und in seinem „Sonnengesang" feierte, der Sonne und Mond als Bruder und Schwester ansprach, und der auch den Tieren die Liebe Gottes predigte. Ignatius von Loyola, Gründer des Jesuitenordens, sprach davon, Gott *in allen Dingen* zu suchen und zu finden.

Die Keltischen Christen lehnten die Lehre von der Erbsünde ebenso ab wie die orthodoxen Kirchen des Ostens es tun. Die Reformatoren hingegen haben diese Lehre und die damit verbundene schwarze Sicht des Menschen in gewisser Weise noch verstärkt. Man meinte, man müsse die Sünde groß machen, damit die Gnade desto größer würde!

Ich selbst habe die keltische Sichtweise erst vor wenigen Jahren auf der Klosterinsel Iona in Schottland entdeckt. Dort gingen mir bei der Lektüre eines Buches über das keltische Christentum buchstäblich die Augen auf. Es war ein Befreiungserlebnis. Bis dato hatte ich nicht viel über diesen Zweig der Christenheit gewusst, mich sogar ab und zu über die „Irischen Segenssprüche" lustig gemacht, die eine Zeit lang Hochkonjunktur hatten. Hier in Iona entdeckte ich eine Deutung des Christentums, in der ich mich sofort wiederfand: Der christliche Glaube beginnt mit einem großen Ja zum Leben! Gott lässt sich überall finden, vor allem auch in der Schöpfung. Die Sünde ist nicht das Hauptproblem. Entscheidend ist nicht, ob wir Fehler machen und vom rechten Weg abkommen. Das tun wir alle immer wieder. Entscheidend ist, dass wir von Anfang an göttlichen Ursprungs sind. Alle Menschen, nicht nur die Christen! Geadelt vom Schöpfer. Die christliche Taufe „erlöst" uns nicht, sondern erinnert uns an unsere Ur-Würde und lädt uns ein, nicht unter dem Niveau unserer göttlichen Berufung zu leben. Denn Adel verpflichtet! Für mich erwächst daraus der Impuls, mein göttliches Potential zu entfalten und etwas vom Reich Gottes zu *verwirklichen* – anstatt etwas zu *vermeiden*.

Das Sakrament der Sexualität

Im engen Zusammenhang damit steht auch die Frage nach der Sexualität: In vielen Religionen werden Sexualität und Spiritualität gleichsam als Feinde betrachtet, weil sie zwei ungeheuer starke Kräfte sind, die – so scheint es – einander ausschließen. Jesus hat sich interessanterweise zum Thema Sexualität kaum geäußert. Über seine eigene Sexualität wissen wir nichts.

Was wir aber wissen: Gott schuf die Menschen als sexuelle Wesen, männlich und weiblich: „Und siehe, es war sehr gut!" Wenn wir davon ausgehen, dass Sakramente Materialisierungen der Liebe Gottes sind, kann man argumentieren: Die Sexualität kann zum Sakrament und Gleichnis der Gottesliebe werden. Denn Liebe drängt auf Fleischwerdung und Verleiblichung. Die Menschwerdung Gottes ist Gottes großes Ja zur Materie, zum Körper, zum „Fleisch", wie es am Anfang des Johannesevangeliums heißt: „Das Wort wurde Fleisch und wohnte unter uns" (Johannes 1,14). Sexualität *und* Spiritualität drängen auf Vereinigung. Wie kann ein Mensch, der nie einen anderen Menschen begehrt und geliebt hat, Gott begehren und mit Hingabe lieben? Die Sexualität ist die große Schule der Liebe – einschließlich ihrer Glücksmomente, Enttäuschungen, Ekstasen, Abwege und Schmerzen.

Natürlich gibt es auch Formen abgespalteter und destruktiver Sexualität, die ausschließlich der körperlichen Lustbefriedigung dienen. Aber selbst sie erinnern uns daran, dass wir zutiefst auf Begegnung, auf Vereinigung, auf Beziehung angelegt sind. Auch sie können sich läutern. Das Sakrament der Sexualität erfordert, dass wir nackt, offen, verletzlich und bereit zur Hingabe sind oder werden. Sakramente leben davon, dass sie zwar leiblich und äußerlich vollzogen werden, dass sie aber gleichzeitig

Manifestationen einer geistlichen Wirklichkeit sind. Taufe, Abendmahl, Sexualität – Einladungen zur Hingabe und zu einer immer umfassenderen Liebe!

Anders als einige spirituelle Schulen östlicher Religionen hat das Christentum des Westens keine erotische Kultur entwickelt, die Sexualität und Spiritualität verbindet oder feiert, obwohl es in der hebräischen Bibel das Hohelied Salomos gibt – einen Text, der ein leidenschaftlicher Dialog zweier Verliebter ist und ihr Liebesspiel plastisch und sinnenfroh besingt. Er wurde in die Heilige Schrift aufgenommen, weil man ahnte, dass die erotische Liebe und die Begegnung mit Gott dieselbe Struktur haben. Auch die mittelalterliche Frauenmystik hatte deutliche Tendenzen, die Gottesminne erotisch aufzuladen, samt einigen schwülstig-kitschigen Verirrungen. Jedenfalls gibt es nur *eine* Liebe, die geläutert, kultiviert, gelebt und gefeiert werden will.

Im Hinduismus und Buddhismus existieren „tantrische" Traditionen. Der Tantrismus basiert auf der Lehre von der Untrennbarkeit des Relativen/Materiellen und des Absoluten/Göttlichen. Er betont die Einheit von absoluter und phänomenaler Welt. Ziel ist die Vereinigung mit dem Absoluten. Mikrokosmos und Makrokosmos sind verwoben, Geist und Materie nicht wirklich geschieden. Deswegen bejaht das Tantra das Diesseits. Das erinnert an die Kelten. Ein kundiger Meister weiht die Adepten des Tantra in verschiedene Techniken ein. Dabei spielt die Darstellung spiritueller Prinzipien durch sexuelle Symbolik eine wesentliche Rolle. Auch die sexuelle Vereinigung selbst wird als Instrument der Meditation betrachtet.[46]

Im Christentum ist das undenkbar. Das westliche Christentum hat trotz aller erotisch gefärbten Bilder der Gottesliebe keine „tantrische" Meditationsweise oder

Schule der ganzheitlichen Liebe hervorgebracht. Letztlich blieben Religion und Sexualität feindselige oder im besten Falle einander ignorierende Schwestern.[47]

Ich selbst habe früh entdeckt, dass ich Männer begehre. Lange habe ich mir das nicht eingestanden und gehofft, dass sich das „auswächst". Mir war diese Neigung unheimlich. Erste sexuelle Erfahrungen im Internat lösten Schuldgefühle aus. Immer wieder habe ich mich unglücklich verliebt. Aber ich traute mich nicht, meine homoerotischen Neigungen zu bejahen. Ich war mir unsicher, ob diese Art der Liebe und mein Glaube zusammenpassen.

Die Bibel war auch wenig hilfreich. Das alttestamentliche Gebot, Männer zu töten, die miteinander Verkehr haben, stand dort neben dem Verbot, mit einer menstruierenden Frau Sex zu haben. Auf solche „Gräuel" stand die Todesstrafe (z.B. 3. Mose/Levitikus 20,13: „Wenn jemand bei einem Manne liegt wie bei einer Frau, so haben sie getan, was ein Gräuel ist, und sollen beide des Todes sterben; Blutschuld lastet auf ihnen").

Eine häufig zitierte Passage aus dem Römerbrief traf auf mich nicht zu. Dort prangert der Apostel die Laster der „Heiden" an, die Gott aus der Schöpfung hätten erkennen können, dies aber nicht getan hätten. Gott liefert sie deshalb ihren Trieben aus: „Darum hat sie Gott dahingegeben in schändliche Leidenschaften; denn bei ihnen haben Frauen den natürlichen Verkehr vertauscht mit dem widernatürlichen; desgleichen haben auch die Männer den natürlichen Verkehr mit der Frau verlassen und sind in Begierde zueinander entbrannt und haben Männer mit Männern Schande über sich gebracht und den Lohn für ihre Verirrung an sich selbst empfangen" (Römer 1,26f.). Paulus spricht offenkundig von heterosexuellen Heiden, die Gott selbst perversen

Begierden ausliefert. Von einer homosexuellen Anlage weiß Paulus nichts. Ich hingegen hatte nichts „vertauscht". Hätte ich tauschen können, hätte ich das mit Freude getan. Aber es ging nicht.

Und dann waren da auch andere biblische Impulse. Jesus hat sich zur Homosexualität nie explizit geäußert. Umso interessanter ist folgende Aussage: „Manche sind von Geburt an zur Ehe unfähig, manche werden durch den Eingriff von Menschen dazu unfähig gemacht, und manche verzichten von sich aus auf die Ehe, um ganz für das Himmelreich da zu sein. Wer es begreifen kann, der möge es begreifen" (Matthäus 19,12). Jesus konstatiert, dass nicht jeder Mensch zur Ehe geschaffen ist. Das traf auf mich zu. Ich gehörte zu denen, die „von Geburt an" nicht ehetauglich waren. Jesus fällt keinerlei Urteil und erklärt es auch nicht. Er sagt nur: „So ist es." Das muss eine ungeheure Provokation in einer Gesellschaft gewesen sein, in der ein unverheirateter Mensch ein Ding der Unmöglichkeit war. Mich hingegen hat es entlastet.

Mich hat außerdem die alttestamentliche Geschichte von der innigen Männerfreundschaft zwischen Jonatan, dem Sohn König Sauls, und dem Hirtenjungen David berührt: Da „verband sich das Herz Jonatans mit dem Herzen Davids, und Jonatan gewann ihn lieb wie sein eigenes Leben (1. Samuel 18,1). Später ist König Saul rasend vor Eifersucht und unterstellt den beiden eine sexuelle Liaison. Er brüllt Jonatan an: „Du aufsässiger Hurensohn! Als ob ich nicht wüsste, dass du mit dem Sohn Isais unter einer Decke steckst — dir und deiner Mutter zur Schande" (1. Samuel 20,30). Als Saul und Jonatan später im Krieg gegen die Philister fallen, ist David untröstlich: „Weh ist mir um dich, mein Bruder Jonatan. Du warst mir sehr lieb. Wunderlicher war deine Liebe für mich als die Liebe der Frauen" (2. Samuel 1,26). David liebte zweifellos Frauen. Aber daneben gab es in seinem Leben diese

„wunderliche" Männerliebe. Ähnlich wie Jesus einen seiner Jünger in besonderer Weise „lieb hatte". Das Neue Testament schweigt über die Details dieser Liebe ebenso wie über die besondere Beziehung zwischen Jesus und Maria Magdalena.

Als es zu Beginn meines Studiums zur sexuellen Begegnung mit einem Kommilitonen kam, brach ich diese Beziehung nach kurzer Zeit ab – auch weil der Studienfreund verlobt war und ich das alles als unmoralisch empfand. Das kam, wie gesagt, nicht von außen, sondern die Barriere war *in mir*. Ich hatte manchmal den Eindruck, ich sei der einzige, der so fühlt. Um schwule Magazine oder Treffpunkte machte ich einen großen Bogen. Als ich 24 Jahre alt war, bin ich in den USA Richard Rohr begegnet, der mir Mentor und geistlicher Vater wurde. Ihm konnte ich mein Herz öffnen. Das Wichtigste, was er mir damals sagte, war: „Versprich mir, Andreas, dass du dich niemals selbst verdammst!" Er war es auch, der mich darauf aufmerksam machte, dass es in der ganzen Natur zu jeder statistischen „Norm" Ausnahmen und Abweichungen gibt. Auch zur „Norm" der heterosexuellen Liebe. Warum schafft Gott Menschen, die anders fühlen? Warum gibt es auch im Tierreich Homosexualität, wenn das „unnatürlich" ist? Richard meinte, das sei nötig, damit diejenigen, die den Mehrheitsregeln folgen und die so fühlen, wie die meisten, sich nicht allzu überheblich zum Maß aller Dinge machen würden.

Erst mit Mitte 30 ließ ich überhaupt sexuelle Begegnungen zu, wenn auch immer noch nicht mit völlig gutem Gewissen. Ich habe mich auch nie sonderlich aktiv für Schwulenrechte und Ähnliches eingesetzt. Meine größte Angst war wohl, abgelehnt zu werden. Als ich dann schrittweise mein Coming-out hatte (ich war inzwischen fast 40) habe ich fast nichts von jener Ablehnung erlebt, die ich immer gefürchtet hatte. Im Gegenteil. Seit ich zu mir stehe, fühle ich mich auch selbst viel vollständiger und freier. Und ich erlebe einen Gott, der vermutlich andere Probleme hat als die Frage, welche sexuellen Neigungen Menschen haben, solange sie sich und anderen damit nicht schaden.

Und noch etwas machte mich immer nachdenklicher: Je fundamentalistischer eine Religion ist und je autoritärer und ideologischer ein Staatswesen, desto größer scheint auch die Homophobie zu sein. Islamisten, Rechtsradikale, fundamentalistische Katholiken und Protestanten sind sich in einem einig: in ihrer Ablehnung homosexueller Liebe.[43] In all diesen Systemen führen homosexuelle Männer und Frauen in der Regel ein Doppelleben. Das gilt vor allem für die zahllosen schwulen katholischen Priester, die sich nicht outen dürfen. Am rigorosesten hat Hitler die Ausmerzung der Schwulen betrieben, aber auch im Iran und in anderen islamistischen Staaten steht auf homosexuelle Betätigung bis heute die Todesstrafe. Soweit würden die wenigsten christlichen Fundamentalisten gehen, auch wenn das ja aufgrund des alttestamentlichen Gebots konsequent wäre.

Die komplizierte Auseinandersetzung mit meiner Sexualität hat meine Spiritualität vertieft, mich sensibler gemacht für Minderheiten, für Menschen am Rande, die den „Normen" nicht entsprechen. Ich bin ja selbst einer.

... des Himmels und der Erde.

Himmel und Erde. Zwei Welten oder zwei Aspekte der Einen Wirklichkeit? Für die Kelten waren Diesseits und Jenseits innig verwoben. Im Großen Glaubensbekenntnis wird nicht von „Himmel und Erde" geredet, sondern Gott ist dort der Schöpfer der „sichtbaren und der unsichtbaren Dinge". Jesus verweist auf einen Himmel, der nicht irgendwo oben und nicht irgendwann in der Zukunft stattfindet, sondern hier und jetzt zum Greifen nah ist. Besonders eindrücklich im Thomasevangelium: „Jesus sprach: Wenn die, die euch führen, euch sagen: Seht, das Königreich ist im Himmel, so werden die Vögel des Himmels vor euch da sein. Wenn sie euch sagen: Es ist im Meer, so werden die Fische vor euch da sein. Aber das Königreich ist *in* euch, und es ist *außerhalb* von euch" (Logion 3). In Jesus verbinden sich Himmel und Erde, Gottheit und Menschheit. Das war einer der Gründe, warum die Kelten die Botschaft von der Menschwerdung Gottes mit Begeisterung aufgenommen haben. Ebenso wie die Lehre von der Dreieinigkeit. Für sie war ohnehin klar, dass das Göttliche und das Menschliche innigst verwoben sind.

Gott, der nach Nikolaus von Kues (1401–1464) die Vereinigung aller Gegensätze ist, vereint auch Himmel und Erde, die sichtbare und die unsichtbare Seite der Einen Wirklichkeit. In Jesus Christus ist diese Vereinigung manifest geworden. Und in uns ist sie angelegt. Als Ebenbilder Gottes sind wir dazu berufen, Gott – und damit unserem Großen Selbst und Wahren Wesen – immer ähnlicher zu werden, auch wenn dieser Prozess der „theosis" (Vergottung) nie abgeschlossen ist. Die Kelten und die Christen der Ostkirchen, die keine Erbsündenlehre kannten, wussten das. Der Westen hat es meist vergessen. Freilich ist dieser *Aufstieg* zu Gott in Wirklichkeit ein *Abstieg*. Jesus, der göttliche Absteiger und der „herunter gekommene Gott", hat es uns vorgelebt. Als der Schweizer Psychoanalytiker C. G. Jung nach seiner Spiritualität gefragt wurde, soll er sinngemäß geantwortet haben: „Ich bin tausende Stufen hinabgestiegen, bis ich an den Punkt kam, an dem ich den Erdenkloß, der ich bin, sehen und berühren konnte." Der „heruntergekomme Gott" begegnet uns in Jesus Christus, der den Weg nach unten geht bis in den Tod. Der Glaube führt uns in eine immer tiefere Wahrnehmung auch unserer Abgründe, unserer Brüche und Verstrickungen. „There is a crack in everything", singt Leonard Cohen, „that's how the light gets in": Alles hat einen Sprung – und genau da kommt das Licht in die Finsternis. Davon handelt der zweite Glaubensartikel.

ZWEITER GLAUBENSARTIKEL
Mach's wie Gott – werde Mensch!

Ich glaube an Jesus Christus, seinen eingeborenen
Sohn, unsern Herrn, empfangen durch den Heiligen
Geist, geboren von der Jungfrau Maria, gelitten unter
Pontius Pilatus, gekreuzigt, gestorben und begraben,
hinabgestiegen in das Reich des Todes,
am dritten Tage auferstanden von den Toten,
aufgefahren in den Himmel; er sitzt zur Rechten
Gottes, des allmächtigen Vaters; von dort wird er
kommen, zu richten die Lebenden und die Toten.

vergleiche ihn ruhig mit anderen größen
sokrates
rosa luxemburg
gandhi
er hält das aus
besser ist allerdings
du vergleichst ihn
mit dir.
(DOROTHEE SÖLLE)[49]

Er ist das Ebenbild des unsichtbaren Gottes,
der Erstgeborene der gesamten Schöpfung.
Durch ihn wurde alles erschaffen:
das Sichtbare und das Unsichtbare. Das All wurde
durch ihn geschaffen und wird in ihm vollendet.
Er war vor allem und alles besteht durch ihn.
Er ist der Anfang der neuen Schöpfung,
der Erste, der von den Toten auferstand,
denn nach Gottes Willen soll er in allem den ersten
Platz einnehmen.
Ja, Gott hat beschlossen, mit der ganzen Fülle seines
Wesens in ihm zu wohnen
und durch ihn das ganze Universum mit sich zu
versöhnen.
(AUS KOLOSSER 1, 15–20)

Ich glaube an Jesus Christus ...

Jehoschua Meschiach: Zimmermann und Herr der Welt
Ich stehe auf Jesus. Er ist mein Wegweiser und mein Weg zu Gott, mein Begleiter, mein Meister bei meiner Suche nach dem, was die Welt im Innersten zusammen hält. Warum das so ist, weiß ich nicht. Andere mögen andere Zugänge zum Göttlichen haben – mein Bild von Gott nährt sich in erster Linie von den Worten und vom Wesen Jesu, wie ich ihn verstehe. Mir ist klar, dass sich „mein Jesus" von den Jesusbildern anderer unterscheidet. Dennoch: Seinetwegen bin ich Christ. Ich kenne keine wirkliche Alternative zu ihm. Buddha bewundere und verehre ich – Jesus liebe ich. So schwierig es ist, einem Außenstehenden zu erklären, weshalb man einen Menschen liebt, so unmöglich ist es, die Zuneigung zu einem Meister wie Jesus zu erklären. Dennoch will ich versuchen zu ergründen und zu beschreiben, weshalb ausgerechnet Er mich so fasziniert.

Christian Stückl, der schon dreimal die Oberammergauer Passionsspiele („den Passion", wie man vor Ort sagt) inszeniert hat, hat bei einer Kanzelrede in der Münchner Lukaskirche etwas gesagt, was mich unmittelbar angesprochen hat. Stückl sagte sinngemäß: „Dreimoi hob i den Bassion aufgführt bisher. Und i muaß sång: Mei Jesus war a jeds Moi gânz andersd. Erst a Revoluzzer, moi à Weiser, moi ned vo dera Welt. Und i muas zuagebm: I versteh imma weniger, wer er wirkli is. Aber à: er fasziniert mi immer mehr!" So ähnlich geht's mir – auch wenn ich nicht oberbayrisch rede und keinen „Passion" auf die Bühne bringe.

Der Name Jesus Christus ist die lateinisch-griechische Kombination des damals verbreiteten hebräischen Männernamens Jehoschua (Gott rettet) und des Hoheitstitels

Maschiach (Gesalbter). Dieser Doppelname weist auf die doppelte Identität Jesus Christi hin: Er ist ein Mensch wie du und ich – und er hat einen einmaligen Auftrag. Israel wartete seit Jahrhunderten auf einen Friedenskönig aus der untergegangenen Dynastie Davids, die in Bethlehem beheimatet war. Die Salbung ist ein altorientalisches Ritual der Heiligung von Gegenständen und Personen, sowie der Übertragung und Legitimation politischer Macht. Im 2. Buch Mose/Exodus 30,22–33 wird die Zusammensetzung des Heiligen Öls aus Myrrhe, Weihrauch und anderen Kräutern festgelegt. Könige wurden vor Amtsantritt gesegnet, indem sie ein Prophet mit Öl begoss. Samuel hat so David zum König gemacht. Das Neue Testament identifiziert Jesus mehrmals mit dem ersehnten jüdischen Messiaskönig aus dem Stamme Davids. Auch die Magier aus dem Osten machen dem neugeborenen „Königskind" Jesus neben Gold die königlichen Salbgewürze Weihrauch und Myrrhe zum Geschenk. In der katholischen Liturgie werden Täuflinge bis heute mit Chrisam gesalbt. Sie bekommen symbolisch Anteil am dreifachen Auftrag Jesu und werden zu Priesterinnen und Priestern, Königinnen und Königen, Prophetinnen und Propheten erklärt. Schade, dass es dieses Ritual bei Protestanten nicht gibt – und dass seine Tragweite bei den Katholiken mitnichten ausgereizt ist.

Der Kolosserbrief geht über die jüdische Messiaserwartung hinaus und erklärt Jesus Christus nicht nur zum Messiaskönig, sondern zum Mitschöpfer und Herrscher des gesamten Universums: „In ihm ist alles geschaffen, was im Himmel und auf Erden ist, das Sichtbare und das Unsichtbare. Denn es hat Gott gefallen, alle Fülle in ihm wohnen zu lassen" (Kolosser 1,16–19). Hier ist Jesus Christus der Erstgeborene Gottes. Der gesamte Kosmos wohnt in ihm. Er ist es, der die Welt im Innersten zusammenhält: Der kosmische Herr!

Der Prolog des Johannesevangeliums geht noch weiter: Jesus Christus wird mit dem göttlichen „Logos" gleichgesetzt, ja, mit Gott selbst. In der hellenistischen Philosophie der damaligen Zeit war Logos ein klar definierter Begriff. Er bezeichnete die „Weltvernunft", den sinnstiftenden Urgrund des Seins. Die Übersetzung von Logos mit „Wort" ist unzureichend. In Goethes Drama *Faust* versucht sich der Protagonist an einer besseren Übersetzung. Er landet bei der Lösung: „Am Anfang war die *Tat*!" Goethe hat verstanden, dass der Logos kein statisches *Wort* ist, sondern ein dynamisches *Ereignis*.

Freilich stellten sich die Griechen den Logos abstrakt und unpersönlich vor. Erst das Johannesevangelium wagt die kühne Behauptung, dass der un- oder überpersönliche Weltgeist in Jesus Christus *Menschengestalt* angenommen hat:

Am Anfang war der Logos, und der Logos war bei Gott, und Gott war der Logos, der von Anfang an bei Gott war. Alles ist durch Ihn erschaffen; nichts ist ohne Ihn entstanden. In Ihm war das Leben, und das Leben war das Licht der Menschen. Dieses Licht scheint in der Finsternis, aber die Finsternis hat's nicht ergriffen ... Er war in der Welt, und die Welt ist durch Ihn erschaffen worden; aber die Welt erkannte Ihn nicht. Er kam in Sein Eigentum; und die Seinen nahmen Ihn nicht auf. Die Ihn jedoch aufnahmen, die bevollmächtigte Er, Gottes Kinder zu sein. Sie sind es, die nicht aus menschlichem Geblüt stammen oder aus der Willkür des Fleisches oder eines Mannes gezeugt worden sind. Der Logos wurde Mensch und wohnte unter uns – und wir sahen Seine Herrlichkeit, die Herrlichkeit des einzigen

und ersten Sohns des Vaters, erfüllt von Gnade und Wahrheit ... Niemand hat Gott je gesehen; der Erstgeborene, der
Gott ist und im Schoß des Vaters ruht, hat uns Kunde von
ihm gegeben. (aus Johannes 1,1–18)

Später im Johannesevangelium sagt Jesus Christus: „*Ich
bin der Weg, die Wahrheit, und das Leben. Niemand
kommt zum Vater – es sei denn durch mich*" (Johannes 14,
6). Dieser Text ist oft missbraucht worden, um kirchliche
Absolutheits- und Machtansprüche zu untermauern – bis
hin zu Religionskriegen und Zwangstaufen. Die Institution hat häufig ihren Stifter vereinnahmt, nicht um zu
dienen wie er, sondern um zu herrschen. Jesus wollte keine
Institution und schon gar keine Hierarchie begründen,
sondern eine un-hierarchische Bewegung und Gemeinschaft derer, die ihm nachfolgen wollen. Was Jesus an dieser Stelle sagt, ist deshalb nach meiner Überzeugung nicht
exklusiv gemeint, sondern *inklusiv*: Wo immer Menschen
aufrichtig auf dem *Weg* sind, wo immer *Wahrheit* ist, wo
immer wirkliches *Leben* erblüht, da ist Jesus Christus
geheimnisvoll präsent. Nicht alle, die „Herr, Herr" zu
ihm sagen, haben Anteil an Gottes Welt, sondern die, die
Gottes Willen tun, die wahrhaft suchen und die mit ihrem
Tun und Lassen dem Leben dienen (Matthäus 7,21). Der
katholische Theologe Karl Rahner hat von „anonymen
Christen" gesprochen, die zwar Jesus weder kennen noch
anrufen, die aber ihrem Gewissen folgen, in dem Gottes
Geist wirkt, und die unbewusst den Weg Jesu gehen. In
dieselbe Richtung deuten auch zahlreiche Aussagen Jesu,
in denen er Nichtjuden wegen ihres Glaubens oder ihrer guten Taten würdigt, so den römischen Offizier aus
Kafarnaum (Matthäus 8), den „barmherzigen" und den
„dankbaren" Samaritaner (Lukas 10 und 17) oder die

Frau aus Syrophynizien, die Jesus um die Heilung ihrer Tochter anfleht (Markus 7,24ff.)

Dies vorweg, damit das Folgende nicht missverstanden wird. Denn um Jesus Christus und seinen exklusiven Anspruch kommen wir nicht herum, wenn es um das Wesen des christlichen Glaubens geht. Eine *exklusive* Beziehung zu Jesus bedeutet, eine Beziehung zu dem, der die *Inklusivität* in Person ist, das heißt, der zwar seiner jüdischen Tradition treu ist, aber der zugleich ständig Grenzen überschreitet und aufhebt, der Brücken baut statt Mauern. Wer *war* er? Wer *ist* er? Im Matthäusevangelium lesen wir:

> Auf dem Weg fragte Jesus seine Jünger: Für wen halten mich die Leute? Sie antworteten ihm: Einige sagen, du bist Johannes der Täufer; einige sagen, du bist [der als Vorläufer des Messias erwartete Prophet] Elia; andere, du bist ein anderer der Propheten. Da fragte er sie: Ihr aber, wer bin ich für euch? Da antwortete Petrus und sprach zu ihm: Du bist der Messias, der Sohn des lebendigen Gottes. (Matthäus 16,13–16)

Jesus interessiert sich dafür, was „die Leute" von ihm halten. Aber anschließend sollen seine eigenen Anhänger Farbe bekennen. Und Petrus bekennt sich zu Jesus als dem Messias und Gottessohn.

Auch wir sind gefragt: Wer war und wer ist Jesus Christus *für uns*? Niemand kann diese Frage stellvertretend für uns beantworten. Wir wissen nicht viel über diesen Mann. Aber wir wissen genug, um seiner Spur zu folgen. Wenn wir das wenige, was wir vom Evangelium begriffen haben, leben, dann ist das mehr als genug – auch wenn die Frage: „Was würde Jesus hier und heute tun?" nicht eindeutig und auch nur subjektiv zu beantworten ist.

Menschen behaupten bis heute, dass ihnen der *lebendige* Jesus Christus begegnet sei, dass sie Ihn „kennen" und ihm vertrauen. Ist das Nonsens? Oder ist dieser Jesus Christus auf besondere Weise lebendig weit über sein irdisches Dasein hinaus? Im Thomasevangelium wird er „Jesus der Lebendige" genannt.[50]

Um Jesus Christus geht es im zweiten Glaubensartikel. Das Credo diskutiert nicht darüber, welchen Sinn sein Leben, Sterben und Auferstehen hat, es deutet kaum, sondern reiht einige Daten unkommentiert aneinander. Vieles andere müssen wir uns dazudenken oder aus anderen Quellen, wie etwa den Evangelien, erschließen.

Was wissen wir überhaupt über Jesus?

In den späten 80er- und frühen 90er-Jahren des vergangenen Jahrhunderts war ich stellvertretender Leiter des Gemeindekollegs der Vereinigten Evangelisch-Lutherischen Kirche Deutschlands, das damals in Celle war. Die bayerische Landeskirche hatte mich dorthin entsandt, um in einem kleinen Team unter der Leitung von Dr. Reiner Blank neue Modelle für kirchliche Gemeindearbeit zu entwickeln.

Schnell war klar, dass unsere Ideen mit den Ansichten maßgeblicher Leute des Kirchenamtes nicht kompatibel waren. Unsere Visionen drehten sich vor allem darum, wie in einer von Pfarrern dominierten Kirche das „Allgemeine Priestertum aller Gläubigen" und die Vielfalt der Gaben gestärkt werden könnten.

Etwa ein Jahr vor meinem Amtsantritt war mein Buch *Das Enneagramm – die neun Gesichter der Seele* erschienen, das ich auf der Basis von Vorträgen von Richard Rohr geschrieben hatte. Das Enneagramm basiert auf der Vision einer nicht-hierarchischen, menschlichen Gemeinschaft, in der unterschiedliche Gaben auf Augenhöhe zusammen wirken.

Ein Kapitel des Buches ist der Frage gewidmet, inwiefern die Fülle der göttlichen Eigenschaften und Qualitäten in Jesus Christus wirksam sei.

Schon bei der ersten Sitzung des offiziellen Beirats des Gemeindekollegs brach ein führender Oberkirchenrat eine stundenlange Diskussion über dieses Buch vom Zaun. Dabei ging es unter anderem um den Vorwurf, das Enneagramm ziele auf „Selbsterlösung", was der evangelischen Lehre von der puren Gnade widerspräche. Der Umgangston in dieser Sitzung war alles andere als „pur gnädig". Reiner Blank stellte sich hinter mich und verbat sich diesen inquisitorischen Verhörstil. Drei Jahre später hatte sich die Krise zugespitzt. Da ging es schon lange nicht mehr um das Enneagramm, sondern um den von uns verfolgten Gesamtkurs. Unser Leiter musste unter einem Vorwand den Hut nehmen. Ich habe kurze Zeit später von meiner Seite aus gekündigt. In diesem Zusammenhang lud mich der damalige Leitende Bischof der VELKD zu einem Gespräch unter vier Augen ein. Er galt einerseits als theologisch liberal und andererseits kirchenpolitisch als „strukturkonservativer" Hardliner. So hatte er gegen die Synode seiner Landeskirche mit einem Bischofsveto die Segnung gleichgeschlechtlicher Paare unterbunden.

Bei diesem Treffen kam er sofort auf das Enneagramm zu sprechen. Er hatte ganz andere Einwände als jener Oberkirchenrat: „Ich hab' ja Ihr Buch gelesen, Bruder Ebert" (Bischöfe und hohe Kirchentiere pflegten damals zu „brudern" – von oben nach unten. Umgekehrt war das nicht üblich.). „Wissen Sie, was mir gar nicht gepasst hat? Na?" Ich wusste es natürlich nicht. „Sie wissen mir zu viel über Jesus! Seit Rudolf Bultmann ist doch klar, dass das, was wir über Jesus sagen können, auf 'ne Postkarte passt. Wir wissen doch nicht, wie oft der aufs Klo gegangen ist!"

Rudolf Bultmann war ein evangelischer Neutestamentler in Marburg gewesen, der während des Zweiten Welt-
kriegs die These vertreten hatte, dass die neutestamentlichen Zeugnisse historisch fast wertlos seien, Produkte
der nachösterlichen Gemeinde. Er forderte eine „Entmy-
thologisierung" der Bibel, weil beispielsweise biblischer
Wunderglaube und moderne Elektrizität nicht vereinbar
seien und der heutige Mensch grundsätzlich zu rational
sei, um sich von Mythen beeindrucken zu lassen. Und
das mitten im Dritten Reich, wo der irrationale Nazi-
Mythos von Blut und Boden und von der Überlegenheit
der arischen Rasse ein ganzes Volk im Griff hatte! In den
70er-Jahren, als ich studierte, hatten Bultmanns Thesen
immer noch beträchtlichen Einfluss.

Tatsächlich hatte ich über die Häufigkeit des Stuhl-
gangs Jesu in unserem Enneagramm-Buch kein Wort verloren. Die Argumente des Bischofs erwischten mich dennoch kalt. Ich hätte mit allem gerechnet, nur damit nicht.
Denn an einem Punkt hatte er ja Recht: Jesus hat keine
Schriften hinterlassen. Alles, was im Neuen Testament
steht, sind Darstellungen seiner Anhänger und wurde
zum Teil erst 40 Jahre nach seiner Kreuzigung oder noch
später verfasst. Es handelt sich dabei nicht um „objektive" wissenschaftliche Geschichtsschreibung, sondern um
Glaubenszeugnisse. Die Frage, wie „richtig" die geschil-
derten Fakten sind, wird sehr unterschiedliche Antworten
finden. Doch waren die Bibelautoren Geschichtsklitterer,
nur um ihren seltsamen Glauben zu untermauern? Welchen Sinn hätte das gehabt? Über die christlichen Gemeinden waren bereits zur Entstehungszeit der neutestamentlichen Texte Verfolgungen hereingebrochen, und viele der
frühen Glaubenszeugen bezahlten ihr Bekenntnis mit dem
Leben. Waren sie bereit, für Hirngespinste zu sterben?

Der Evangelist Lukas betont am Anfang seines Evangeliums ausdrücklich, er habe alles „sorgfältig erkundet". Wie glaubwürdig sind die biblischen Zeugen? Ich auf jeden Fall hatte und habe dazu eine klare Meinung. Ich vertraue den ersten Zeugen.

Dabei bin ich nicht naiv. Mir ist bewusst, dass jeder Standpunkt subjektiv ist. Wir alle sehen die Wirklichkeit durch unterschiedliche Brillen und haben jeweils andere blinde Flecken. Damals wie heute. Und dennoch weigere ich mich zu glauben, dass es überhaupt keine Wahrheit gibt. Pilatus hat während des Prozesses gegen Jesus zynisch die Frage gestellt: „Was ist Wahrheit?" (Johannes 18,38). Die postmoderne Philosophie leugnet ebenfalls die Existenz jeder *objektiven* Realität. Das legitimiert „alternative Wahrheiten" und Fake-News. Der US-amerikanische Philosoph Ken Wilber hat in seiner Analyse des Phänomens Trump eindrücklich auf diesen Zusammenhang hingewiesen.[51]

Im Neuen Testament gibt es vier Evangelien, die sich zum Teil erheblich unterscheiden. Insbesondere hebt sich das Johannesevangelium deutlich ab von den Darstellungen der sogenannten Synoptiker Matthäus, Markus und Lukas. Dazu kommen die Briefe des Paulus, der den historischen Jesus gar nicht gekannt hat. Das Thomasevangelium, das nicht in die Bibel aufgenommen wurde, und andere apokryphe Schriften setzen ebenfalls eigene Akzente. Ich entdecke bei all diesen unterschiedlichen Sichtweisen und Facetten viel weniger eklatante Widersprüche als ein zwar vielstimmiges, aber dennoch harmonisches Glaubenszeugnis. Es ließe sich so zusammenfassen: Jesus Christus ist einerseits ein Mensch wie du und ich – und andererseits viel mehr. In ihm hat Gott sich und sein Wesen geoffenbart wie in keinem anderen Menschen. Wenn er über sich selbst sprach, nannte er sich in der Regel „Menschensohn", was einfach bedeutet: der *Mensch*. Die einzigartige Stimme Jesus, die unverwechselbare Farbe seiner Botschaft ist kein Abklatsch früherer oder damals gängiger religiöser Ansichten. Wer hätte das alles erfinden sollen? Die Bergpredigt etwa hätte sich nur ein Genie „ausdenken" können, das dem historischen Jesus geistig weit überlegen gewesen wäre.

Wir kennen viele Details des Lebens Jesu tatsächlich nicht – und doch können wir die Mitte und den Geist seiner Botschaft erfassen, wenn wir uns unvoreingenommen den vielfältigen Stimmen öffnen, die Zeugnis ablegen von ihm. Auch die „Hermeneutik des Verdachts", der die Zeugnisse der Bibel zutiefst suspekt sind, ist *subjektiv*. Sie basiert auf einem fundamentalen Misstrauen. Ich teile dieses Misstrauen nicht.

Persönlich nehme ich die Heilige Schrift als Schwarzes Feuer, als *gegeben*. Da bleibt genug weißer Spielraum, um bei allem Respekt auch kritisch mit Bibeltexten umzugehen, ihre Zeitbedingtheit festzustellen oder in manchen Fällen sogar gegen sie zu predigen und zu argumentieren. Weiß ich also „zu viel über Jesus", wie jener Bischof damals behauptete? Mein „Wissen" ist Beziehungs- und Erfahrungswissen, weil sich die Jesuszeugnisse des Neuen Testaments als stimmig erweisen, wenn ich mich auf sie einlasse. Deswegen nehme ich sie erst einmal so, wie sie dastehen. Wer fundamentale Glaubenserfahrungen gemacht hat, muss kein Fundamentalist sein; aber er oder sie versteht viele biblische Texte unmittelbar, die, philologisch seziert, blanker Unsinn zu sein scheinen. So wie Misstrauen Beziehungen zerstört und man seine Mitmenschen nur aus einem fundamentalen Einverständnis heraus verstehen kann, so ist es auch mit den Autoren der

Heiligen Schrift. Eine gute Freundin sagte zu mir, je mehr sie meditiere, desto tiefer erschlössen sich biblische Texte für sie. Ich selbst habe erlebt, dass ich dank der Kontemplation viel weniger Zeit für das Verfassen einer Predigt brauche als früher. Vieles fließt mir aus einer Art inneren Quelle zu und schreibt sich fast von selbst – ohne dass mein Ich dabei ausgeschaltet wäre.

So ähnlich muss es auch den Autoren der Heiligen Schrift gegangen sein. Sie ist nicht von oben diktiert, aber inspiriert. Das ist ein Unterschied. Gottes Wort inkarniert sich in menschlichen Worten. Dabei spielen auch die Bewusstseinsreife, das Weltbild und sonstige Begrenztheiten der Schreiber eine Rolle. Gottes Wort gibt es nicht „pur", sondern nur in dieser Brechung. Fundamentalisten nehmen die Bibel als ein von Gott diktiertes Buch und stellen sich das Entstehen der biblischen Schriften als eine Art „automatische Schreiben" vor, mit Punkt und Komma eingegeben vom Heiligen Geist. Dann allerdings würde ein einziges Evangelium reichen und wir bräuchten keinen vielstimmigen Chor von Zeugen. Oder diktiert der Heilige Geist einmal so und einmal anders? Dann dürfte man die Bibel auch nicht übersetzen; denn jede Übersetzung ist bereits eine Interpretation. Fundamentalisten leugnen, dass die Autoren der Bibel Menschen mit Grenzen waren – für sie waren sie ferngesteuerte „Griffel". Ich bin überzeugt, dass sie vom eigenen Weltbild und von bestimmten gesellschaftlichen Vorgaben beeinflusst waren. Und gleichzeitig waren sie inspiriert vom Heiligen Geist. Sie konnten das, was sie erlebt haben, nur in Bilder und Vorstellungen kleiden, die ihrer jeweiligen Bewusstseinsstufe entsprachen. Um die Bibel zu verstehen, müssen wir lernen, den ewigen Geist inmitten zeitbedingter Vorstellungen zu entdecken, das Weiße Feuer zwischen den Zeilen des Schwarzen Feuers. Erstaunlich genug, dass die Autoren des Neuen Testaments trotz eigener Begrenztheit eine Reihe von Worten Jesu tradiert haben, die weit über das hinausgingen, was das allgemeine Welt- und Wirklichkeitsbewusstsein damals „hergab".

Bis heute hat niemand auseinander klamüsert, welches Jesuswort „historisch" ist und welches nicht. 1985 bat man in den USA im Rahmen eines „Jesus-Seminars" Hunderte von Neutestamentlern um eine entsprechende Stellungnahme. Per Abstimmung wurde entschieden, was authentisch ist. Diese theologischen Wissenschaftler konnten sich auf kein einziges Jesuswort einigen, dass sie alle als echt anerkannten.

Auch für das Credo bedeutet das, dass ich die überlieferten Worte ernst nehmen: Was steht da? Was sagen die Buchstaben? Was schwingt da alles ungeschrieben mit, damals wie heute? Was da steht, steht fest. Das Weiße Feuer jedoch ist und bleibt ein lebendiger Erkenntnisprozess.

… seinen eingeborenen Sohn …

Der Eingeborene

Als Kind habe ich herumgerätselt, was ein „eingeborener Sohn" ist. Eingeboren nannte man damals die Ureinwohner Afrikas, Amerikas und Australiens, „Heiden", denen die Missionare das Evangelium bringen mussten. Der „Nickneger" – eine in vielen Kirchen übliche, mechanische Spendendose in Form eines afrikanischen Kindes, das nickte, wenn man zehn Pfennige in den Schlitz einer Sammelbüchse steckte – war für mich der klassische „Eingeborene", der sehnsüchtig auf unsere christlichen Missionare wartete. Aber wieso, fragte ich mich, ist Jesus ein Eingeborener? Erst später habe ich begriffen, was damit gemeint ist, nämlich, dass Jesus auf besondere, einmalige Weise Sohn Gottes ist, der erste zumindest, unser großer Bruder – auch wenn wir alle Töchter und Söhne Gottes sind.

Im Altertum stellte man sich die Könige häufig als Göttersöhne oder Götter in Menschengestalt vor – bekanntes Beispiel sind die ägyptischen Pharaonen. Aber auch zu König David sagt Gott anlässlich seiner Thronbesteigung: „Du bist mein Sohn, heute habe ich dich *gezeugt*" (Psalm 2,7). Offensichtlich ist diese Aussage nicht biologisch gemeint, sondern im übertragenen Sinn. Gott adoptiert den König als seinen Sohn. Die Götter Griechenlands hingegen zeugten bei ihren erotischen Eskapaden auf der Erde zahllose Halbgötter. Die biblische Vorstellung vom König als „Gottessohn", aber auch die Bilder von der Gotteskindschaft aller Menschen oder aller Christen, sind nicht erotisch-sexuell gemeint. Eins ist klar: Das Bewusstsein, Gottes geliebter Sohn zu sein und die innige Verbundenheit mit seinem „Abba" sind für Jesus konstitutiv. Bei der Taufe hört er (gemeinsam mit einigen Zeugen?) die Himmelsstimme: „Du bist (bzw. dies ist) mein geliebter Sohn!" Diese Begebenheit schildern – mit minimalen Abweichungen – alle vier Evangelien.

... unsern Herrn ...

Unser Herr
„Herr" ist zur Zeit Jesu und noch lange danach der wichtigste römische Kaisertitel. Wenn der Kaiser erschien, dann rief das Volk: „Kyrie eleison!" – „Herr, erbarme

dich"! In der hebräischen Bibel hingegen ist *Gott* „der Herr". Wo in den Heiligen Texten der unaussprechliche Gottesname JHWH steht, da lesen die Juden bis heute *Adonai* („Herr"). Beides schwingt mit, wenn Jesus im Neuen Testament „Herr" genannt wird.

Dass die frühe Christenheit den Kaisertitel „Herr" auf Jesus übertragen hat, sollte ihr zum Verhängnis werden. Die Anbetung des Kaisers oder seines Genius als göttliche Letztinstanz gehörte zur Staatsraison. Einmal im Jahr musste man dem Kaiser Weihrauch opfern. Dafür bekam man eine Bescheinigung. Wenn aber Jesus der „Herr" war, dann war *er* die letzte Instanz; dann konnte man zwar *für* den Kaiser beten, aber nicht *zu* ihm. Jesus hatte schließlich gelehrt: „Niemand kann zwei Herren dienen" (Matthäus 6,24). Viele Christen haben dieses Kaiseropfer verweigert oder sind geflohen, um sich ihrer staatsbürgerlichen Pflicht zu entziehen. Sie galten deshalb als Staatsfeinde. Darauf stand die Todesstrafe. Man warf die Verurteilten im Zirkus den Löwen zum Fraß vor. Allerdings erwies sich das als kontraproduktiv: Dieses Glaubenszeugnis wirkte missionarisch. Für *einen* hingerichteten Christen erschienen bis zu zehn „Heiden" in der Gemeinde und baten darum, getauft zu werden. „Das Blut der Märtyrer ist der Same der Kirche!", sagte der frühe Kirchenlehrer Tertullian (150–220). Doch die Christenverfolgung ging weiter, bis Kaiser Konstantin und seine Nachfolger die Eingebung hatten, das Christentum zu erlauben und schließlich anstatt des alten Götterkults zur Staatsreligion zu erheben. Den Kaiser explizit anbeten mussten die Gläubigen jetzt nicht mehr – und dennoch blieb er de facto der „Herr". Von diesem Zeitpunkt an ließen sich die Massen taufen, oft aus Opportunismus. Und die Kirche, die dankbar war für das Ende der Verfolgung, bemühte sich, alle Funktionen zu übernehmen, die von einer Staatsreligion erwartet wurden. Das alte Spiel fand statt mit neuen Darstellern. Jetzt wurden alle verfolgt, die diese Wendung nicht mitmachen wollten. Antike Tempel wurden verbrannt, die bisherige Philosophie wurde verachtet. Auf die Christenverfolgungen folgten Heidenverfolgungen – welch Verrat an Jesus, dem Lehrer der Gewaltlosigkeit!

... empfangen durch den Heiligen Geist, geboren von der Jungfrau Maria ...

Aber zurück zum Anfang: Wer ist Jesus Christus, dessen Geburt wir alle Jahre wieder feiern? Mit dem unsere Zeitrechnung beginnt? Die Evangelisten Matthäus und Lukas haben Geburtsgeschichten erzählt. Wie auch bei den Schöpfungsmythen gilt hier: Geschichten vom Anfang wollen weniger berichten, was *einst* war, sondern sie wollen die Gegenwart deuten und sagen, was *immer und überall* wahr ist. Die Geburt eines bedeutenden „göttlichen" Menschen durch eine Jungfrau ist eine archaische Vorstellung, die seinen Sonderstatus unterstreicht. Die babylonischen Könige und die ägyptischen Pharaonen waren ebenfalls von Jungfrauen geborene Göttersöhne. Im alten Griechenland galten bedeutende Männer oft als von männlichen Göttern mit einer Jungfrau gezeugte Gottmenschen (z.B. Platon, Perseus, Alexander der Große). Diese Zeugung wird nach Art menschlicher Sexualität ausgemalt, bei der Gott den Mann ersetzt oder ihm zuvorkommt.

Der römische Dichter Vergil kündete um 40 vor Christus das baldige Kommen einer himmlischen Jungfrau und die Geburt eines Kindes an, mit dem ein letztes neues Zeitalter beginne. Seine Worte wurden später als heidnische Weissagung auf Christus ausgelegt. Während uns Heutige die Vorstellung einer Jungfrauengeburt eher befremden mag, war sie zur Zeit Jesu verbreitet: „Aha, also ein Gott in Menschengestalt oder ein Halbgott kommt da zur Welt!"

Haben Matthäus und Lukas, die unabhängig voneinander von der Jungfrauengeburt Jesu reden, und Johannes, der das indirekt auch tut, diese mythische Vorstellung benutzt, um zu betonen, dass in der Person Jesus Christus das Göttliche und das Menschliche auf einzigartige Weise miteinander verschmelzen? Interessant ist, dass das Neue Testament ganz a-sexuell und keusch von dieser Zeugung spricht. Gottes Sohn wird nicht durch eine erotische Begegnung zwischen Gott und einer Frau gezeugt und geboren, sondern durch das „Wort", in dem und durch das der Heilige Geist wirkt – und durch eine hörende und gehorsame Maria, die nichts versteht, aber alles *zulässt:* „Ich bin die Magd des Herrn", sagt sie zum Gottesboten Gabriel; „mir geschehe, wie du gesagt hast" (Lukas 1,38).

Let it be! Lass es zu!
Die Beatles haben das unnachahmlich besungen:

> When I find myself in times of trouble
> Mother Mary comes to me
> Speaking Words of wisdom
> „Let it be".
> And in my hour of darkness
> She is standing right in front of me
> Speaking words of wisdom
> „Let it be"[52]

Das Lied geht auf einen Traum zurück, den Paul McCartney in einer schweren Zeit hatte und in dem ihm seine eigene Mutter Mary erschienen ist. Später wurde dieses Lied immer wieder auf Maria, die Mutter Jesu bezogen. Es spiegelt die kontemplative Haltung der Maria, deren Antennen empfangsbereit sind. Damit wird sie zum Archetypen des empfänglichen, kontemplativen und hingabefähigen *Menschen* – ob Frau oder Mann. Wir alle sind dazu eingeladen zu hören, zu vertrauen und zuzulassen.

Und die Biologie? Die Autoren des Neuen Testaments betonen das Kommen Jesu als historischen weltverändernden Einschnitt. Der Himmel küsst die Erde, die Gottheit vereinigt sich mit der Menschheit. Das Wort bleibt nicht Wort oder Idee – sondern wird *Fleisch*. Die Verkörperung Gottes in dem Menschen Jesus ist die eigentliche Pointe des christlichen Glaubens. Keine andere Religion hat es gewagt, so „materiell" irdisch und körperlich von Gott zu reden. Fleisch! Vielleicht wirkt es auf uns heute plump und kaum nachvollziehbar, wenn die Bibel von der Fleischwerdung Gottes redet und dabei die gesamte Wirklichkeit, einschließlich der Biologie bemüht. Ginge es nicht etwas vergeistigter?

Der Dualismus von Materie und Geist ist nicht biblisch. Es gibt nur *eine* Wirklichkeit. Die Bibel reißt Materie und Geist nicht auseinander wie einige griechische Asketen und Philosophen, deren Auffassungen später das Christentum überfremdet haben. Menschen, die sich lieben und vereinigen, „erkennen" einander (so die Sprache der hebräischen Bibel), indem sie „ein Fleisch" werden (1. Mose/ Genesis 2,24). Der Körper ist für Paulus der „Tempel des Heiligen Geistes", nicht „das Gefängnis der Seele" wie bei Plato. Die Fleischwerdung Gottes ist alles andere als antisexuell. Deshalb Vorsicht mit einer vorschnellen

Psychologisierung und Vergeistigung der Botschaft von der Menschwerdung Gottes! Das könnte eine besonders subtile Form von Dualismus sein. Die Vorstellung von einer Jungfrauengeburt ist ganzheitlich, hält Materie und Geist zusammen und drückt – auf archaische und für uns schwer zugängliche Weise – das Geheimnis der Vereinigung von Gott und Mensch aus. In Jesus ist Gott *real* präsent.

Vielleicht müssen wir neue Bilder dafür finden. Für die moderne Physik seit Heisenberg sind Materie und Geist zwei Aspekte der *einen* Wirklichkeit. Das Licht beispielsweise kann je nach Versuchsanordnung als Energiewelle erscheinen – oder es scheint aus Teilchen, sprich „Materie", zusammengesetzt zu sein. Ein Paradox wie auch viele christliche Glaubenserfahrungen und -aussagen. Jesus nennt sich im Johannesevangelium interessanterweise selbst „das Licht der Welt". Licht! Korpuskel *und* Welle, Körper *und* Energie, Materie *und* Geist, Mensch *und* Gott.

Auch die Moslems glauben übrigens, dass Jesus – im Gegensatz zu Mohammed – von einer Jungfrau und ohne Zutun eines Mannes geboren wurde. Das betont der Koran mehrfach. Er leitet daraus aber gerade nicht ab, dass Jesus Gottes Sohn ist. Im Gegenteil: Allah zeugt nicht und wird nicht gezeugt! Man will Gott von allen erotisch-sexuellen Konnotationen reinhalten. Allah schafft allein durch das gebietende Wort. Jesus ist für den Koran Geschöpf, nicht Sohn Gottes. Ähnliches hat schon vor Mohammed ein christlicher Priester namens Arius gesagt. Seine Auffassung wurde von der alten Kirche verworfen. Und heute sagen es die Zeugen Jehovas. Jesus, ein besonderer Mensch, nicht weniger und nicht mehr – trotz Jungfrauengeburt. Auch viele Kirchenmitglieder von heute sind de facto Arianer und denken in dieser Frage eher wie der Koran oder der Wachtturm. Sie sind sich oft gar nicht bewusst, in welcher Gesellschaft sie sich mit ihrer Vorstellung befinden. Viele glauben bestenfalls an die *eigene* Göttlichkeit. Um's mit der Werbesprache auszudrücken: *Sind wir nicht alle irgendwie göttlich?* Auch das ist eine beliebte Ansicht. Gesetzt den Fall, dem wäre so: Wie könnte das Göttliche und das Menschliche in *uns* jemals eins werden, wenn das selbst in Jesus unmöglich war?

„Wir sind göttlichen Geschlechts", zitiert Paulus zustimmend griechische Philosophen (Apostelgeschichte 17,28f.). Auch in uns will Gott geboren werden und zur Welt kommen, wie der mittelalterliche Mystiker Meister Eckhart sagt. Das Johannesevangelium spricht von einer „zweiten Geburt" des Menschen „aus Wasser und Geist" (Johannes 3,5). Die orthodoxen Christen sagen: „Gott wird Mensch, damit wir Gott werden." Das alles freilich ohne physische Jungfrauengeburt. Aber vielleicht geht es noch einfacher. Ich liebe jenes Graffiti, das angeblich mal an irgendeine Mauer gesprüht war und zum geflügelten Wort geworden ist: „Mach's wie Gott – werde Mensch!"

Maria: Die heimliche Göttin des Christentums?
Die Theologin Christa Mulack hat Maria als „die heimliche Göttin im Christentum" bezeichnet.[53] Es war nicht die Amtskirche, sondern das einfache Volk, das Maria wie eine Muttergöttin zu verehren begann. Als „Gottesgebärerin" und „Mutter Gottes" war sie schon in der alten Kirche bezeichnet worden. Freilich sollte man nicht direkt zu ihr beten – aber man konnte sie um Fürbitte anrufen. Einfache Gläubige kümmerten sich wenig um solche theologische Spitzfindigkeiten. De facto ist in vielen katholischen Kulturen ein überbordender Marien-

kult entstanden, der häufig die Anbetung des dreieinigen Gottes in den Schatten stellte. Die Reformatoren haben versucht, dem Einhalt zu gebieten. Luther hat Maria als Vorbild des Glaubens verehrt, aber das Gebet zu ihr und den Heiligen abgelehnt.

Aber so einfach ist es nicht. Die Gottesbilder des Christentums sind einseitig männlich. Das hängt auch damit zusammen, dass man – wie im vorherigen Kapitel bereits erwähnt – die Androgynität des biblischen Gottes nicht ernst genommen hat, der uns nach seinem Ebenbild männlich *und* weiblich geschaffen hat – der also nicht einfach nur männlich sein kann. Dazu kommt die Tatsache, dass das weibliche hebräische Wort *ruach* im Griechischen mit dem Neutrum *pneuma,* im Lateinischen und Deutschen mit dem maskulinen *spiritus* beziehungsweise *der Geist* wiedergegeben wurde. Letztlich entstand so das Bild einer Trinität, die aus drei Männern besteht. Da fehlt eindeutig das Weibliche. Das archaische Seelenbild der Großen Mutter mit Kind, das sich in vielen Religionen und Kulturen findet, drängte sich auf, um dieses Vakuum zu füllen. Maria eignete sich als perfektes Ursymbol des Weiblichen, zumal in ihr die beiden machtvollen Archetypen der Jungfrau und der Mutter verschmolzen sind.

Zwei Dogmen der römisch-katholischen Kirche haben versucht, die Stellung der Maria zu zementieren: Papst Pius IX. verkündete 1854 das „Dogma von der Unbefleckten Empfängnis Mariä". Damit war nicht die Jungfrauengeburt gemeint. Es ging vielmehr um die „Empfängnis ohne Erbsünde". Wir erinnern uns: Augustinus hatte gelehrt, dass durch die Begierde, ohne die ein Zeugungsakt nicht denkbar ist, das gezeugte Embryo schon im Augenblick der Zeugung mit der Erbsünde kontaminiert wird. Das Dogma lehrt, dass Maria durch einen besonderen

Gnadenakt Gottes im Moment ihrer Empfängnis durch Anna und ihrer Zeugung durch Joachim von der Erbsünde *dispensiert* wurde. Dadurch ist auch ihr Sohn Jesus, der ja vom Heiligen Geist gezeugt und von ihr empfangen wird, von Anbeginn frei von Erbsünde. Ist er dann überhaupt wahrer Mensch? Das Dogma hat keinerlei biblische Grundlage; nicht einmal die Namen der Großeltern Jesu stehen in der Heiligen Schrift, geschweige denn die Lehre von der Erbsünde und ihrer Übertragung per Sex. Und man könnte fragen: Wenn Gott Maria vor der Erbsünde freisprechen konnte – warum bewahrt er dann uns nicht auch davor?

Papst Pius XII. hat schließlich 1950 die im Osten wie im Westen seit dem 5. Jahrhundert verbreitete Vorstellung von der leiblichen Aufnahme Mariens in den Himmel dogmatisiert. Maria sei – ob noch lebend oder als Leichnam bleibt unklar – direkt und ganz zu Gott geholt und vor irdischer Verwesung bewahrt worden. Dieses Dogma, das ebenso wenig biblisch ist wie das der unbefleckten Empfängnis, richtet für die Ökumene mit den Protestanten eine hohe Barriere auf, zumal der Papst seine Erklärung mit den Worten schloss: „Wenn daher, was Gott verhüte, jemand diese Wahrheit, die von Uns definiert worden ist, zu leugnen oder bewusst in Zweifel zu ziehen wagt, so soll er wissen, dass er vollständig vom göttlichen und katholischen Glauben abgefallen ist.“[54] Es gab immerhin einen Protestanten, der von diesem Dogma geradezu begeistert war: Der Psychoanalytiker Carl Gustav Jung, evangelischer Pfarrerssohn aus der Schweiz, der „Entdecker" der Archetypen. Damit bezeichnet er die Grundstrukturen menschlicher Vorstellungsmuster. Jung vermisst im christlichen Gotteskonzept den Archetypen des Weiblichen und spricht von der Notwendigkeit einer „Quaternität", einer Vierheit, in die das Weibliche integriert ist. Die Erhöhung und de facto Vergöttlichung Marias erfülle ein psychisches Grundbedürfnis.[55]

Hätte man die biblischen Gottesbilder richtig verstanden, hätte man das Weibliche nicht in Gestalt der Jungfrau und Mutter Maria „ergänzen" müssen, da Gott selbst von Anfang an das „Männliche" und das „Weibliche" in sich birgt und die Ruach ohnehin weiblich ist.

Als Protestant mit atheistischem Hintergrund bin ich ohne jede Beziehung zu Maria aufgewachsen. Sie war mir fremd. Das blieb auch so, als ich nach meinem „Scheitern" im Gemeindekolleg Celle von meiner lutherischen Amtskirche erst einmal genug hatte, ein Sabbatjahr einlegte und im katholischen Exerzitienzentrum Haus Gries in Oberfranken um einjähriges Asyl bat. Dort hatte ich schon früher einige Meditationskurse absolviert und begonnen, das kontemplative Jesusgebet zu üben. In diesem Exerzitienhaus mitten im Wald hatte der ungarische Jesuit Franz Jalics begonnen, diese Gebetsweise zu lehren. Er hatte zuvor als Theologieprofessor in Argentinien gelebt und war zusammen mit einem Freund von Todesschwadronen verschleppt und monatelang gefesselt und mit verbundenen Augen gefangen gehalten worden. Bis heute weiß man nicht, wieso die beiden das überlebt haben und welche Rolle der heutige Papst Franziskus in all dem spielte, der seinerzeit der oberste Jesuit Argentiniens gewesen war. Nach diesen Erlebnissen ging Franz Jalics nach Deutschland und begann, die Meditationsweise weiterzugeben, die ihn in der Gefangenschaft vor Wahnsinn und Verzweiflung bewahrt hatte. Schließlich hatte er ein eigenes Zentrum für Meditation aufgebaut.

Die katholische Prägung des Hauses war unverkennbar. Jeden Tag wurde Heilige Messe gefeiert, zu der alle eingeladen wurden. Die Kurse hatten immer denselben Aufbau: Am Anfang wurden die Exerzierenden in den Wald geschickt. Wir sollten in der Natur waches Wahrnehmen ohne Urteil üben und von der Natur pures Dasein lernen. Anschließend lernten wir das rechte Sitzen und begannen, auf unseren Atem zu achten, ohne ihn zu kontrollieren. Schließlich verband sich der Atem mit einem inneren Wort. Das erste Mantra war ein langes „Jaaaaa...", das wir beim Ausatmen innerlich sprechen oder erlauschen sollten. Bevor wir schließlich in der zweiten Hälfte der zehntägigen Exerzitien zum Namen Jesus Christus kamen, sollten wir einen Tag lang den Namen „Maria" meditieren. Wie sollte ich mich als Evangelischer dazu verhalten? Ich beschloss, mich darauf einzulassen. Bei einer buddhistisch inspirierten Meditation würde ich mir ja auch das Fremde zumuten. Ich meditierte also den Namen Maria. Dabei sollten wir alle Bilder und Konzepte loslassen und auf dieses Wort lauschen „als sei es chinesisch oder nichts als ein Klang", wie eine Kursleiterin einmal sagte.

Der Name löste bei mir nichts aus. Er war von Anfang an trocken und fand in mir keine Resonanz. Ich war nicht der Einzige, der sich damit schwer tat. Tatsächlich erfuhr ich in den Austauschrunden, dass die Meditation des Namens Maria bei vielen – waren sie nun katholisch oder evangelisch – alle möglichen Widerstände vor allem im Zusammenhang mit „unerledigten" Mutterthemen auslöste. Bei mir blieb alles verdächtig ruhig.

Meine Mutter lebte zu dieser Zeit noch. Unser Verhältnis war zwiespältig. Sie war im Alter sehr depressiv geworden und wünschte sich von mir Zuwendung und emotionale Unterstützung. Dazu war ich nicht fähig. Wenn ich sie besuchte, war ich häufig befangen und wusste nicht, was ich tun oder sagen sollte. Wir konnten nicht wirklich offen und ehrlich über Gefühle reden. Da war eine unüberwindlich scheinende Blockade. So ging es mir auch mit Maria. Und das änderte sich während des ganzen Jahres in Gries nicht.

Ein Jahr später – ich lebte bereits in München – starb meine Mutter. Eines Morgens lag sie tot im Bett, wie sie es sich immer gewünscht hatte. Wirklich trauern konnte ich damals nicht. Ich hatte Schuldgefühle, weil so vieles unausgesprochen geblieben war. Dass unsere Beziehung sich posthum noch wandeln könnte, das überstieg meine Vorstellungskraft.

Drei Jahre später war ich im Sommer wieder einmal zu zehntägigen Exerzitien nach Gries gereist. Die Leitung hatte diesmal Peter Musto, ein anderer Jesuit aus Ungarn und inzwischen mein geistlicher Begleiter. An meine Mutter hatte ich während dieser Tage gar nicht gedacht. Am 26. Juli, dem Gedenktag der Heiligen Anna, der legendären Großmutter Jesu, sagte Peter in der Predigt: „Wir wissen nicht, ob die Oma von Jesus wirklich Anna geheißen hat. Aber er muss ja eine Oma gehabt haben. Jedenfalls eine gute Gelegenheit, heute an unsere weiblichen Vorfahren, unsere Mütter und Großmütter zu denken und für sie zu beten." Während dieses Gottesdienstes fiel mein Blick auf ein Marienbild, Mutter mit Kind, das ich gar nicht mochte. Zu süßlich, zu fromm schien mir diese Frau zu sein, nicht aus Fleisch und Blut und nicht von dieser Welt. Zunächst passierte nichts. Aber dann, als wir nach dem Segen gemeinsam das „Salve Regina" („Gegrüßet, Königin!") anstimmten, wurde ich überwältigt. Jedenfalls brach die Mauer zwischen mir und Maria (und zugleich zwischen mir und meiner Mutter!) in sich zusammen. Eine Welle von Liebe überflutete mich. Ich rannte aus der Kapelle und in den Wald, aufgelöst in Tränen, und hörte mich ständig wiederholen: „Meine süße Mutti!" So peinlich sich das sogar für mich selbst anhört: Ein gewaltiges emotionales Befreiungserlebnis! Versöhnung mit Maria. Versöhnung vor allem aber mit meiner Mutter.

Wieder in meinem Zimmer schrieb ich meiner „süßen Mutti" einen Brief, in dem ich mich für alles bedankte, was sie mir geschenkt hatte: Mein Leben, ihre Rauheit und Stärke und ihre Durchhaltekraft, ihren Mutterwitz und ihre Frechheit - und dass sie „kein Kind von Traurigkeit" war. Am nächsten Tag las ich beim Einzelgespräch Peter diesen Brief vor – und wurde noch einmal überwältigt von Tränen. Dann war es gut. Meine Träume änderten sich: Vorher war meine Mutter immer wieder aufgetaucht als schwaches Geschöpf, das ich tragen sollte und nicht konnte. Jetzt erschien sie als junges Mädchen, strahlend und frei, als wohlwollende Zeugin meines Lebens – und ohne sich einzumischen. Ich bin heute überzeugt, dass dieses Befreiungserlebnis eine Frucht meiner langwierigen und langweiligen Marienmeditation war. Deswegen mute ich meinen Meditationsschülern, auch den evangelischen, zu, im Laufe des Kurses eine Zeitlang den Namen Maria zu meditieren. Er löst auch bei vielen anderen Erstaunliches aus.

Und was ist mit Marienerscheinungen? Von Hunderten solcher Berichte sind nur die wenigsten kirchlich anerkannt. Die meisten Zeugnisse der letzten 150 Jahre stammen von Mädchen aus prekären sozialen Verhältnissen. Zumeist können dabei die Betroffenen Maria angeblich sowohl sehen als auch hören. Auch andere Sinneswahrnehmungen wie ein Rosengeruch werden berichtet. Die Botschaften der Erscheinungen können Zuspruch in individuellen Lebenskrisen sein (wie in Lourdes 1858), prophetische Weissagungen (wie in Fátima 1917) oder religiöse Orientierungshilfen für den Alltag (wie in Medugorje in Kroatien fast täglich seit 1981, von Rom bisher nicht anerkannt). Zahlreiche Gläubige halten solche Phänomene für Wunder; manche Psychologen für wahnhafte Halluzinationen. C. G. Jung würde vermutlich von einer visionären Manifestation des Mutterarchetyps sprechen. Auf die Frage, was „wirklich" ist, hat er geantwortet: „Wirklich ist, was wirkt!" – und auf jedes abwertende Urteil über solche Erfahrungen verzichtet. Im Umfeld solcher Erscheinungen ist es immer wieder zu spektakulären und medizinisch nicht erklärbaren Heilungen gekommen. Das kann man nicht alles als Scharlatanerie abtun. Simple Antworten im Blick auf die „Realität" solcher Ereignisse gibt es nicht. Vielleicht gehören sie zu jenen „vielen Dingen zwischen Himmel und Erde, von denen sich unsere Schulweisheit nichts träumen lässt", die Shakespeare anspricht.

Mein Freund Richard Rohr litt, als ich ihn kennen lernte, an einer chronischen Magenerkrankung. Vieles durfte er nicht essen; Alkohol war ihm untersagt. Als er mich in den frühen 80er-Jahren in Würzburg besuchte, sagte ich: „Schade Richard, dass du die wunderbaren fränkischen Bratwürste und den Frankenwein nicht genießen kannst wegen deines Magens!" „Oh nein", sagte er. „keine Sorge! Ich kann inzwischen alles essen und trinken". Ich sah ihn fragend an. „Ich war nämlich in Lourdes", lachte er. Und er erzählte, wie er anlässlich einer Vortragreise in Frankreich aus purer Neugierde auch nach Lourdes gefahren war. Der Rummel um Maria und eine gewisse Wundersucht hätten ihn immer abgestoßen. Aber vor Ort habe er etwas Seltsames erlebt: Als er die vielen Kranken und Gebrechlichen gesehen habe, die mit all ihrer Sehnsucht und Hoffnung in das Heilige Wasser gestiegen sind, das in der Mariengrotte entspringt, habe er sich geschämt. Seine intellektuelle Überheblichkeit und seine Urteile, die ja letztlich diese schlichten Gläubigen trafen, seien ihm bewusst geworden. Und da habe er beschlossen, sich ebenfalls anzustellen, um in das Wasser zu steigen. An seinen Magen habe er dabei gar nicht gedacht. Kurze Zeit nach diesem Ereignis habe der Arzt bei einer Routineuntersuchung diagnostiziert, dass Richard aus unerklärlichen Gründen kerngesund sei. Er dürfe versuchen, seine Diät auf „normal" umzustellen. Und das sei ihm gut bekommen. War das ein Wunder? Richard selbst vermutete, das wirkliche Wunder sei die Einsicht in die eigene Überheblichkeit gewesen – und der kranke Magen eine psychosomatische Störung, ausgelöst von intellektueller oder spiritueller Hochnäsigkeit.

Das Komma

Ob biologische Jungfrauengeburt oder nicht: Ich selbst habe weniger Probleme mit dem, was im traditionellen Glaubensbekenntnis *steht,* als mit einigem, was es *nicht* sagt. Meine Freundin und Gesprächspartnerin Marion Küstenmacher drückt es so aus: Das Glaubensbekenntnis „ist kein mystischer, sondern ein mythisch geprägter Text. Außerdem reduziert er, und das ist für mich eigentlich ein trauriger Skandal, das inspirierende Leben, Lehren und Wirken von Jesus von Nazareth auf ein einziges Komma. Es steht zwischen einer mythischen Aussage und einer historischen Datumsangabe („geboren von der Jungfrau Maria" Komma „gelitten unter Pontius Pilatus")."[56]

Dieses Komma, das das gesamte Leben Jesu enthält und zugleich verschweigt, stört auch mich deshalb. Wir wissen ohnehin nur wenig über das Leben Jesu, fast nichts über seine Jugend, über seine Art zu leben und zu lieben. Die Bibel schweigt darüber. Aber sie schweigt *nicht* über vieles andere, was Jesus in seinen letzten drei Lebensjahren gesagt, getan und bewirkt hat. Ob das alles bis aufs i-Tüpfelchen historisch ist oder nicht, das wissen wir nicht. Aber es ist auf jeden Fall das, was die Person Jesus von Nazareth ausgelöst hat. All das fehlt im Glaubensbekenntnis. Geboren, gestorben.

Vielleicht waren die sogenannten Heilstatsachen um Geburt und Tod des Gottessohns für die Kirche leichter zu „verwalten" als die Zumutungen des Lebens und der Lehre Jesu. Das Leben Jesu kann man nicht verwalten; es ruft dazu auf, sich an ihm zu orientieren, Jesus nicht nur anzubeten, sondern Jesus zu werden, Seinen Weg zu gehen. Das ist anstrengender und herausfordernder als eine religiöse Institution zu organisieren.

Da ist einmal Jesus, der *Poet,* der *Geschichtenerzähler und Prediger,* der die religiöse Vorstellungswelt seiner Zeit auf den Kopf stellt, für den das Kleine groß und das Große klein wird. Er spricht vom Kommen des Gottesreiches und orientiert sich dabei an der Natur, an Vögeln und Lilien und Senfkörnern, in denen das geheimnisvolle göttliche Gesetz des Wachstums wirkt. Er entdeckt Gottes Fingerzeige überall in der Schöpfung. Die natürlichen Gesetze von Saat, Blüte, Frucht und Ernte sind für Jesus auch spirituelle Gesetze. Er liest in der Natur. Sie ist seine „erste Bibel". Und sie lädt uns ein zur Sorglosigkeit:

> Darum sage ich euch: Sorgt euch nicht um euer Leben, was ihr essen und trinken werdet; auch nicht um euren Leib, was ihr anziehen werdet. Ist nicht das Leben mehr als die Nahrung und der Leib mehr als die Kleidung? Seht die Vögel unter dem Himmel an: Sie säen nicht, sie ernten nicht, sie sammeln nicht in Scheunen; und euer himmlischer Vater ernährt sie doch. Seid ihr denn nicht viel kostbarer als sie? Und warum sorgt ihr euch um die Kleidung? Schaut die Lilien auf dem Feld an, wie sie wachsen: Sie arbeiten nicht, auch spinnen sie nicht. Ich sage euch, dass auch Salomo in aller seiner Herrlichkeit nicht gekleidet gewesen ist wie eine von ihnen. (Matthäus 6,25–29)

Da ist Jesus der *Heiler*, zu dem Menschen strömen, die an Leib, Seele und Geist leiden. Eine ansteckende Gesundheit geht von ihm aus. Jesus erfasst und wandelt den ganzen Menschen, lehrt Gebeugte wieder den aufrechten Gang, gibt Sprachlosen die Sprache zurück, lehrt Taube und Blinde hören und sehen. Buchstäblich und im übertragenen Sinne. Und er sagt immer wieder: „Dein Vertrauen hat dich geheilt!" So als wäre nicht *er* Ursache der Heilung, sondern der Glaube seines Gegenübers! Jede Heilung ist anders und einmalig; Jesus hat keine „Methode", sondern scheint spontan zu handeln und so, wie es der betroffene Kranke braucht. Nie hat er jemanden weggeschickt, der sich nach Heilung sehnte. Auch seine Jünger hat er beauftragt, Kranken die Hände aufzulegen und sie zu salben: *therapeute* – das ist das griechische Wort dafür: „Heilt!" Das Christentum sei dem Wesen nach eine *therapeutische Religion*, sagt Eugen Biser. Freilich ist es häufig zu einer juristischen Moralreligion oder zu einer verkopften Welterklärungstheorie ohne Magie, Mysterium und Wunder entartet. Der Heilungsauftrag Jesu ist in Kirche und Theologie weitgehend vergessen. Nur in besonderen „Erweckungszeiten", wo Menschen unmittelbar von der transformierenden Kraft Jesu ergriffen wurden, kam es immer wieder auch zu Heilungswundern.

Spektakuläres Beispiel war die Bewegung, die in der Mitte des 19. Jahrhunderts um den evangelischen Pfarrer Johann Christoph Blumhardt im schwäbischen Möttlingen entstand, nachdem er jahrelang um die Befreiung einer geistig und seelisch gebundenen Frau gebetet und gerungen hatte, die von den Ärzten aufgegeben worden war. Der Nervenarzt hatte sie an den Pfarrer delegiert! Sie erlebte vollständige Genesung und blieb bis an ihr Lebensende heil und frei. Diese Heilung führte dazu, dass unzählige beladene Menschen bei Blumhardt Schlange standen und ihre Sünden, insbesondere okkulte Bindungen, bekannten. Viele von ihnen wurden physisch und psychisch gesund – bis die Kirchenleitung einschritt und versuchte, Beichte und Heilungsgebet zu unterbinden. Denn die Einzelbeichte – so die Kirche – sei katholisch. Außerdem hatte man schon damals das Therapeutische an die Schulmedizin deligiert.[57]

Auch heute noch vertrauen viele eher der Psychoanalyse oder teuren esoterischen Heilsversprechungen – und kommen gar nicht auf die Idee, zumindest *auch* in der Kirche Heil und Segen durch Gebet, Salbung und Handauflegung zu erfahren. Die Kirchen tun meist so, als gäbe es keinen nennenswerten christlichen Beitrag zu dem Thema. Dabei sind Sündenvergebung, Krankenheilung und das Austreiben böser Geister Merkmale Jesu und zugleich der Auftrag an seine Nachfolger. Neue Formen der Kooperation von Schulmedizin, Alternativmedizin und christlichem Heilungsgebet als „Kombitherapie" sind angesagt. Manchmal merken das die Ärzte eher als die Kirche selbst, wie schon seinerzeit bei Blumhardt. Unter dem Stichwort „Spiritual Care" versuchen in jüngerer Zeit beispielsweise medizinisches und pflegerisch tätiges Personal zusammen mit Seelsorgern das Zusammenwirken von medizinischen und geistlichen Impulsen bei der Begleitung von Kranken und Sterbenden zu intensivieren.[58]

Jesus ist der *Exorzist,* der destruktive Geister mit Namen nennt und ihnen verbietet, sich im Geist von Menschen einzunisten. Er nimmt nicht hin, dass Menschen gebunden, gefangen und abhängig sind. Er identifiziert Menschen, die von fixen Ideen oder Süchten besetzt sind, nicht mit dieser Okkupation. Er fragt die „Dämonen" nach ihrem Namen und verweist sie aus dem Leben Betroffener. Dabei stellt sich manchmal heraus, dass die „Besessenen" Stellvertreter einer Familie oder der ganzen Gesellschaft sind. Der wahnsinnige und gewalttätige „unsaubere Geist", der einen Mann im heidnischen Gerasa gefangen hält, heißt „Legion" (Markus 5,1ff.). Der Mann ist Symptomträger für den gesamten Mittelmeerraum, der von den römischen Legionen „besetzt" ist. Jesus erlaubt der Legion in eine Herde Schweine zu fahren, die in den See stürzt und ertrinkt. Kein Wunder, dass viele wollen, dass Jesus verschwindet. Er hat den Schweinehirten die Lebensgrundlage genommen. Und ihr bisheriger Sündenbock ist „weg". Jetzt müssen sich alle fragen, inwieweit auch sie gebunden, „besetzt" und unfrei sind.[59]

Jesus ist der *Freund der Frauen*, die in der damaligen Gesellschaft unmündig und rechtlos waren. Keiner seiner Zeitgenossen ist ihnen begegnet wie Jesus: ohne Berührungsangst und auf Augenhöhe. Da ist zum Beispiel die Frau aus Samarien (Johannes 4,1ff.), auf die sich Jesus einlässt – und das als Jude und als Mann! Zwei Tabubrüche, denn Männer redeten nicht mit fremden Frauen und Juden nicht mit Nicht-Juden, insbesondere nicht mit Menschen aus Samarien. Ausgerechnet diese Frau, die zudem fünf gescheiterte Ehen hinter sich hat, ist die erste, die ihren Leuten verkündigt, dass Jesus vielleicht der Messias ist. Orthodoxe Christen verehren sie deshalb als die Heilige *Photini*, die Lichtbringerin. Oder Maria aus Bethanien, die zu seinen Füßen sitzt als Schülerin ihres Meisters (Lukas 10,38ff.) – damals unerhört. Frauen konnten keine Rabbinenschülerinnen sein. Denn Rabbinenschüler bereiteten sich darauf vor, selbst „Meister" zu werden. Meisterinnen waren nicht vorgesehen. Oder Maria aus Magdala. Sie steht ihm sehr nah. Wie nah? Das fragen sich manche bis heute.

Über die *Sexualität Jesu* steht nichts in der Bibel. Deswegen bleibt alles Spekulation, was zu diesem Thema gesagt wurde. Meistens wird davon ausgegangen, dass er zölibatär und unverheiratet gewesen sei. Nie wird eine Ehefrau Jesu erwähnt. Andere behaupten das Gegenteil: Es gibt gute Argumente für die Annahme, Jesus und Maria Magdalena seien ein Liebes- oder sogar Ehepaar gewesen. Ein unverheirateter Rabbi – das war letztlich undenkbar damals. Es gab keine Tradition des Zölibats im Judentum. Die Ehen zwischen 17-jährigen Jungen und 14-jährigen Mädchen wurden von den Familien arrangiert – wie noch heute in vielen Kulturen. Manche meinen auch, Jesus sei als junger Mann verheiratet gewesen und seine Frau sei unter Umständen früh gestorben. Oder es war eben doch jene Maria aus Magdala, aus der Jesus sieben Dämonen ausgetrieben hat. Eine Ex-Besessene! Sie steht mit Jesu Mutter und mit seinem Busenfreund und Lieblingsjünger Johannes unter dem Kreuz. Sie ist die erste, die an Ostern den Auferstandenen sieht und den Männern verkündet, dass Jesus lebt. Die „Apostelin der Apostel", so nannte man sie in der Frühzeit des Christentums. Ist das keiner Erwähnung im Credo wert? Johannes wird im Johannesevangelium als der Jünger bezeichnet, „den Jesus lieb hatte". Manche haben daraus abgeleitet, Jesus sei schwul oder bisexuell gewesen. Wir wissen es nicht. Jesus war auf jeden Fall im umfassenden Sinne liebesfähig. Er weint, als er hört, sein Freund Lazarus sei gestorben. Er fragt seinen Jünger Petrus, der ihn dreimal verleugnet hat, dreimal: „Hast du mich lieb?" Reden Männer so mit anderen Männern? Das war damals so unüblich wie heute. Den Ehe-Zwang seiner Zeit hat Jesus jedenfalls in Frage gestellt. Denn nach Jesus gibt es, wie gesagt, nicht nur *ein* Modell für den Umgang mit den

Kräften der Sexualität, das für alle gilt. Wer es fassen kann, der fasse es! (Matthäus 19,12)

Jesus ist der *Kinderfreund*, der sagt, dass sich Erwachsene von Kindern Offenheit und Staunen und Spontaneität abgucken können. Ohne Kontakt zu unserem inneren Kind können wir nicht wirklich vertrauen. Er spricht übrigens nicht von netten, braven und wohlerzogenen Kindern. Sondern einfach von Kindern. Kinder sind egoistisch und mitunter kleine Tyrannen. Sie lassen ihren Gefühlen freien Lauf, sie schreien, wenn sie Hunger haben. Das Vertrauen von Kindern zu missbrauchen und zu zerstören ist für Jesus eine himmelschreiende Sünde:

> Die Jünger fragten: Wer ist der Größte im Himmelreich? Jesus rief ein Kind und stellte es in ihre Mitte. Dann sagte er: Wenn ihr nicht umkehrt und wie die Kinder werdet, könnt ihr nicht ins Himmelreich kommen. Wer sich selbst klein macht und wie dieses Kind wird, der ist der Größte im Himmelreich. Und wer solch ein Kind um meinetwillen aufnimmt, der nimmt mich auf. Wer aber einen von diesen Kleinen voller Vertrauen zu Fall bringt, der käme noch gut weg, wenn man ihm einen Mühlstein um den Hals hängen und ihn damit in der Tiefe des Meeres versenken würde. (Matthäus 18,3–6)

An keiner anderen Stelle in den Evangelien tritt Jesus so kompromisslos auf. Aber ausgerechnet Gewalt und sexuelle Übergriffe gegenüber Kindern hat die Kirche immer wieder verharmlost und vertuscht. Bis zum Jahr 2013 beispielsweise galt im Vatikanstaat das sexuelle Schutzalter von 12 (!) Jahren und bei Abhängigkeitsverhältnissen von 15 Jahren. Erst jetzt wurde es auf 18 Jahre heraufgesetzt.

Jesus ist der *Weisheitslehrer,* der beschreibt, was dem

Leben dient und was Leben zerstört und dessen Bilder und Gleichnisse poetische und spirituelle Juwelen sind. Er definiert das Reich Gottes nicht, sondern malt es aus.

Er ist der *Freudenmeister,* der gerne Feste feiert, so dass man ihn einen „Fresser und Weinsäufer" nennt. Bei der Hochzeit in Kana verwandelt er 600 Liter Wasser in besten Wein. Auf die Frage, wie lange dieser Wein gereicht hat, hat übrigens der alte Kirchenlehrer Johannes Chrysostomus die hintergründige Antwort gegeben: „Wir trinken noch heute davon!"

Er ist der *Prophet,* der Missstände beim Namen nennt und – erfüllt von göttlichem Zorn – die Geschäftemacher aus dem Tempel vertreibt.

Er ist der große *Integrator*, der sich auch mit denen an einen Tisch setzt, die sonst keiner um sich haben will: einfache Fischer, die vermutlich Analphabeten waren, Huren, Aussätzige, „Sünder", kluge Theologen und vor allem Zöllner. Die waren bei allen verhasst, weil sie mit den Römern kollaborierten. Die Zöllner standen pauschal unter Verdacht, sich zu bereichern – so ähnlich wie man heutzutage Bankern pauschal misstraut. Mit seiner Zuwendung zu den Zöllnern hat sich Jesus bei allen Gesellschaftsschichten unbeliebt gemacht, besonders bei den Armen – die aber ebenfalls mit am Tisch saßen.

Und Jesus ist der große *Schweiger,* der sich immer wieder in die Stille der Natur zurückzieht, um sich bei Gott zu sammeln – und der mitunter kein Wort sagt, wenn man ihm eine Falle stellen will. Als die Schriftgelehrten eine Frau zu Jesus schleppen, die beim Ehebruch ertappt worden ist, und ihn fragen, was er von dem mosaischen Gesetz hält, eine Ehebrecherin zu steinigen, bückt er sich und schreibt schweigend mit dem Finger in den Sand. So nimmt er die aggressive Spannung aus der Situation und ermöglicht den Männern, innezuhalten. Als er dann sagt, „Wer von euch ohne Sünde ist, werfe den ersten Stein", und abermals schweigend den Blick senkt und in den Sand schreibt, ziehen sie sich einer nach dem anderen zurück (Johannes 8, 2ff.). Auch als Pilatus ihn beim Verhör in ein Gespräch ziehen will, sagt er kein einziges Wort (Matthäus 27,13).

Und schließlich ist er der *Friedensstifter*, der einen gewaltlosen Weg zu Versöhnung und Gerechtigkeit zeigt und vorlebt. Die Kirche hat die Bergpredigt nie wirklich ernst genommen. Dabei ist sie doch der Kern der Botschaft Jesu. Damit kann man nicht regieren, meinte zum Beispiel Luther. Aber kann man *ohne* sie regieren? Feinde lieben, Hungernde speisen, Nackte kleiden, Fremdlinge aufnehmen! – schrecken wir nach 2000 Jahren Christentum immer noch vor diesen Impulsen Jesu zurück, als wüssten wir es besser? Jesus lehrt schöpferische Alternativen zum Freund-Feind-Denken und zur Gewalt:

> Ihr habt gehört, dass gesagt ist: „Auge um Auge, Zahn um Zahn." Ich aber sage euch, dass ihr euch dem Bösen nicht mit Gewalt widersetzen sollt, sondern: wenn dich jemand auf deine rechte Backe schlägt, dem biete die andere auch dar. Und wenn jemand mit dir einen Rechtsstreit hat und dir dein Hemd pfänden will, dem lass auch deinen Mantel. Und wenn dich jemand zwingt, eine Meile mitzugehen, so geh zwei. (Matthäus 5,38–41)

Soll man sich also alles gefallen lassen? Der verstorbene US-amerikanische Neutestamentler Walter Wink zeigt, dass diese drei Beispiele keineswegs die Aufforderung enthalten, Unrecht hinzunehmen.[60] Um den Sinn dieser Vorschläge Jesu zu verstehen, müsse man allerdings die gesellschaftspolitische Situation der Zeit Jesu ins Kalkül ziehen. Weil dieses Thema so vergessen ist in der Christenheit, möchte ich Überlegungen Winks zusammenfassen:

„Wenn dich einer auf die rechte Backe schlägt, dann halte ihm auch die linke hin!" Wieso die rechte? Ein Schlag auf die rechte Wange funktioniert nur mit der rechten Rückhand, nicht mit der geöffneten Hand oder mit der Faust. Jemanden mit der Rückhand zu schlagen war damals (wie heute) Ausdruck höchster Verachtung. So schlugen Väter ihre ungezogenen Kinder, Herren ihre Sklaven, Männer ihre Frauen, römische Besatzungssoldaten die Juden. Einen Ebenbürtigen zu schlagen war verboten und wurde drakonisch bestraft. Schlug man ihn obendrein nicht mit der Faust, sondern mit der Rückhand, verhundertfachte sich die Strafsumme! Oder der Angreifer müsste die linke Hand benutzen, die ausschließlich für unreine Tätigkeit bestimmt war. Auch das wäre extrem erniedrigend. Die Zuhörer Jesu gehörten zum großen Teil zu der Gruppe derer, die solche Schläge kannten. Warum empfiehlt ihnen Jesus, die andere Backe hinzuhalten? Weil genau dies dem Angreifer die Möglichkeit nimmt, sie zu demütigen. Wer die andere Wange hinhält, geht aktiv auf Augenhöhe. Das bringt den Angreifer in Schwierigkeiten. Schlägt er mit der Faust auf die rechte Backe des Gegenübers, dann erkennt er ihn als Ebenbürtigen an. Sein Ziel, einen Mitmenschen zu demütigen, hat er verfehlt. Diese Irritation kann sogar dazu führen, dass er die Faust sinken lässt und abläßt von der Gewalt.

Die zweite Szene spielt sich vor Gericht ab. Jemand wird verklagt, seinen Mantel herzugeben. So steht es jedenfalls im Lukasevangelium: „Wer dir den Mantel wegnimmt, dem lass auch das Untergewand!" (Lukas 6,29). Lukas ist hier präziser als Matthäus; denn es war üblich, Armen den Mantel zu pfänden, nicht aber das Untergewand, den „Rock". Allerdings musste man per Gesetz das Pfand jeweils am Abend zurückgeben, denn der Arme hatte sonst nichts, um sich nachts vor der Kälte zu schützen (5. Mose/Deuteronomium 24,5–13). Den oft hoch verschuldeten Zuhörerinnen und Zuhörern Jesu dürfte diese Situation vertraut gewesen sein, zumal so etwas damals an der Tagesordnung war. Der von den Römern gebeutelte Mittelstand presste die Ärmsten aus, um selbst zu überleben. Wieso rät Jesus ausgerechnet den Armen, auch noch die Unterwäsche herzugeben? Das hieße ja, splitterfasernackt aus dem Gericht zu laufen! Welche eine groteske Szene: Hier steht der Gläubiger mit deinem Mantel in der einen und mit deiner Leibwäsche in der anderen Hand. Der Schuldner hat den Spieß umgedreht: „Du willst meinen Mantel? Da – nimm auch mein letztes Hemd! Ich habe jetzt nur noch mein nacktes Leben! Willst du das auch noch?" Nacktheit war in Israel tabu. Aber die Schande traf nicht den Entblößten, sondern die Person, die solch eine Entblößung verursacht oder angesehen hat. Der Gläubiger erscheint als gefräßiger Hai, der andere in bitterste Not stürzt. Jetzt ist er demaskiert und der Lächerlichkeit preisgegeben. Womöglich gelangt er so zur Einsicht, welche Folgen seine Praktiken haben.

„Wenn dich jemand zwingt, eine Meile mit ihm zu gehen, dann geh mit ihm zwei.": Das dritte Beispiel Jesu bezieht sich ebenfalls auf die römische Besatzungsmacht und ihren entwürdigenden Unterdrückungspraktiken. Es gab die Verordnung, dass ein Soldat jeden Zivilisten zwingen durfte, seinen schweren Tornister eine Meile zu schleppen – aber nicht weiter. So konnte man die Wut des Volkes in Grenzen halten und die Menschen dennoch zu Hand- und Spanndiensten zwingen. Aber wieso die zweite Meile? Auch hier geht es darum, dass die Unterdrückten die Würde wahren. Man stelle sich vor, was geschieht, wenn sie das Gepäck eine Meile geschleppt haben. Jetzt muss der römische Soldat fordern: „Gib mir den Tornister wieder!" Was aber, wenn der andere sagt: „Ach nein, ich trag ihn gern länger!" Der Soldat gerät in die Zwickmühle. Lässt er es zu, dann macht er sich strafbar. Also muss er ins Betteln verfallen – oder dem Bürger den Tornister gewaltsam entreißen.

Bringen wir die Beispiele Jesu auf den Punkt: Begegne brutaler Macht mit Witz und Humor! Entlarve subtil das Unrecht des Systems! Lass die Angst vor der bestehenden Ordnung und ihren Spielregeln in dir sterben! Geh auf Augenhöhe und lass dir die Würde nicht nehmen!

Schließlich war Jesus ein *Familienverweigerer*. Nachdem insbesondere die katholische Kirche die Familie auf einen Podest stellt als sei sie das Herz der Botschaft Jesu, verdient auch dieses Thema besondere Beachtung:

> Und es kamen seine Mutter und seine Brüder und standen draußen, schickten zu ihm und ließen ihn rufen. Und das Volk saß um ihn. Und sie sprachen zu ihm: Siehe, deine Mutter und deine Brüder und deine Schwestern draußen fragen nach dir. Und er antwortete ihnen und sprach: Wer ist meine Mutter und meine Brüder? Und er sah ringsum auf die, die um ihn im Kreis saßen, und sprach: Siehe, das ist meine Mutter und das sind meine Brüder! Denn wer Gottes Willen tut, der ist mein Bruder und meine Schwester und meine Mutter! (Markus 3,31–35)

Jesus und die Seinen, das scheint ein kompliziertes Verhältnis gewesen zu sein. Joseph war wohl schon früh gestorben. Er taucht zum letzten Mal auf, als die Familie mit dem zwölfjährigen Jesus in den Tempel von Jerusalem pilgert und der Junge verloren geht, weil er mit den Theologen diskutiert. Als ihn die Eltern nach Tagen finden und ihm Vorhaltungen machen, sagt er: „Wisst ihr nicht, dass ich im Haus meines Vaters sein muss?" (Lukas 2,42ff.). Damit meint er natürlich nicht Joseph, sondern seinen himmlischen Vater. Die Eltern können ihn nicht verstehen. An mehreren Stellen berichten dann die Evangelien, wie gespannt das Verhältnis Jesus zu seiner alleinerziehenden Mutter und zu seinen Geschwistern war. In Markus 3,21 lesen wir, dass die Familie ihn kidnappen und aus dem Verkehr ziehen will, weil sie ihn für verrückt halten. Kurz danach dann dieser eben zitierte Versuch, ihn in den Schoß der Familie zurückzuholen. Doch Jesus weigert sich. Und so wie er schon als Zwölfjähriger die Eltern brüskiert hatte, stößt er jetzt seine ganze Familie vor den Kopf, indem er sagt: „Meine wahren Verwandten sind nicht meine Blutsverwandten, sondern diejenigen, die Gottes Willen tun!"[61]

Aufgrund meiner eigenen familiären Situation in der Kindheit war klar, dass ich nach religiösen „Wahlverwandten" suchte, nach einer geistlichen Zweitfamilie, wo geglaubt und gebetet wurde. Ich fand sie immer wieder: Zum Beispiel als Kindergottesdiensthelfer und später im Freundeskreis, in spirituellen Gruppen und Gemeinschaften. Aber je älter ich wurde, desto intensiver spürte ich auch, dass ich meine biologische Herkunftsfamilie nicht einfach abschütteln konnte. Ich musste mich mit ihr auseinandersetzen und versöhnen. Das ging nur, weil ich außerhalb der Familie einiges nachgeholt hatte, was mir in der Familie versagt geblieben war. Vielleicht ist das eine Art Reifungsgesetz: Um erwachsen zu werden, um „ich-stark" zu werden, muss es häufig einen Bruch mit den Ansprüchen, Tabus und ungeschriebenen Gesetzen der Herkunftsfamilie geben. Mit Hilfe meiner Wahlverwandten konnte einiges heilen. Das befähigte mich schließlich, mich meiner irdischen Familie neu zuzuwenden. Meine Eltern sind längst tot und ich bin mit ihnen versöhnt. Mit meinem großen Bruder Mattias, der kein Christ ist, verbindet mich inzwischen eine herzliche Liebe. Und die Familie seiner Frau Monika hat mich, der ich ohne eigenen Anhang bin, wie selbstverständlich in ihren Schoß aufgenommen.

Jesus versöhnt sich am Ende mit der eigenen Familie. Seine Mutter gehört zu den wenigen, die ausharren unter dem Kreuz. Dazu kommen Frauen, die Jesus nahe stehen, und als einziger Mann der Lieblingsjünger Johannes. Eines der letzten Worte Jesu richtet er an seine Mutter und seinen Jünger: „Siehe, das ist deine Mutter!", sagt er zu Johannes. „Siehe, das ist dein Sohn!", sagt er zu Maria. Er führt seine natürliche Familie und seine geistliche Familie zusammen (Johannes 19,25ff.). Nach der Auferstehung erscheint er seinem leiblichen Bruder Jakobus, der anschließend eine führende Rolle in der Jerusalemer Urgemeinde spielt, obwohl er vermutlich einer von denen gewesen war, die Jesus zu dessen Lebzeiten für verrückt gehalten hatten.

All dies und viel mehr verbirgt sich im Komma des Credo. Das lädt uns ein, neugierig zu bleiben und insbesondere die Evangelien immer wieder selbst zu lesen, zu erforschen und abzuklopfen, damit Jesus Konturen bekommt und Gestalt annehmen kann.

... gelitten unter Pontius Pilatus, gekreuzigt, gestorben und begraben ...

Nüchtern und lakonisch zählt das Credo an dieser Stelle die Fakten auf, ohne sie zu kommentieren. Das lässt jede Menge Raum für unterschiedlichste Interpretationen. Bemerkenswert ist außerdem folgendes: Am Tod Jesu wird im Credo *nicht* den Juden die Schuld gegeben, wie es später so oft geschehen ist. Das letzte und entscheidende Wort hat der römische Prokurator Pontius Pilatus, der verlängerte Arm des römischen Kaisers. Er macht mit Jesus kurzen Prozess, obwohl er von seiner Unschuld überzeugt ist. Zu viel steht für ihn auf dem Spiel. Jesus wird von den römischen Soldaten verspottet, gefoltert und ans Kreuz genagelt.

Warum musste Jesus aus dem Weg geschafft werden? Etlichen jüdischen religiös-politischen Führern war der Wanderrabbi Jesus ein Dorn im Auge. Ihm liefen die Leute in Scharen nach. Er relativierte das Gesetz, wenn er am Sabbat heilte oder wenn er Sünden vergab, was doch nur Gott zustand. Der jüdische Urteilsspruch lautete auf Gotteslästerung, weil sich Jesus mit Gott identifizierte und auf eine Weise „Ich bin" sagte, wie sie nur Gott zustand.

Diese religiösen Themen interessierten die Römer natürlich nicht. Doch nur sie konnten ein Todesurteil vollstrecken. Die Bezeichnung Jesu als „Messias" elektrisierte sie umso mehr. Der Messias war eindeutig eine politische Gestalt, ein irdischer König aus der Dynastie Davids, der die Römer vertreiben und wieder ein Großreich errichten sollte. Hunderte Messias-Anwärter hatte es gegeben; die meisten waren am Kreuz umgekommen. Pilatus begriff schnell, dass Jesus nichts mit diesen Aufrührern oder Gewalttätern verband. Ihm war klar, dass hinter der Anklage des Hohen Rats Eifersucht und Neid standen sowie die Angst, die Kontrolle zu verlieren. Trotzdem unterschrieb er das Urteil. Er hätte sonst womöglich Schwierigkeiten beim Kaiser bekommen. Das hatten einige jüdische Führer angedroht: „Wer sich selbst zum König macht, der ist ein Feind des Kaisers!" (Johannes 19,12). Um die Verurteilung durchzusetzen, spielten sie die Kaisertreuen. Wie gesagt: Das waren nicht *die* Juden, sondern der Oberpriester aus der Partei der Sadduzäer und die Mehrheit des Hohen Rats, der obersten Religionsbehörde. Pilatus beugt sich ihrem Wunsch aus purem Opportunismus. Und Jesus tut nichts, um das Blatt zu seinen Gunsten zu wenden.

Die Kreuzigung war eine besonders qualvolle und schändliche Hinrichtungsart für Sklaven und Schwerstverbrecher. Die gängige Hinrichtungsart in Israel war die Steinigung – auch brutal, aber schnell vorüber. Die Römer kreuzigten. Nackt den Blicken der Gaffer und den Raubvögeln ausgesetzt hing der Delinquent an zwei Holzbalken. Das Sterben konnte sich tagelang hinziehen. Jesus hing dem neutestamentlichen Befund zufolge „nur" sechs Stunden so da.

Die Evangelisten schildern seine letzten Augenblicke und seine letzten Worte unterschiedlich. Im Markusevangelium, dem ältesten Evangelium, schreit Jesus kurz vor seinem Tod: „Mein Gott, mein Gott – warum hast du mich verlassen?" Ein Soldat führt einen Schwamm mit Essig an seinen Mund, ein Betäubungsmittel. Dann schreit Jesus nochmals laut und stirbt (Markus 15,33ff.). Ganz ähnlich bei Matthäus, dessen Passionsdarstellung eng an Markus angelehnt ist (Matthäus 27,31ff.). Bei Lukas bittet Jesus Gott, seinen Peinigern zu vergeben. Er verspricht einem der beiden Verbrecher, die mit ihm hingerichtet werden und der in Jesus einen Gerechten erkennt, er werde „noch heute" mit ihm im Paradies sein. Und Jesus stirbt mit einem Satz der Hingabe: „Vater, ich befehle meinen Geist in deine Hände" (Lukas 23,32ff.). Bei Johannes schließlich befiehlt Jesus seinem Lieblingsjünger die Mutter an und umgekehrt. Und er stirbt mit den Worten: „Es ist vollbracht!" (Johannes 19,26–30).

Alle vier Evangelisten sind sich einig, dass abends der reiche und fromme Ratsherr Joseph von Arimathäa, ein heimlicher Jünger Jesu, von Pilatus den Leichnam erbittet und ihn in seinem eigenen neuen Felsengrab bestattet. Die Grabhöhle wird mit einem Felsstein verschlossen. Römische Soldaten versiegeln es und bewachen den Toten.

Für uns?

Welche Bedeutung aber hat dieser Justizmord? Wie hat man ihm posthum einen Sinn abringen können? Dazu schweigt das Credo, obwohl schon im Neuen Testament einige Male die Formulierung auftaucht, Jesus sei „für uns" gestorben. „Der ist für mich gestorben", sagen wir, wenn wir jemanden abgeschrieben haben. So ist das mit Jesus natürlich nicht gemeint. Schon im Neuen Testament gibt es Andeutungen, dass man dieses „für uns" als eine Art Sühnopfer verstehen könnte.

Menschenopfer kommen in praktisch allen archaischen Kulturen vor. Götter sind Menschenfresser. Rituelle Tötungen von Erstgeborenen oder von Kriegsgefangenen zu Ehren der Götter sollten Wohlergehen und Fortbestand sichern. Exzessive Menschenopfer gab es bei den Azteken. Bis zu 20 000 Gefangene jährlich sollen auf diese Weise rituell geschlachtet worden sein. Täglich brachte man dem Sonnengott Huitzilopochtli ein Menschenopfer dar, damit die Sonne wieder aufgeht. Opferte man – so die

Überzeugung – der Sonne kein Menschenblut, so würde die Welt vernichtet.

Bei den Germanen sind Menschenopfer von Anfang an schriftlich belegt. Tacitus beispielsweise beschreibt die kultische Opferung eines Sklaven. Archäologische Befunde beweisen allerdings, dass so etwas eher selten praktiziert wurde.

Die israelitische Tora verbietet – im Unterschied zu allen anderen altorientalischen Religionen – schon in früher Zeit Menschenopfer. Die Opferung der Erstgeburt konnte, ja: musste durch ein Tieropfer ersetzt werden. Dies steht hinter der Erzählung von der Beinah-Opferung Issaks (1. Mose/Genesis 22). Die Propheten polemisieren und protestieren schon früh gegen *alle* Formen des Opferns: „Euer fettes Schlachtopfer sehe ich nicht an", sagt Gott beim Propheten Amos (5,22). „Barmherzigkeit will ich und keine Opfer!", heißt es bei Hosea (6,6). Kein anderes Prophetenwort hat Jesus so häufig zitiert wie dieses.

Das Neue Testament verzichtet im Zusammenhang mit der Beziehung zwischen Mensch und Gott vollständig auf Gewalt und alle Formen des Opfers. Dies und das Gebot der Nächsten- und Feindesliebe sind Eckpfeiler der Reich-Gottes-Botschaft Jesu und seines eigenen konsequenten Lebens und Sterbens.

Der französische Religionsphilosoph René Girard (1923–2015) hat sich mit den anthropologischen Ursachen des Opferkults und mit dem Sündenbockmechanismus befasst. Er deutet Leiden und Sterben Jesu als endgültige Entlarvung und Erlösung des Opfermechanismus. Deswegen weigert sich Girard, die Passion Jesu als Opfer zu sehen. Gerade weil die Gewalt rituell und religiös nicht mehr einzudämmen ist durch sakralisierte Ersatzopfer wird die Gewaltlosigkeit zur Überlebensfrage.[62]

Wird Jesus, der alle Opfermechanismen abgelehnt hat, dennoch freiwillig zum Schlachtopfer? Wie kommt es, dass sein blutiger Tod am Kreuz immer wieder als Opfer gedeutet wurde, das nötig war, um die Sünden der Menschen zu sühnen? Der Kreuzestod Jesu wird im Neuen Testament unterschiedlich gedeutet: „Der Menschensohn ist nicht gekommen, um sich dienen zu lassen, sondern um zu dienen und sein Leben hinzugeben als *Lösegeld* für viele" (Markus 10,45). Aber wem muss dieses Lösegeld entrichtet werden? Und wem gibt sich Jesus hin? Gott oder den Menschen? Das Johannesevangelium nennt Jesus „Gottes Lamm, das die Sünde der Welt trägt" (1,26). Und der Hebräerbrief bezeichnet Jesus als den untadeligen Hohepriester, der sich selbst opfert, um die Sünden der Menschen ein- für allemal zu sühnen (siehe u.a. 2,17).

Einig sind sich alle Christen, dass der Tod Jesu alle Menschen- und Tieropfer überflüssig gemacht hat, und dass Jesus die Schuld der Menschheit getilgt hat durch seine Hingabe. Aber nochmals: Wem hat er sich „geopfert"? Womöglich dem Satan, dem großen Ankläger der Menschheit? Diese Ansicht war im ersten Jahrtausend verbreitet. Oder gar Gott? So hat es im 11. Jahrhundert der Theologe Anselm von Canterbury in seiner Schrift *Warum wurde Gott Mensch?* behauptet: Gottes Majestät sei von den Sünden der Menschheit unendlich beleidigt worden. Das schreit nach Satisfaktion. Damit ist mehr als nur ein Ausgleich gemeint. Satisfaktion ist eine Art Schmerzensgeld für erlittenes Leid. Und Gott ist bei Anselm von Canterbury tödlich beleidigt! Die Sache kann nach germanischem Rechtsempfinden nur in Ordnung kommen durch das Opfer einer Person, die Gott an Würde gleichkommt und die sündlos ist, also den Tod selbst nicht verdient hat. Da Jesus ja Sohn Gottes ist, dem Vater gleich und von Anfang an ohne Sünde, nimmt er freiwillig diese Rolle auf sich, für unsere Sünden zu sühnen und Gott zu versöhnen. Diese Auffassung hat sich in den Kirchen des Westens weitgehend durchgesetzt, auch bei den Protestanten. Diese Theorie stellt den christlichen Gott den rachsüchtigen heidnischen Göttern gleich, die nach Blut lechzen. Und Jesus wird zum willigen Opfer dieser blutrünstigen Gottheit. Trotzdem – und das macht die Sache nicht besser – kommt nur ein winziger Prozentsatz der Menschheit in den Genuss diese „Sühne". Trotz des Todes Jesu am Kreuz schmort am Ende der Zeiten der größte Teil der Menschheit für ewig in der Hölle, einer Art Dauer-KZ. Denn das Selbstopfer Jesu reicht keineswegs aus, um *alle* zu retten. Nur wenige Auserwählte, die aus unerfindlichen Gründen mit der Gnade des Glaubens beschenkt worden sind, kommen in den Himmel.

Wie kann man aber an einen Gott glauben, der von uns Menschen Barmherzigkeit fordert, der aber selbst vorwiegend rachsüchtig bleibt? Luther meinte: Der Teufel sei eben sehr mächtig! Nach dieser Auffassung aber wäre Gott schwächer als der Widersacher!

Was also könnte es sonst bedeuten, dass Jesus „für uns" gestorben ist? Richard Rohr vertritt entschieden die „alternative Orthodoxie" der Franziskaner, die immer bestritten haben, dass Gott Mensch wurde, um die Sünde zu sühnen:

Johannes Duns Scotus (1266–1308) war der Auffassung, dass die Menschwerdung Gottes in Christus von Anfang an Gottes Plan A war (Kolosser 1,15–20; Epheser 1, 3–14) – und nicht lediglich Plan B, der in Kraft treten musste, weil die ersten Menschen gesündigt hatten. Scotus lehrte, dass die Fleischwerdung Gottes aus Gottes vollkommener Liebe und seiner vollkommenen und absoluten Freiheit herrührte (Johannes 1,1-8). Wie und warum sollte Gott ein „Blutopfer" brauchen, um seine eigene Schöpfung lieben zu können? Wenn Gott Gewalt benutzt um seine Ziele zu erreichen, hat dann Jesus vielleicht nicht wirklich gemeint, was er in der Bergpredigt gesagt hat – und Gewaltmittel wären in Wirklichkeit doch gut und nötig? Nach Johannes Duns Scotus war Jesus nicht gekommen, um Gottes Einstellung zur Menschheit zu verändern, sondern um die Einstellung der Menschen zu Gott zu verändern. Nichts habe sich auf Golgatha geändert, lediglich die verwundbare Liebe Gottes habe sich gänzlich offenbart – damit *wir* uns ändern können! Jesus war genau jenes „ein- für allemal" dargebrachte Opfer (Hebräer 7,27), um die Absurdität jeder Art von Opferreligion zu offenbaren.

Wir haben auch im Christentum archaische Gottesbilder und Opfermuster verewigt, indem wir Gott zum Oberopferer erklärt haben und Jesus zum notwendigen Opfer. Diese Sichtweise hat uns erlaubt, den Lebensstil und die Botschaft Jesu zu ignorieren, weil wir Jesus ausschließlich wegen der letzten drei Tage oder Stunden seines Lebens gebraucht haben. Nicht sein Leben zählt, sondern nur sein Tod.[63]

Die Bedeutung des geschundenen Körpers Jesu besteht darin, dass er den Schmerz der Welt aushält und sich weigert, ihn anderswohin zu projizieren. Seine Wunden sind ein Spiegelbild dessen, was wir Menschen einander und der gesamten Schöpfung antun. Der nackte, blutende und ohnmächtige Gott ist das Ende all jener Allmachtsphantasien, die wir bis ins Credo hinein und bis heute mit Gott verbinden – es sei denn, wir begreifen die *Allmacht* der scheinbar so *ohnmächtigen* Liebe und Hingabe.

Der verwundete Jesus am Kreuz und seine Hingabe

sind eine Einladung an uns, verwundbar zu werden. Der gekreuzigte Gott erinnert uns daran, dass auch wir gebrochene Menschen sind, die ein Kreuz tragen. Und er lädt uns ein – wie seine Mutter, seine Freundinnen und sein Lieblingsjünger –, unter dem Kreuz auszuhalten.

Die Freundschaft mit Jesus erspart uns weder Schmerz, noch Leid, noch den Tod. Und dennoch weiß ich ihn an meiner Seite, den Leidenden und Mit-Leidenden. „Selig sind, die Leid tragen!" sagt er in der Bergpredigt (Matthäus 5,4). Leid *tragen* ist mehr als nur leiden. Im Leid kann man auch zynisch werden oder verbittern. Leid tragen bedeutet, „zu leiden ohne beleidigt zu sein" (Dietrich Koller), das Kreuz, das Teil jedes Menschenlebens ist, anzunehmen: „Wer nicht sein Kreuz nimmt wie ich, ist meiner nicht würdig" (Thomasevangelium, Logion 56). Das bedeutet, auf Rache zu verzichten und selbst den Feinden zu vergeben: „Sie wissen nicht, was sie tun!" Und es bedeutet, Gott die „Rache" zu überlassen, die Heilung und Transformation von Ihm zu erwarten – wann und wo Er will.

Dietrich Bonhoeffer geht davon aus, dass das, was Christen und „Heiden" unterscheidet, genau diese Bereitschaft ist, *mit Gott zu leiden*, wehrlos, verwundet und scheinbar ohnmächtig:

Menschen gehen zu Gott in ihrer Not,
flehen um Hilfe, bitten um Glück und Brot
um Errettung aus Krankheit, Schuld und Tod.
So tun sie alle, alle, Christen und Heiden.
Menschen gehen zu Gott in Seiner Not,
finden ihn arm, geschmäht, ohne Obdach und Brot,
seh'n ihn verschlungen von Sünde, Schwachheit und Tod.
Christen stehen bei Gott in Seinen Leiden.

Gott geht zu allen Menschen in ihrer Not,
sättigt den Leib und die Seele mit Seinem Brot,
stirbt für Christen und Heiden den Kreuzestod,
und vergibt ihnen beiden.[64]

Ich habe gehört, dass während der Zeit der lateinameri-
kanischen Militärdiktaturen bei den christlichen Basisgemeinden in den Favelas Karfreitag viel wichtiger war
als Ostern. Mit dem Jesus, der unterdrückt, gefoltert und
umgebracht wurde, konnten sich diese Menschen solida-
risieren, er war einer von ihnen. Das war ihr Trost. Ostern
und Auferstehung, das war fast zu groß und schön für
sie, um wahr zu sein.

Ich weiß nicht, wie viel Schmerz und Leid mir noch bevor-
steht. Ich weiß nicht, wie und wann ich sterbe. Ich hoffe aber,
dass ich wie in meinem bisherigen Leben erfahre, dass ich
nicht allein bin, sondern dass Jesus mitgeht. Selbst, wenn
ich das nicht „spüre". Lange habe ich unter dem Damoklesschwert jener schweren genetischen Krankheit gestanden,
die fast meine ganze Familie väterlicherseits dahingerafft
hat. Es gab lange keine Möglichkeit herauszufinden, ob
man das Gen in sich trug. Als ich mit Mitte 40 endlich einen
Gentest machen konnte, um herauszufinden, ob auch in mir
die Krankheit Chorea Huntington brütet, musste ich sechs
Wochen auf das Resultat warten. Ich war seinerzeit Mitglied
der Hausgemeinschaft im Kontemplationszentrum Gries in
Oberfranken. Täglich habe ich vier Stunden meditiert. Panik-
attacken und Angst waren in dieser Zeit allgegenwärtig in
meinem Leben. Im Wachzustand fand ich keine Ruhe und
keinen Frieden. Nur nachts schlief ich wie ein Murmeltier und
ohne dunkle Träume – so als wüsste mein Unterbewusstes
bereits, dass alles gut wird. Als ich dann in Begleitung von

zwei Freunden in das Münchner Klinikum Großhadern fuhr, um das Resultat entgegenzunehmen, kam ich mir vor wie beim Gang zum Schafott. Dann aber kam mir der Chefarzt strahlend entgegen und sagte: „Sie entnehmen bereits meinem Gesicht, dass alles gut ist!" Ich fiel ihm um den Hals. Es war wie Sterben und Auferstehen.

Die Angst vor Krankheit und Tod gehört zu dem Kreuz, das wir alle tragen müssen. Nicht alle kommen davon, so wie es mir damals geschenkt wurde. Für mich war damals der einzige Trost, dass auch Jesus Angst hatte, gezagt, gezittert und geschrien hat und die Nähe Gottes nicht spüren konnte.

… hinabgestiegen in das Reich des Todes …

Eine seltsame Vorstellung: hinabgestiegen in das Reich des Todes. Früher war der Text noch drastischer. Als Kind habe ich gelernt: „niedergefahren zur Hölle!". Nach jüdischem Verständnis befand sich unter der flachen Erdscheibe das Totenreich, die *Scheol*. Das war kein Ort der Strafe, sondern ein Ort der Gottferne. Tod und Gott konnte man nicht zusammen denken: „Denn die Toten loben dich nicht, und der Tod rühmt dich nicht, und die in die Grube fahren, warten nicht auf deine Treue" (Jesaja 38,18). In mehreren Psalmen steht Ähnliches. Psalm 139 freilich behauptet das Gegenteil: „Führe ich gen Himmel, so bist du da; bettete ich mich bei den Toten, siehe, so bist du auch da!" Eine Auferstehungshoffnung aber gab es in der Tora, den Büchern Mose, gar nicht und in Israel erst sehr spät.

Im Epheserbrief 4,9 und in 1. Petrus 3,19 wird angedeutet, Jesus sei vor seiner Auferstehung hinabgestiegen ins Totenreich, um den „Geistern im Gefängnis" zu predigen, dass auch sie teilhaben an der Erlösung. In der Kunst wird die Höllenfahrt Jesu häufig so dargestellt, dass er Adam und Eva die Hand reicht und sie aus der Finsternis ins Licht führt. Ein sympathisches Bild: Nicht nur diejenigen werden erlöst, die zufällig von Jesus gehört haben und die den Glauben gefunden haben beziehungsweise die der Glaube gefunden hat. Sondern das Heil gilt allen Menschen zu allen Zeiten.

Dieser Abstieg Jesu ins Totenreich hat auch eine existenzielle Bedeutung: Jesus Christus ist der, der in meine Abgründe hinabsteigt, wo all das Traumatische und Abgespaltete lagert, all das Tote, das nicht gelebte oder fehlgeleitete Leben, dessen ich mir nur undeutlich oder gar nicht bewusst bin. Jesus steigt auch zu den Leichen hinab, die in *meinem* Seelenkeller modern. Wenn mich das Material, dass sich dort im Lauf meines Lebens angesammelt hat, mit einem Mal überschwemmen würde, würde ich vermutlich zugrunde gehen. Zu wissen, dass Jesus Christus auch dort ist, dass er all das weiß und sieht, das ist bereits Teil der Erlösung und eine Einladung, mich selbst behutsam dem eigenen Schattenreich zu stellen.

... am dritten Tage auferstanden von den Toten ...

Alle Evangelien enden damit, dass am Ostermorgen die Freundinnen Jesu zu seinem Grab kommen, um den Leichnam einzubalsamieren. Aber der Stein ist fort vom Felsengrab, das Grab ist leer. Maria von Magdala, später auch viele andere Frauen und Männer, „sehen" den Auferstandenen. Sie begreifen, dass Jesus lebt, wenn auch anders als vor seinem Tod. Mehr als eine wiederbelebte

Leiche. Zwar „leiblich" und berührbar, aber mit einer Art Astralleib. Seine Freunde erkennen ihn nicht gleich. Er geht durch verschlossene Türen, taucht plötzlich auf, verschwindet wieder. Er verbietet Maria von Magdala, ihn zu berühren und festzuhalten; er fordert den Skeptiker Thomas auf, genau das zu tun. Er ist nicht ganz von dieser Welt und erscheint doch in dieser Welt. Sichtbare und unsichtbare Welt vereint in einer Gestalt.

Diese Erlebnisse lösen zunächst keine Begeisterungsstürme aus. Alle Evangelien berichten, dass die Jüngerinnen und Jünger mit blankem Entsetzen reagieren. Erst allmählich stellt sich Freude ein. Bald hören diese Erscheinungen ohnehin ganz auf, aber Hoffnung und Mut wachsen. Die unglaubliche Botschaft zieht Kreise: Jesus lebt! Der Tod ist tot!

Für uns freilich ist das alles schwer zu begreifen und eine Zumutung. Haben sich die Jünger etwas eingeredet? Haben sie den Tod des Meisters nicht ausgehalten und ihn zurückfantasiert ins Leben? Abenteuerliche Legenden wurden später erdacht: Der nur scheintote Jesus beispielsweise habe sich aus dem Staub gemacht und sei nach Indien gegangen.

An den Jesuserscheinungen gibt es meines Erachtens keinen Zweifel. Zu viele haben es bezeugt, zu viele haben aufgrund dieser Erfahrung als Zeugen des Auferstandenen selbst das Leben gelassen. Wie es zu diesen Erscheinungen kam, darüber kann man streiten. Aber eine überzeugende Widerlegung dieser Zeugnisse gibt es nicht.

Die neutestamentlichen Texte beharren wie bei der Geburt Jesu darauf, dass es sich um mehr handelt als um Halluzinationen oder ein rein geistiges Geschehen. Einmal mehr wehrt sich das Zeugnis der Bibel dagegen, Innen und Außen, Geist und Materie zu trennen. Das leere

Grab ist zwar kein Beweis – man hätte ja den Leichnam auch stehlen und irgendwo verscharren können – aber doch ein Hinweis, dass die Auferstehung beides ist: ein geschichtliches Ereignis *und* ein übergeschichtliches, ein unerklärlicher Einbruch der unsichtbaren Welt in die sichtbare. Maike Schmauß schreibt dazu: „Da nur diejenigen dem Auferstandenen begegnet sind, die ihm nahe waren, an ihn ‚glaubten‘, kann man davon ausgehen, dass sie eine Art mystische Erfahrung gemacht haben, einen Blick werfen durften hinter den Vorhang des Todes, dorthin, wo es keinen Raum und keine Zeit mehr gibt. Das ist eine Erfahrung, die sich der menschlichen Sprache entzieht und die sie nur annähernd in Bildern wiedergeben konnten. Vermutlich hätte ein außenstehender Reporter die Begegnungen nicht filmen oder fotografieren können. Dass Jesus in verwandelter Gestalt erschien, geht daraus hervor, dass er in der Regel zunächst nicht erkannt wurde. Dennoch ist er unverwechselbar er selbst. Zweimal wird das in Lukas 24,36ff. betont: ‚Da trat *Er selbst* mitten unter sie‘ und ‚*Ich* bin's *selber*‘."[65]

An der Identität des Gekreuzigten und des Auferstandenen besteht kein Zweifel: Der Auferstandene trägt die vernarbten Wundmale an Händen und Füßen und an der Seite. Er bricht das Brot auf eine Weise, die für den irdischen Jesus typisch war. Und er redet die Seinen mit Namen an.

Die Auferstehung ist Quelle der Ermutigung auch im Blick auf uns selbst: Wenn Christus auferstanden ist, dann hat auch unser Tod nicht das letzte Wort. „Ich lebe", sagt der Auferstandene, „und ihr sollt auch leben!" (Johannes 14,19). Und wenn der Tod *einmal* verspielt hat, dann hat er *ein- für allemal verspielt.*

... aufgefahren in den Himmel. Er sitzt zur Rechten Gottes, des allmächtigen Vaters ...

Himmelfahrt ist für den Auferstandenen auch „Vatertag". Denn er kehrt in die Einheit mit seinem himmlischen Vater zurück, aus der er gekommen ist. Und wird dabei unsichtbar für uns. Seitdem „spielt er mit uns Versteck" (Christian Herwartz) und will von uns gesucht und gefunden werden: in der Gemeinschaft derer, die ihm vertrauen, im eigenen Herzen, in seinen Worten, in den Zeichen seiner Gegenwart, der Taufe, dem Abendmahl, in Vergebung und Heilung, in den Hungernden, Dürstenden, Nackten, Gefangenen, Kranken und Fremden – und schließlich „in allen Dingen" (Ignatius von Loyola).

Er entschwindet im Neuen Testament in einer Wolke. Das erweckt zunächst den Eindruck, dass der Himmel etwas Geografisches ist „oben" jenseits des Weltalls. Das hat mit dem damaligen Weltbild zu tun: Die Erde ist eine Scheibe; unterirdisch darunter liegt das Reich des Todes, darüber das Firmament, eine Art durchsichtige Käseglocke, an der Sonne, Mond und Sterne befestigt sind – und noch weiter oben jenseits der Sterne der „Himmel", wo Gottes Thron steht.

Jesus selbst freilich hatte ein anderes Konzept vom Himmel. Das „Himmelreich" oder das „Reich Gottes" (er benutzt die beiden Begriffe synonym) war für Jesus gerade *kein* geographisch lokalisierbarer Ort, sondern ein Zustand, eine Beziehung, nicht erst im Jenseits, nicht erst nach dem Tod, dann zwar auch, aber auch schon hier und jetzt: eine unsichtbare Dimension der Wirklichkeit.

Als Jesus von den Pharisäern gefragt wird: „Wann kommt das Reich Gottes?", antwortet er ihnen: „Das Reich Gottes kommt nicht äußerlich sichtbar. Man wird auch nicht sagen: Schaut her! Hier ist es! oder: Da! Denn seht, das Reich Gottes ist mitten *unter* euch!" (Lukas 17,20ff.). Man kann diese Stelle auch so übersetzen: „Der Himmel ist *in* euch!" Der schlesische Dichter Angelus Silesius hat entsprechend gereimt:

Halt an, wo läufst du hin? Der Himmel ist in dir.
Suchst du Gott anderswo, du fehlst ihn für und für.

Jedenfalls handelt es sich hier um ein ganz anderes Bild als die Vorstellung von einem Himmel, in den wir erst nach dem Tod kämen – womöglich als Lohn dafür, dass wir auf Erden „brav" waren. Für Jesus war der Himmel die Welt, wie Gott sie gedacht hatte und wie sie noch werden konnte, ja, wie sie insgeheim schon war. Alles ist schon da, schon angelegt! In jedem Augenblick, in jedem Menschen, unsichtbar gegenwärtig und zum Greifen nah. Schon gegenwärtig und doch auch zukünftig, „in uns *und* außerhalb von uns", wie es im Thomasevangelium heißt (Logion 3). Ich finde das tröstlich. Und ich nehme an, die meisten von uns haben so etwas schon erlebt. In der Natur, in Augenblicken der Liebe und Freundschaft, in der Stille einer Kirche: „Spaltet das Holz, ich bin da! Hebt den Stein auf, ihr werdet mich finden" (Thomasevangelium Logion 77).

Wenn Jesus ab und zu dennoch Bilder benutzt, um das *künftige* Himmelreich zu beschreiben, dann spricht er häufig von einem Festgelage, wo gegessen und getrunken wird, wo der Hunger und der Durst aller Zeiten gestillt werden. Der Himmel gleicht da fast einem großen Wirtshaus.

Ich liebe Ludwig Thomas berühmte Geschichte vom „Münchner im Himmel". Darin schildert Thoma, wie der Münchner Dienstmann Alois Hingerl plötzlich stirbt und in den Himmel kommt. Dort erfährt er, dass seine künftige Aufgabe darin besteht, als Engel Aloisius abwechselnd zu frohlocken und Hosianna zu singen. Das gefällt ihm gar nicht. Und zu trinken gibt es im Himmel auch nichts Gescheites – zumindest kein bayerisches Bier. Als er nachfragt, bekommt er von Petrus die patzige Antwort: „Sie werden Ihr Manna schon bekommen". Also beginnt er ohrenbetäubend laut und falsch zu singen, abwechselnd das Hosianna und das Halleluja. Schließlich wird er zum lieben Gott gebracht, der nach der Quelle der Ruhestörung fragt. Da zieht Aloisius erst Recht vom Leder und macht aus seinem Herzen keine Mördergrube. Der liebe Gott aber hat ein Einsehen und ernennt ihn zum himmlischen Boten, der der bayerischen Staatsregierung die göttlichen Ratschlüsse überbringen soll. Aloisius darf zurück in sein geliebtes München. Dort zieht es ihn erst mal ins Hofbräuhaus, wo er beim Bier versumpft – und sich fühlt wie im Himmel. „Und so wartet die bayerische Staatsregierung bis heute auf die himmlischen Eingebungen", schließt die Geschichte.[66]

Wenn der Himmel wirklich so aussieht – dann kann man Alois nachfühlen, dass er sich da unwohler fühlt als an seinem Stammtisch. Aber folgt man der Bibel, besteht diesbezüglich keine Gefahr. Auch bei der Hochzeit zu Kana hat Jesus für reichlich Nachschub gesorgt, damit die Hochzeitsgäste nicht auf dem Trockenen sitzen. Die Tischgemeinschaft mit Freunden und Fremden, mit Honoratioren und mit Geächteten – das war eins seiner Markenzeichen, eine Vorwegnahme, ein Vorgeschmack des himmlischen Freudenmahls. Eben der Himmel auf Erden.

... von dort wird er kommen, zu richten die Lebenden und die Toten.

Die Christenheit der ersten Generation rechnete noch zu Lebzeiten mit der Wiederkunft Jesu. Diese ist bekanntlich ausgeblieben, was in der jungen Kirche gewaltige Irritationen ausgelöst hat.

Ich selber habe keinerlei Vorstellung vom Weltende. Wird Jesus als überdimensionales Laserbild am Wolkenhimmel erscheinen? Das glaube ich nicht. Aber ich kann etwas mit der Vorstellung eines Endgerichts anfangen. Manches in diesem Leben bleibt unerledigt und unerfüllt. Manches Unrecht bleibt ungesühnt. Vieles muss einfach am Ende noch einmal auf den Tisch kommen. Die Täter müssen sich den Opfern stellen, wie in der südafrikanischen Wahrheitskommission nach dem Ende der Apartheid. Das Ziel solcher Konfrontationen ist Versöhnung und Heilung für Opfer und Täter gleichermaßen. Ich bin überzeugt, dass in diesem „Gerichtsprozess" Jesus nicht der Ankläger sein wird. Diese Rolle ist anderweitig besetzt. In der Bibel spielt sie ausschließlich der Satan, der große „Verkläger", dem das Credo nicht einmal die Ehre einer Erwähnung erweist. Unser Verteidiger, Tröster und Anwalt ist nach Auffassung des Johannesevangeliums der Heilige Geist. Und Jesus Christus ist bei dieser Gerichtsverhandlung der Richter. Deswegen müssen und dürfen wir weder uns selbst noch andere beurteilen oder gar verurteilen. Paulus schreibt an einige seiner schärfsten Kritiker in der Gemeinde von Korinth:

„Mir macht es wenig aus, dass ich von euch oder von einem menschlichen Gericht verurteilt werde; jedenfalls richte ich mich selbst nicht. Ich bin mir zwar keiner Schuld bewusst, aber das spricht mich noch nicht frei; der Herr allein ist mein Richter. Darum richtet nicht vorzeitig, bis der Herr kommt, der auch das ans Licht bringen wird, was im Dunklen liegt" (1. Korinther 4,3–5).

Nach allem, was ich von Jesus Christus weiß, urteilt er barmherzig. Er richtet nicht hin, sondern auf. Er weiß ja besser als ich selbst, weshalb ich oft nicht fähig gewesen bin zu Liebe und Mitgefühl, weshalb ich unreif, unbarmherzig und verantwortungslos gehandelt habe. Ein großer Teil meiner Beweggründe und Blockaden ist mir selbst nicht bewusst. Er aber kennt die Lasten, die mancher Seele auferlegt sind und die wir so oft weitergeben. Und er weiß, was für mich spricht. Er glaubt an das Gute in mir, selbst wenn ich es nicht sehen kann.

Der Liedermacher Gerhard Schöne hat zu dem alten Kirchenchoral „Jesu, meine Freude" einen neuen Text geschrieben, in dem er seine Jesuserfahrung mitteilt. Diesen Text liebe ich fast noch mehr als das Original. Hier finde ich fast alles wieder, was mich selbst an Jesus begeistert und fasziniert:

Jesu, meine Freude, meines Herzens Weide,
Jesu, wahrer Gott
Wer will dich schon hören? Deine Worte stören
den gewohnten Trott.
Du gefährdest Sicherheit! Du bist Sand im Weltgetriebe.
Du mit deiner Liebe.
Du warst eingemauert; Du hast überdauert
Lager, Bann und Haft.
Bist nicht tot zu kriegen, niemand kann besiegen
Deiner Liebe Kraft.
Wer dich foltert und erschlägt,
hofft auf deinen Tod vergebens, Samenkorn des Lebens.
Jesus, Freund der Armen, groß ist dein Erbarmen
mit der kranken Welt.
Herrscher gehen unter, Träumer werden munter,
die dein Licht erhellt.
Und wenn ich ganz unten bin, weiß ich dich an meiner Seite,
Jesu, meine Freude.[67]

DRITTER GLAUBENSARTIKEL
Total begeistert

Ich glaube an den Heiligen Geist, die heilige christliche
(katholische) Kirche, Gemeinschaft der Heiligen,
Vergebung der Sünden, Auferstehung der Toten und
das ewige Leben. Amen.

An Weihnachten kommt das Christkind
und bringt Geschenke,
an Ostern kommt der Osterhase
und versteckt seine Eier.
Und an Pfingsten?
Da kommt nix und da gibt's nix –
bloß den Heiligen Geist.
(Unbekannter Autor)

Es kommt die Zeit,
da werde ich meinen Geist ausgießen über alles, was
lebt.
Eure Männer und Frauen werden zu Propheten;
Alte und Junge haben Träume und Visionen.
Sogar über Sklaven und Sklavinnen werde ich zu jener
Zeit meinen Geist ausgießen.
(Joel 3,1–2)

Denn wir sind durch einen Geist alle zu einem Leib
getauft,
wir seien Juden oder Griechen, Sklaven oder Freie,
und sind alle mit einem Geist getränkt.
(Paulus, 1. Korinther 12,13)

Ich glaube an den Heiligen Geist ...

Lebensodem, Sturm, Ekstase

Pfingsten ist ein seltsames Fest. Laut Umfrage weiß kaum jemand, worum es da geht. Selbst der „Pfingstochse" ist im Gegensatz zum Weihnachtsmann und Osterhasen in Vergessenheit geraten. Er gehörte zum alten Brauchtum am Pfingstsonntag. Das Vieh wurde an diesem Tag erstmalig auf die Weide getrieben. Der schönste Ochse wurde geschmückt und führte die Herde an.

Im Judentum wird sieben Wochen nach dem Pessachfest *Schawuot* gefeiert, das „Wochenfest", das an die Offenbarung der fünf Mosebücher, der *Tora,* erinnert, und das zugleich ein Erntedankfest ist, da in Israel zwischen Pessach und Pfingsten der Weizen geerntet wurde. Das christliche Pfingsten (von *pentekoste*, griechisch für 50 Tage), knüpft an das jüdische Erbe an: Gott, der *einst* in der Tora seinen *Willen* offenbart hat und der Saaten aufgehen lässt, offenbart *jetzt* sein *Wesen* durch den Heiligen Geist, der die Frucht des Lebens und Wirkens Jesu ist. Dadurch entsteht ein neues Gottesvolk, das nicht mehr durch Rasse, Klasse oder Nation definiert ist: Juden und Heiden, Männer und Frauen, Junge und Alte, Sklaven und Freie. Pfingsten wird so zur Geburtsstunde der universalen christlichen Kirche.

Der Heilige Geist spielt in der Bibel von Anfang an eine prominente Rolle, ist aber in den Kirchen des Abendlandes später weitgehend in Vergessenheit geraten. Die orthodoxen Ostkirchen haben eine ausgeprägtere Theologie des Heiligen Geistes entwickelt. Die Geistvergessenheit des Westens fängt schon damit an, dass das Apostolische Glaubensbekenntnis keinerlei inhaltliche Aussagen darüber macht, wer oder was der Heilige Geist ist. Da heißt es nur: „Ich glaube an den Heiligen Geist." Punkt. Im Nizänischen Glaubensbekenntnis, das man in den Ostkirchen bevorzugt, steht etwas mehr:

Wir glauben an den Heiligen Geist,
der Herr ist und lebendig macht,
der aus dem Vater (und dem Sohn) hervorgeht,
der mit dem Vater und dem Sohn angebetet und verherrlicht wird,
der gesprochen hat durch die Propheten ...

Es gibt einen scheinbar kleinen aber gravierenden Unterschied zwischen Ost- und Westkirche: Bei den Orthodoxen geht der Heilige Geist nur aus dem *Vater* hervor, in den Westkirchen aus dem *Vater und dem Sohn*. Das hat weitreichende Konsequenzen und war einer der Hauptstreitpunkte, die zum „Großen Schisma", der Trennung von Ost- und Westkirche, führten.

Beginnen wir wieder mit der Heiligen Schrift: Schon im zweiten Vers der Hebräischen Bibel taucht die *ruach Gottes* auf, was meist mit „der Geist" übersetzt wird. Die Ruach ist wie gesagt weiblich und umfasst Naturphänomene wie Wind, Atem oder Sturm, also jegliche Art von bewegter Luft von der lauen Brise bis zum Hurrikan: „Am Anfang schuf Gott die Himmel und die Erde. Die Erde war noch wüst und leer (hebräisch *tohu wa bohu*), Finsternis lag auf der Tiefe, und die Ruach Gottes schwebte über den Wassern" (1. Mose/Genesis 1,2f.). Martin Buber übersetzt: „Die Erde aber war Irrsal und Wirrsal. Finsternis über Urwirbels Antlitz. Braus Gottes schwingend über dem Antlitz der Wasser."[68] Die Ruach brütet wie eine Urmutter über dem ungeordneten, düsteren Chaos. Schließlich macht Gott durch Sein gebietendes

Wort Licht, und die Evolution des Kosmos nimmt ihren Lauf.

Im Zweiten (älteren) Schöpfungsmythos der Bibel (1. Mose/Genesis 2,4ff.), der Paradiesgeschichte, bläst Gott seinen Lebensodem in Adams Nase. Buber: „ER, Gott, bildete den Menschen, Staub vom Acker, er blies in seine Nasenlöcher Hauch des Lebens, und der Mensch wurde zum lebenden Wesen."[69] Die Ruach ist hier die Lebenskraft wie im Großen Glaubensbekenntnis, wo es heißt: der „Geist, der Herr ist und lebendig macht!"

Die Ruach hat viele Erscheinungsformen. Mose ist von ihr erfüllt, ebenso die „Richter", die später die Stämme Israels in den „Heiligen Krieg" führen. Wie zum Beispiel der starke Simson: „Und die Ruach Jahwes geriet über ihn, und er ging hinab nach Aschkelon und erschlug dreißig Mann" (Richter 14,19). Ruach ist hier pure Power und Potenz. Auch die Propheten waren „Begeisterte". Das manifestierte sich in der Frühzeit primär in ekstatischen Phänomenen, die „ansteckend" waren. Einmal gerät König Saul in das prophetische Energiefeld: „Als sie nach Gibea kamen, begegnete ihm eine Bande von Propheten, und die Ruach Gottes kam auch über ihn, so dass er mit ihnen in Ekstase geriet. Als aber alle, die ihn von früher gekannt hatten, sahen, dass er samt den Propheten verzückt war, sprachen sie: Was ist nur mit dem Sohn des Kisch geschehen? Ist Saul auch unter den Propheten?" (1. Samuel 10,10).

Die Beter der Psalmen flehen immer wieder um den göttlichen Geist, wenn der eigene Geist verzagt ist: „Schaffe in mir, Gott, ein reines Herz und gib mir einen neuen, beständigen Geist" (Psalm 51,12). Hier ist die Ruach – ganz anders als bei Saul und den ausgeflippten Propheten – die Erfahrung der bergenden und tröstenden Gotteskraft.

Jesaja 61,1 schildert der Prophet seine persönliche Erfahrung des Geistes und die Beauftragung durch diesen Geist: „Die Ruach Jahwes ist auf mir, weil Jahwe mich gesalbt hat. Er hat mich gesandt, den Elenden gute Botschaft zu bringen, die zerbrochenen Herzen zu verbinden, zu verkündigen den Gefangenen die Freiheit, den Gebundenen, dass sie frei und ledig sein sollen." Bei seiner ersten Predigt in der Synagoge von Nazareth zitiert Jesus diese Passage aus dem Jesajabuch und bezieht sie auf sich selbst (Lukas 4,18f.).

Für die Zeit des Messias verheißen die Propheten eine allumfassende Geistausgießung: „Ich will ihnen ein anderes Herz geben und eine neue Ruach und will das steinerne Herz wegnehmen aus ihrem Leib und ihnen ein Herz aus Fleisch geben" (Hesekiel 11,19); oder: „Am Ende will ich meine Ruach ausgießen über alle Menschen; eure Söhne und Töchter sollen prophetisch reden, eure Alten sollen Träume haben, und eure Jünglinge sollen Visionen schauen. Zur selben Zeit werde ich auch über Sklaven und Sklavinnen meine Ruach ausgießen" (Joel 3,1f.). Die Ruach soll über *alle* kommen; sie hat offenbar kein Faible für Eliten und Hierarchien. Petrus wird später diesen Text zu Beginn seiner Pfingstpredigt zitieren, als alle über das gewaltige Ereignis der Geistausgießung staunen (Apostelgeschichte 2,17ff.).

Das Pfingstwunder: Taube, Rechtsanwalt und Feuer

Im griechischen Neuen Testament ist die Ruach zum Pneuma (Neutrum) geworden. Auch das Wort *pneuma* bezeichnet bewegte Luft. Bei der Taufe Jesu kommt es „wie eine Taube" auf ihn herab. Johannes der Täufer sagt, er selbst taufe nur „vorläufig" und mit Wasser, aber Jesus werde „mit dem Heiligen Pneuma und mit Feuer" taufen

(Matthäus 3,11; Lukas 3,16). Nach der Taufe schickt das Pneuma Jesus buchstäblich in die Wüste, damit er vom *diablolos*, dem „Durcheinanderwerfer", versucht und auf die Probe gestellt werde (Matthäus 4,19). Er muss sich mit den großen Versuchungen und Schattenthemen der Menschheit und jedes Menschenlebens auseinandersetzen. Jesus widersteht den Reizen von Besitz, Prestige und irdischer Macht und vertraut sich vorbehaltlos der Liebe und Obhut seines himmlischen Vaters an.

Am Ende seines irdischen Auftretens sagt Jesus dem Johannesevangelium zufolge, es sei gut, dass er die Seinen verlasse, sonst könne der Heilige Geist nicht kommen (Johannes 16,7). Er nennt das Pneuma an dieser Stelle den *parakletos,* was so viel bedeutet wie „Anwalt", „Tröster", „Beistand".

Schließlich kommt es 50 Tage nach Ostern zu jenem spektakulären Ereignis, das die biblische Apostelgeschichte in Metaphern und Bildern beschreibt: Das Pneuma erscheint, indem sich „ein Brausen vom Himmel wie von einem gewaltigen Sturm" ereignet und lässt die Grundfesten des Hauses erbeben, in dem die Apostel versammelt sind. „Wie Feuerzungen" kommt der Heilige Geist herab und setzt sich individuell auf alle Anwesenden (Apostelgeschichte 2,1ff.). Dann passiert etwas mit der Sprache der Apostel (oder mit dem Gehör der Zeugen): Sie rühmen Gottes Wirken, und die Zeugen aus aller Herren Länder können sie verstehen. Beim Turmbau zu Babel hatte Gott den Geist und die Sprache der Menschen verwirrt (1. Mose/Genesis 11). Jetzt hingegen fallen die Barrieren von Sprache, Kultur, Rasse, Klasse, Generationen und Geschlechtern.

Die Geisterfahrung ist von mannigfachen Phänomenen begleitet: Die vorher so furchtsamen Apostel scheuen sich nicht mehr, Jesus öffentlich zu bekennen. Zeichen und Wunder geschehen. Erstaunliche Erscheinungen wie prophetische Weitsicht und Tiefenschau tauchen auf. Spontan beginnen die wirtschaftlich Gutsituierten, ihren Überfluss mit den Bedürftigen zu teilen, damit es auch materiell weniger Gefälle gibt.

An Pfingsten weckt der Heilige Geist die Heilungsgaben Jesu und andere außergewöhnliche „Charismen" (Gnadengaben) in der gesamten Gemeinde. Zuvor war Jesus derjenige gewesen, der geheilt hat, Sünde vergeben, böse Geister vertrieben, Wunder gewirkt. Nun setzt sich das Geistfeuer auf jeden und jede der Anwesenden. Vor allem wird immer wieder berichtet, dass der Heilige Geist die Nachfolger Jesu bevollmächtigt, Heil und Heilung zu wirken.

Exkurs: Der Heilige Geist ist der Heilende Geist

Der irdische Jesus hatte viele Menschen an Geist, Seele und Körper geheilt und dabei die gängige Vorstellung zurück gewiesen, dass Krankheit eine Strafe Gottes sei. Diese Idee ist bis heute verbreitet. In der östlichen Reinkarnationslehre beispielsweise werden Krankheiten auf „schlechtes Karma" zurückgeführt, das man in einem früheren Leben angehäuft hat. Ebenso findet sich in der hebräischen Bibel die Vorstellung, dass es einen Zusammenhang zwischen unserem Tun und unserem Schicksal gibt. Die Freunde Hiobs etwa wollen ihm nach seinen schrecklichen Schicksalsschlägen einreden, dass er schwer gesündigt haben muss. So sagt Hiobs Freund Elifas: „Bedenke doch: Wo ist je ein Unschuldiger umgekommen? Oder wo wurden die Gerechten vertilgt? ... Die da Frevel pflügten und Unheil säten, ernteten es auch." (Hiob 4,7-8).

Jesus hat mit dieser Vorstellung aufgeräumt. Einmal kommt er mit seinen Jüngern an einem Bettler vorbei, der von Geburt an blind ist. Seine Jünger fragen sofort: „Wer hat gesündigt? Der da? Oder seine Eltern, dass er blind geboren wurde?" Wenn er selber „schuld" wäre, dann müsste er in einem Vorleben gesündigt haben. Oder seine Eltern wären schuld. Schließlich heißt es in der hebräischen Bibel: „Ich, Jahwe, dein Gott, bin ein eifersüchtiger Gott, der die Verfehlungen der Ahnen heimsucht an den Kindern derer, die mich hassen, bis in die dritte und vierte Generation" (2. Mose/Exodus 20,5; 5. Mose/Deuteronomium 5,9). Jesus antwortet seinen Jüngern: „Es hat weder dieser gesündigt noch seine Eltern, sondern es sollen sich an ihm die heilsamen Wirkkräfte Gottes zeigen" (Johannes 9,1-3). Dogmatisch ist das natürlich falsch: Wir sind *alle* Sünder! Aber der Seelsorger Jesus sieht Menschen nicht als Sünder, sondern als Kranke, die keinen Richter brauchen, sondern einen Arzt. Jesus definiert einen Menschen nicht durch die Sünde; ihn interessiert nicht seine Vergangenheit, sondern seine Zukunft. Die Jünger hingegen suchen einen Schuldigen, um selbst keine Verantwortung übernehmen zu müssen. Wer den Sündenbock identifiziert, ist selbst aus dem Schneider.

Die ganzheitliche Heilung der Menschen ist eines der Alleinstellungsmerkmale Jesu; die vielfältigen dazu nötigen Heilungskräfte sind seine herausragenden Geistesgaben (Charismen). Schon zu seinen Lebzeiten beauftragt er seine Jünger, für die Kranken zu beten. Bei Markus wird berichtet: Seine Jünger „salbten viele Kranke mit Öl und machten sie gesund" (Markus 6,13). In Markus 16 wird der Auftrag des Auferstandenen an die Gläubigen zusammengefasst: „Die Zeichen, die denen, die glauben, folgen werden, sind folgende: In meinem Namen werden sie Dämonen austreiben, in neuen Zungen reden, Schlangen mit den Händen hochheben, und wenn sie etwas Tödliches trinken, wird's ihnen nicht schaden; Kranken werden sie die Hände auflegen, so wird es besser mit ihnen" (Markus 16,17). Im Jakobusbrief schließlich findet sich eine Art Gebrauchsanweisung, wie man in einer christlichen Gemeinde mit den Kranken umgehen soll: „Wer unter euch krank ist, rufe die Ältesten der Gemeinde zu sich, damit sie über ihm beten und ihn im Namen des Herrn mit Öl salben. Das Gebet des Glaubens wird dem Kranken helfen, und der Herr wird ihn aufrichten; und wenn er gesündigt hat, wird ihm vergeben werden. Bekennt also einander eure Sünden und betet füreinander, damit ihr gesund werdet. Das Gebet des Gerechten vermag viel, wenn es aufrichtig ist" (Jakobus 5,14-16).

Interessanterweise sollen nicht die *Kranken* ihre Sünden bekennen – sie werden ihnen auch ohne Beichte vergeben –, sondern die Repräsentanten der Gemeinde. Paulus geht davon aus, dass eine gespaltene Gemeinde psychosomatische Folgeschäden nach sich zieht. Es gibt krankmachende Systeme. Auch Gemeinden und Kirchen können krank sein und krank machen. In Korinth wirft Paulus den Reichen vor, die Armen in der Gemeinde, insbesondere die Sklaven, zu übersehen – und benennt die Konsequenzen: „Darum sind auch viele Schwache und Kranke unter euch, und nicht wenige sind gestorben" (1. Korinther 11,30). Heilung hat immer etwas damit zu tun, dass der krankmachende Geist eines Systems benannt und gebannt wird, damit der Heilende Geist das Steuer übernimmt.

Dass sich bis heute im Zusammenhang mit Gebet, Salbungsritualen und Handauflegung Genesung ereignen kann, ist unleugbar. Schlüssige Erklärungen dafür gibt es nicht. Freilich: nicht alle Kranke, für die gebetet wird oder denen Hände aufgelegt werden, gesunden physisch. In manchen „charismatischen" Gruppen kommt es vor, dass Menschen, die nicht gesund werden, in den Verdacht geraten, nicht genug zu glauben oder verborgene Sünden nicht zu bekennen. Damit sind die Betenden nicht mehr verantwortlich – und der Kranke muss nicht nur sein Leid tragen, sondern zusätzlich die Anklage, nicht stark genug zu glauben. Genau diese Sichtweise ist es, gegen die sich Jesus so vehement gewandt hat.

Meine persönlichen Erfahrungen mit Heilungsgaben sind gemischt. Als ich Ende 20 war, litt ich unter einer Allergie, deren Ursache nicht herauszufinden war. In immer kürzeren Abständen schwollen meine Lippen zu, so dass ich weder essen noch sprechen konnte. Als Richard Rohr zu Besuch nach Deutschland kam, verbrachten wir einige Tage mit Freunden im unterfränkischen Wetzhausen, um uns Gedanken zu machen über die Zukunft des Reiches Gottes. Am Ende dieser Zeit feierten wir einen Gottesdienst und beteten füreinander. Ich bat die Freunde darum, für die Heilung meiner lästigen Allergie zu beten. Sie legten mir die Hände auf. In den nächsten 30 Jahren kamen die Phänomene nie wieder. Vor einigen Jahren tauchten sie erstmals wieder auf. Im Moment behandle ich sie mit Medikamenten. Erklärungen habe ich keine – weder für die Heilung noch für den Rückfall.

Ich habe in meiner beruflichen Laufbahn regelmäßig in alternativen Gottesdiensten wie der „Thomasmesse" gemeinsam mit der Gemeinde für Menschen gebetet und sie gesalbt.[70] Ob etwas „passiert" ist, weiß ich nur in wenigen Fällen.

Vor etwa fünf Jahren erkrankte mein damaliger Wohnungsnachbar schwer. Die Ärzte diagnostizierten Bauchspeicheldrüsenkrebs. Er rechnete mit wenigen verbleibenden Lebenswochen. Am folgenden Sonntag leitete ich den Gottesdienst. Spontan betete ich während der Fürbitten namentlich für diesen Mann. Er selbst war nicht anwesend. Bei der nächsten Untersuchung stellte sich heraus, dass die Beschwerden weg waren. Mein damaliger Nachbar lebt heute noch. Eine Fehldiagnose der Ärzte? Ein Wunder? Hatte seine Genesung etwas mit der Fürbitte zu tun? Mein ehemaliger Nachbar und seine Frau sind überzeugt davon. Ein Wunder war es allemal.

Aber auch Folgendes will erzählt werden: Vor zwei Jahren bekam ein enger Freund von mir, Mitarbeiter im Spirituellen Zentrum St. Martin, Leberkrebs. Er war Familientherapeut, noch keine 50 Jahre alt. Er und seine Frau bauten gerade ein Haus und hatten einen kleinen Sohn. Wir begannen intensiv für ihn zu beten, ihn zu salben, die Hände aufzulegen. Darüber hinaus reiste er zu weltberühmten christlichen Heilern nach Süditalien und nach Brasilien und rief eine Gruppe charismatischer Christen an sein Bett. Überall wurde ihm gesagt, er könne geheilt werden, wenn er nur „richtig" glaube. Mir gefiel diese Forderung „frommer" Heiler an den Kranken gar nicht. Glaube ist nicht machbar und auch nicht „quantifizierbar". Glaube ist ein Geschenk des Heiligen Geistes. Er hatte so geglaubt, wie es ihm möglich war. Als er aus Brasilien zurückkam, wo man ihm aufgetragen hatte, täglich lange Litaneien zu beten, warf er das Handtuch und sagte zu mir: „Ich habe keine Lust mehr. Ich bin froh, wenn ich jeden Tag ein Vaterunser über die Lippen kriege." Er ergab sich. In den wenigen Tagen, die er noch lebte, geschahen erstaunliche Versöhnungen in seiner Familie. Eine halbe Stunde vor seinem Tod standen seine Frau, seine Eltern, sein Bruder und ich ums Krankenbett. Er war bei Bewusstsein. Wir nahmen einander bei den Händen und beteten das Vater Unser. Dann verließen wir alle außer seiner Frau das Sterbezimmer. Ich unterhielt mich nebenan mit seinen Eltern, als die Nachricht eintraf, dass er friedlich eingeschlafen sei. Seine Frau sprach von einem „eleganten Sterben". Ein Wunder?

Spektakel und Nüchternheit

In der Urchristenheit kam es nicht nur zu spektakulären Heilungen, sondern auch zu anderen seltsamen Phänomenen wie der Glossolalie, auch Zungenrede genannt. Der Heilige Geist setzte in vielen Gläubigen die Gabe frei, in einer nicht erlernten Sprache zu beten, aus tiefen Schichten des Unterbewussten heraus – so wie Babys eine eigene Brabbelsprache haben, bevor sie die jeweilige Muttersprache erlernen. Auch das ging in der Kirche weitgehend verloren und wurde erst zu Beginn des 20. Jahrhunderts wiederentdeckt.

Ich habe im ersten Kapitel davon berichtet, wie ich persönlich als Student diesem Phänomen begegnet bin. Diese Gabe habe ich nie wieder verloren. Öffentlich praktiziere ich sie nicht. Aber wenn ich in Not bin oder auch wenn ich andere segne, dann flüstere ich manchmal in dieser „anderen" Sprache, die ich selbst nicht verstehe. Viele meiner Weggenossen haben ähnliches erlebt. Heute kann ich darüber sprechen, auch, weil ich denke, dass der nüchterne Umgang mit solchen Phänomenen geboten ist, wenn sie denn auftauchen. Leider kennen viele Geistliche der großen Kirchen diese Phänomene nicht oder lehnen sie unbesehen ab. Das führt nicht selten dazu, dass Menschen, die außergewöhnliche Erfahrungen gemacht haben, in Freikirchen oder Sekten abwandern.

Paulus schätzt diese Phänomene. Einerseits. Aber er rät dazu, sie weise – und vor allem im Privaten – einzusetzen. Nach Paulus besteht ein Zeichen, dass etwas vom Heiligen

Geist kommt und keine Form von Irrsinn ist, darin, dass man diese Dinge jederzeit zulassen und auch wieder einstellen kann wie die eigene Muttersprache: „Die Geister der Propheten sind den Propheten untertan!" (1. Korinther 14,32). Grundsätzlich ist der Geist ein Gentleman und kommt nicht ungefragt über uns, sondern da, wo er gebeten wird: „Wenn nun ihr, die ihr böse seid, euren Kindern gute Gaben zu geben wisst, wie viel mehr wird der Vater im Himmel den Heiligen Geist geben denen, die ihn bitten!" heißt es beispielsweise in Lukas 11,13. Das Pneuma bewirkt und respektiert Freiheit. Wichtigstes Kriterium beim Umgang mit solchen Phänomenen ist für Paulus die Liebe. Er legt Wert darauf, dass es neben Zungenrede und ähnlichen Phänomenen vor allem in der Öffentlichkeit auch das nüchterne, „vernünftige" Gebet geben muss, damit Fremde und Neulinge nicht den Eindruck bekommen, die Christen seien völlig durchgeknallt.

Freiheit und unaussprechliches Seufzen

„Gott ist Geist", hatte schon Jesus definiert. Man könne ihn auf Dauer nicht in Tempeln einsperren und anbeten. „Wer Gott recht anbeten will, muss ihn im Geist und in der Wahrheit anbeten" (Johannes 4,24). Zu dem Pharisäer und Wahrheitssucher Nikodemus, der Jesus eines Nachts besucht, sagt der Meister: „Der Wind weht, wo er will. Du hörst sein Brausen, aber du kennst weder sein Woher noch sein Wohin. Ebenso ist es mit allen, die aus dem Geist Gottes wiedergeboren sind" (Johannes 3,8). Unkontrollierbar, unverfügbar, nicht zu domestizieren ist hier das Pneuma. Ein Gräuel für jeden, der versucht, Gott zu verwalten, zu definieren oder in Formeln und Konzepten einzufangen! Das Pneuma wirkt wie und wo Gott will. Paulus, der seine liebe Not hatte, seine frisch gegründeten

Gemeinden einigermaßen zu organisieren, scheute konsequent davor zurück, das lebendige Pneuma durch Regeln und Strukturen auszubremsen. Das kam erst später in der Kirchengeschichte. So schreibt er in 1. Thessalonicher 5,19-21: „Den Geist löscht nicht aus. Prophetische Rede verachtet nicht. Prüft aber alles und das Gute behaltet!" Und in 2. Korinther 3,6: „Der Buchstabe tötet, aber der Geist macht lebendig." Und dieser lebendige Geist ist nach Paulus Gott selbst: „Der Herr ist der Geist; wo aber der Geist des Herrn ist, da ist Freiheit!" (3,17).

Aufrichtiges Gebet ist eines der Tore zu Geisterfahrungen. Zunächst sind wir in Verlegenheit, wenn es ums Beten geht. Paulus: „Der Geist kommt unserer Schwachheit zu Hilfe. Weil wir ja gar nicht wissen, wie wir richtig beten sollen. Er tritt mit Flehen und Seufzen für uns ein; er bringt das zum Ausdruck, was mit Worten unsagbar ist. Und Gott, der alles erforscht, was im Herzen des Menschen vorgeht, weiß, was der Geist ausdrücken will; denn der Geist tritt für die Heiligen so ein, wie es Gott gefällt" (Römer 8, 27f.). Der *in uns seufzende* Geist – sein Wirken beginnt da, wo wir mit unserem Latein und unserem Sprachvermögen am Ende sind. Er umfasst und verbindet Rationales und Transrationales, Bewusstes und Unbewusstes, Sprache und Sprachlosigkeit. Er führt immer tiefer in den ewigen unendlichen Raum *hinter* allen Konzepten und Bildern.

Gebet beginnt auf der rationalen Ebene mit vorgefertigten Texten, etwa gereimten Kindergebeten oder den Psalmen oder dem Vaterunser. Aber das Beten *hinter* den Worten und Gedanken, das die Wüstenväter der ersten Christlichen Jahrhunderte das „reine Gebet" nannten, ereignet sich in jener Tiefenschicht, der dem Verstand und Bewusstsein nicht zugänglich ist.

Die moderne Meditationsforschung hat versucht, diese unbewussten Räume zu erforschen, in denen der Geist wirkt und betet, wenn der Verstand schweigt und nichts „weiß". Nach Ken Wilbers Integraler Theorie gibt es dabei fünf Versenkungsgrade, die den Zuständen entsprechen, die wir im Wach- und im Schlafzustand durchleben:

- *Wachbewusstsein:* Wahrnehmung der grobstofflichen Außenseite der Welt mit den fünf Sinnen: Gegenständliche Meditation, rationales Gebet, Natur- und Straßenexerzitien. Dazu gehört Körper, Atem und Seelenregungen bewusst wahrzunehmen.
- *Träumen:* In Fantasiereisen, Imaginationen und in der bewussten Arbeit mit Träumen die inneren Sinne schärfen; die feinstoffliche Wirklichkeit hinter der Materie erspüren; geführte Meditation, Phantasiereisen, „katathymes Bilderleben", Werteimagination, ignatianische Exerzitien.
- *Traumloser Tiefschlaf:* Die „Wolke des Nichtwissens"[71]; die Leere hinter den Bildern; pure Präsenz in der Gegenwart Gottes; Kontemplation, Herzensgebet.
- *Zeugenschaft*: Zustände, in denen wir alle anderen Zustände wie ein innerer Beobachter wahrnehmen; luzide Träume.
- *Nonduale Einheit*: Präsentes Gewahrsein; die Erfahrung, dass ich in Gott bin und Gott in mir; die tiefste ICH-BIN-Ebene; Erleuchtung, Verwirklichung und Verklärung.[72]

Im Unterschied zum Schlafrhythmus werden diese Versenkungsgrade bei der Meditation mit gesteigerter *Wachheit* wahrgenommen. Die Hirnforschung hat nachgewiesen, dass in diesen Phasen von Gebet und Meditation die selben Hirnströme und -wellen erzeugt werden wie im „normalen" Wach-Schlaf-Rhythmus. Gebet und Meditation sind im umfassenden Sinne „heilsam".[73]

Die doppelte Geburt

Paulus ist überzeugt: Weil uns der Heilige Geist bewegt, erforscht und transformiert, sind alle Christen „Heilige". Heiligkeit ist keine moralische Kategorie. Heilig ist, was Gott berührt und dadurch heiligt:

Was wir verkünden, ist Gottes Weisheit ... Uns hat Gott dieses Geheimnis durch seinen Geist enthüllt – durch den Geist, der alles erforscht, auch die verborgenen Tiefen Gottes. ... Denn genauso, wie die Gedanken eines Menschen nur diesem Menschen selbst bekannt sind – durch den menschlichen Geist –, genauso kennt auch nur der Geist Gottes die Gedanken Gottes; niemand sonst hat sie je ergründet. Wir aber haben diesen Geist erhalten ... Darum können wir auch erkennen, was Gott uns in seiner Gnade alles geschenkt hat. Und wenn wir davon reden, tun wir es mit Worten, die nicht menschliche Klugheit, sondern der Geist Gottes uns lehrt ... Ein Mensch, der Gottes Geist nicht hat, lehnt ab, was von Gottes Geist kommt; er hält es für Unsinn und ist nicht in der Lage, es zu verstehen. Wer aber den Geist Gottes hat, ist fähig, all dies recht zu beurteilen, während er selbst von niemand, der Gottes Geist nicht hat, angemessen beurteilt werden kann. (1. Korinther 2,7ff.)

Das klingt zunächst arrogant, so als sei jeder fromme Christ über alle Kritik durch den gesunden Menschenverstand erhaben. Aber es gibt offenkundig gläubige Menschen mit tiefen mystischen Erfahrungen, die dennoch reichlich schräge Typen und komische Heilige sind, die moralisch versagen, emotional blockiert sind oder geistig nicht besonders beweglich. Ken Wilber beschreibt diese Diskrepanz und geht davon aus, dass es in uns mehrere „Linien" gibt, unter anderem die emotionale, die rationale, die moralische und die spirituelle.[74] Diese Linien hängen nach Wilber nur mittelbar zusammen und sind häufig unterschiedlich ausgereift. Mehr Spiritualität macht demnach nicht automatisch intelligenter, emotional offener oder ethisch hochstehender. Integrale Spiritualität nach Wilber bedeutet, *all* diese Bereiche in den Blick zu nehmen, damit sie gemeinsam wachsen und reifen können.

Es gibt natürlich auch das umgekehrte Phänomen: Es gibt Menschen, die sind auf vielfache Weise reif und „gesund", aber spirituell „unmusikalisch". Ihre diesbezügliche Sehnsucht ist verschüttet oder wurde nie geweckt. So, wie man anderen, die eine Gotteserfahrung gemacht haben, das eigene spirituelle Empfinden nicht erklären *muss*, so *kann* man es denjenigen nicht erklären, denen diese Erfahrungsdimension fehlt. Man muss auf anderen Ebenen mit ihnen kommunizieren. Denn Religion und Spiritualität lassen sich nicht herbeiargumentieren. Manchmal geschieht es, dass Gläubige durch ihre Ausstrahlung andere begeistern und Neugierde wecken. Aber auch dafür gibt es keine Garantie. Manche der erwähnten „un-spirituellen" Menschen sind, wie gesagt, ethisch integer, intelligent und warmherzig, psychisch und physisch fit und gesund. Diese Vitalität und Potenz sollten Gläubige nicht madig machen. Freilich geht Wilber davon aus, dass ein „integrierter" Mensch einen Zugang zu *all* den genannten Dimensionen des Daseins hat, also auch zu der spirituellen, und dass diese Dimensionen immer mehr eins werden.

Das Werk des Heiligen Geistes in uns besteht vor allem

darin, dass wir nicht nur mit dem Kopf, sondern auch von Herzen glauben können, dass wir Söhne und Töchter Gottes sind: „Diejenigen, die der Geist Gottes bewegt, das sind Gottes Kinder. Denn ihr habt keinen Sklavengeist empfangen, so dass ihr euch wieder fürchten müsstet; sondern einen kindlichen Geist, durch den wir rufen: Abba, lieber Vater! Der Geist selbst gibt Zeugnis unserm Geist, dass wir Gottes Kinder sind!" (Römer 8,15).

Spirituelle Menschen werden sozusagen zweimal geboren: Als Menschenkinder und als Gotteskinder, wobei auch Letzteres in jedem Menschen im Keim angelegt ist. Der Kirchenlehrer Tertullian, gestorben um 220, hat die Behauptung gewagt: „Die menschliche Seele ist von Natur aus christlich". Jesus sagt im erwähnten Nachtgespräch zu Nikodemus: „Wenn jemand nicht neu geboren wird, kann er das Reich Gottes nicht sehen." „Wie kann ein Mensch, wenn er alt geworden ist, noch einmal geboren werden?", wendet Nikodemus ein. „Er kann doch nicht in den Körper seiner Mutter zurückkehren und ein zweites Mal auf die Welt kommen!" Jesus erwidert: „Ich sage dir eins: Wenn jemand nicht *aus Wasser und Geist* geboren wird, kann er nicht ins Reich Gottes kommen. Natürliches Leben bringt natürliches Leben hervor; geistliches Leben wird aus dem Geist geboren. Darum sei nicht erstaunt, wenn ich dir sage: Ihr müsst von neuem geboren werden" (Johannes 3,3–7). Warum einige Menschen dieses Wunder der „zweiten Geburt" erleben und andere nicht, das bleibt, wie gesagt, ein Geheimnis. Auf keinen Fall aber ist eine tiefe Glaubenserfahrung ein Freibrief für Herablassung gegenüber anderen. Wem viel gegeben ist, von dem wird auch viel gefordert; und der Hochmut ist die giftigste aller Sünden, insbesondere der spirituelle Hochmut.

Der Obstkorb des Geistes

Neben den zum Teil nüchternen, zum Teil spektakulären Gaben des Geistes oder „Charismen", die Paulus im 1. Korintherbrief aufzählt, spricht er im Galaterbrief 5,22 von der neunfachen „Frucht des Geistes": „Die Frucht des Geistes ist Liebe, Freude, Friede, Geduld, Freundlichkeit, Güte, Treue, Sanftmut, Selbstbeherrschung". Dieser bunte Obstkorb lässt sich als Wegweiser und Ziel, aber auch als im Seelengrund angelegtes Reservoir „heiliger Ideen" oder „essentieller Qualitäten" des ursprünglichen, noch nicht ego-fixierten Menschen deuten. Diese Früchte sind Aspekte des Wesens Gottes, die sich verwirklichen und Gestalt annehmen wollen in uns.

Einen guten Baum erkennt man an seinen *Früchten*. Auffällige *Phänomene* sind zwiespältig, sie können aufbauen, aber auch verwirren und zu einer Wundersucht führen. In vielen spirituellen Aufbruchsbewegungen haben sie bald wieder aufgehört. Richard Rohr hat diese Dinge einmal die „PR-Arbeit Gottes" genannt, den Trailer oder Werbeblock, um Menschen aus dem Rationalismus und Dualismus herauszukatapultieren in eine umfassende, ganzheitliche Sicht von Wirklichkeit. Zu seiner Tiefe gelangt der Glaube aber *nicht* im Spektakulären, sondern häufig in der Wüste, in der Nacht der Seele und des Geistes, wo die Früchte des Geistes behutsam, unsichtbar und in aller Stille heranreifen. Die großen Mystiker kennen diese inneren Zustände der scheinbaren Gott- und Geistferne. Aber gerade dort, in der Dunkelheit, in der Geduld und im Warten auf Gott, keimt unzerstörbares Leben.

Der Geist an der kurzen oder langen Leine

Die Charismenlehre des Paulus umfasst „leuchtende" ebenso wie unauffällige Begabungen, die zu Geistes- und

Gnadengaben werden können, wenn wir sie in den Dienst Gottes stellen. Unabhängig davon sind sie gefährlich, weil sie dann zu Instrumenten der Machtausübung und der Selbstüberhöhung werden können: „Gott hat in der Gemeinde erstens Apostel eingesetzt, zweitens Propheten, drittens Lehrer, dann gab er die Kraft, Wunder zu tun, dann Gaben, gesund zu machen, zu helfen, zu leiten und mancherlei Zungenrede. Sind sie denn alle Apostel? Sind sie alle Propheten? Sind sie alle Lehrer? Haben sie alle die Kraft, Wunder zu tun, haben sie alle Heilungsgaben? Reden sie alle in Zungen? Können sie alle auslegen?" (1. Korinther 12,28-30). Bei dieser Aufzählung fällt auf, dass „unauffällige" und „natürliche" Gaben, also diverse Fähigkeiten zu helfen, zu lehren und zu leiten, gleichberechtigt neben den großen Gaben der Apostel und Propheten stehen und neben den spektakulären Gaben, Wunder zu tun, zu heilen oder in Zungen zu reden. Die Leitungsgaben stehen nicht ganz oben. Die Zungenrede kommt ganz zum Schluss. Eine Hierarchie lässt sich nicht ablesen.[75]

Diese egalitäre Ausrichtung der Geistkirche schwand in dem Ausmaß, in dem die Kirche zur Institution wurde. An die Stelle der vielfältigen Gaben trat ein Amtspriestertum, das gleichsam alle Gaben in sich bündelte. Vor allem die Kirchen des Westens, katholisch wie evangelisch, haben das Wirken des Heiligen Geist häufig nicht ermutigt, sondern eher versucht, seine Freiheit an die Leine zu legen. Die katholische Kirche kettete den Geist an das kirchliche „Lehramt", die evangelische an die Bibel. Alle, die sich auf unmittelbare Geisterfahrungen beriefen – wie die Mystiker –, hatten es in beiden Konfessionen schwer. Sie wurden oft als Ketzer verdächtigt und verfolgt. Luther beispielsweise nannte sie „Schwärmer" und „vom Teufel besessen" und bekämpfte sie gnadenlos.

Die orthodoxen Kirchen des Ostens lassen dem Geist in der Regel größere Freiheit als die Kirchen des Westens. Das schlägt sich unter anderem im Großen Glaubensbekenntnis nieder, das sie in seiner ursprünglichen Gestalt bewahrt haben: Der Geist geht dort „*vom Vater*" allein aus. Im Westen wurde das durch das lateinische „filioque" ergänzt: „... *und vom Sohn*". Was hat das für Folgen? Der Westen bindet das Wirken des Heiligen Geistes an die Christusoffenbarung und damit an die Kirche, die sich als die „Verwalterin" dieser Offenbarung versteht. Der Osten bindet den Geist nicht direkt an Jesus Christus. Man ist sich dort bewusst, dass der Geistwind auch außerhalb des verfassten Christentums und der Christusoffenbarung weht. So sind zum Beispiel auf den Ikonen der Klöster auf dem Heiligen Berg Athos neben den alttestamentlichen Propheten auch die griechischen Philosophen als Wegbereiter des Gottessohns abgebildet. Auch in ihnen bewirkt nach ostkirchlicher Lehre Gottes Geist all das, was gut, wahr und schön ist.

Diese Sichtweise ist hilfreich für den interreligiösen Dialog. Wenn der Heilige Geist auch außerhalb der verfassten Kirche und des manifesten Christentums wirkt, dann können wir Wahrheit und Inspiration auch dort finden. Insbesondere die Begegnung mit spirituellen Übungswegen des Ostens, wie Yoga oder Zen, hat viele Suchende inspiriert, auch in der eigenen christlichen Tradition nach dem inneren Gebet, Kontemplation und Mystik zu forschen. Es war nicht selten der Geist *außerhalb* der Kirche, der sie zur Entdeckung des Geistes *in* der Kirche geführt hat. Freilich neigen die christlichen Kirchen des Ostens ihrerseits zu ganz eigenen Formen von Erstarrung, insbesondere aufgrund ihrer häufigen Verstrickung mit Nationalismus und Obrigkeitsstaat.

... die heilige christliche (katholische) Kirche ...

Die ersten Christen machten eine *doppelte* Erfahrung mit dem Heiligen Geist: Er setzte sich wie eine Feuerzunge *individuell* auf alle Anwesenden. Er machte keinen symbiotischen Brei aus ihnen, sondern vernetzte die Schar der Individuen, die sich von ihm inspirieren ließen. So entstand eine völlig neuartige Art von Gemeinschaft, ein einzigartiges Wir-Gefühl, das nicht auf Kosten der Einzelnen ging. Der Geist stärkt und heilt beides: das *Ich* ebenso wie das *Wir*. Ich und Wir sind im Heiligen Geist keine Gegensätze mehr, sondern spielen organisch zusammen und ergänzen einander. Es gibt kein Christentum ohne Individuation, den persönlichen und einzigartigen Glaubensweg. Es gibt aber auch kein Christentum ohne Gemeinschaft.

Pfingsten ist der Geburtstag dieser Gemeinschaft, der Kirche. Tausende ließen sich an diesem denkwürdigen Tag taufen. Die Geisttaufe von oben öffnete sie für die irdische Wassertaufe. Himmel und Erde verbinden sich. Pfingsten ist der Ur-Mythos der Kirche, ein nicht-rationales Ereignis, das Energie freisetzt. „Jedem Anfang wohnt ein Zauber inne", sagt Hermann Hesse in seinem Gedicht „Stufen". Das gilt auch für die christliche Kirche.

Freilich lässt sich die Begeisterung des Anfangszaubers in keiner Gruppe zementieren. Der Prozess von der Bewegung zur Institution ist unausweichlich. Das gilt für jede politische und gesellschaftliche Bewegung ebenso wie für die Liebe zwischen zwei Menschen. Und auch für die Kirche. Nach den Phasen der ersten Verliebtheit und anfänglichen Begeisterung folgt immer irgendwann die Ernüchterung. Krisen gehören dazu. Beziehungen und Gemeinschaften können scheitern. Und nur ein echter und starker Mythos, der mehr ist als eine momentane Stimmung, kann zu einem Wurzelgrund werden, auf dessen Basis spätere Krisen bewältigt werden können und Erneuerung möglich ist.

Am Anfang einer neuen Bewegung steht immer der *Mythos*, ein nicht-rationales Ereignis. In der jungen Kirche war das die Pfingsterfahrung. Je unleugbarer und zwingender diese Urerfahrung, desto größer die Chance, dass diese Bewegung eine Zukunft hat. Der Mythos ist nicht planbar. Er ereignet sich. In dieser Anfangsphase wirkt alles stimmig; der Himmel hängt voller Geigen. Das kann eine ganze Weile funktionieren. Aber irgendwann ist Erdung angesagt.

Es muss einiges geklärt werden. „Wann und wo treffen wir uns wieder?" Man beginnt zu planen. Und je länger man sich kennt, desto deutlicher wird, ob man wirklich gemeinsame Ziele hat und wo man gemeinsam hin will. Man versucht, die sachlichen Voraussetzungen der Gemeinschaft zu klären.

Wenn die ersten Grundsätze feststehen und sich die Gruppe allmählich stabilisiert, entwickelt man *umfassendere Ziele*, versucht, an Mittel zu gelangen, um sie zu verwirklichen, stellt Programme auf. Schließlich schafft man Strukturen, hierarchische oder partizipatorische. Wenn es gut geht, gibt es dabei noch keine Verwerfungen. Man diskutiert zwar viel, aber man wird sich einig. Der immer noch wirkmächtige Mythos und sinnvolle Strukturen sorgen für Zusammenhalt. Immer mehr kommt jetzt auch die Ratio ins Spiel. In der Kirchengeschichte war das der Zeitpunkt, wo Dogmen ausformuliert wurden. Man versuchte, die Grunderfahrungen des Glaubens philosophisch und vernünftig zu beschreiben. Gleichzeitig war das auch eine erste Grenzziehung: Nicht jede Deutung der Erfahrung war konsensfähig. Es ging ja um Zusammenhalt! *Nie wieder wird die Gemeinschaft so stark sein wie jetzt.* Bewegung und Institution scheinen kein Widerspruch zu sein.

In jeder Gemeinschaft kommt es allerdings nach einer Zeit relativer Harmonie zu *funktionalen Zweifeln*, zunächst nur bei einigen wenigen: Könnte man das eine oder andere nicht effektiver organisieren? Reicht es nicht, wenn wir uns seltener sehen? Sollten wir beim Gottesdienst nicht lieber im Kreis sitzen als hintereinander? Welche Prioritäten sollen unseren Haushaltsplan bestimmen? Wer hat das Sagen?

Das alles kann sich zuspitzen. Irgendwann brechen bei einigen Beteiligten *ideologische Zweifel* auf, vor allem, wenn sie sich übergangen fühlen. In der frühen Kirche ging es dabei zum Beispiel um Fragen wie: Gibt es überhaupt eine Auferstehung der Toten? Sind diese ganzen charismatischen Phänomene nicht übertrieben? Herrscht hier nicht zu viel Gleichmacherei und Dauergerede? Wäre eine hierarchische Struktur nicht effektiver? Reicht die Taufe oder muss man sich als männlicher Christ zusätzlich beschneiden lassen? Ist Jesus Gott? Für uns scheint das meiste davon inhaltlich weit weg zu sein. Aber das Prinzip ist auch heute dasselbe. An diesem Punkt kann es zu ersten massiven Auseinandersetzungen kommen. Jeder Beteiligte beruft sich dabei auf den Ur-Mythos, aber alle erinnern sich anders oder legen ihn unterschiedlich aus. Oder er gerät im Eifer des Gefechts ganz aus dem Blick.

Jesus beispielsweise war arm; er hat die Gefahren von Macht und Geld deutlich benannt. Aber mit Beginn der Staatskirche wurde die Kirche reich; Bischöfe wurden zu Staatsbeamten; die kleinen Leute sollten spenden und schweigen. Auf diese Weise ging der Kontakt mit dem

„Mythos" Jesus fast völlig verloren. Das führte zu Spaltungen. Ernsthaft Suchende zog es in die karge Wüste, um dem Sog der Machtkirche zu entkommen. Die Diskrepanz zwischen Evangelium und Institution hätte später die mittelalterliche Kirche fast zum Einsturz gebracht – wären da nicht Reformer wie Franz von Assisi gewesen, die den Ur-Mythos wieder mit Leben gefüllt haben.

Es folgen *ethische Zweifel*. Man beginnt übereinander zu reden statt miteinander. Man unterstellt denen, die anderer Meinung sind, unmoralische Motive. Dann kommt es zu Verletzungen, zunächst im Privaten, schließlich auch im Öffentlichen. Aus ehemaligen Weggenossen werden Feinde. Das „Wir" bekommt Risse. Manchmal hilft in dieser Phase eine Mediation. Aber oft verweigern zerstrittene Parteien dieses Instrument oder man redet auch da nur noch aneinander vorbei.

Am Ende steht der *absolute Zweifel*. Die totale Entfremdung ist die Folge. Kein „Wir" mehr, sondern nur noch „Ich", oder auch: mein Klüngel gegen „die da". Man sieht sich nicht mehr in die Augen, man kommuniziert nicht mehr. Dieser Punkt kann das Ende sein. Es kommt zum Bruch. Die Wege trennen sich. Das gemeinsame Projekt scheitert. Die Gemeinschaft spaltet sich. Auf diese Weise sind im Laufe der Zeit Zehntausende christliche Sekten und Gemeinschaften entstanden.

Es kann aber auch wie durch ein Wunder zur Wende kommen. Am tiefsten Punkt kann sich der Durchbruch ereignen: Der Tod wird zum Tor zur Auferstehung, zur Re-Mythisierung; die Kraft des Anfangs stellt sich wieder ein, Vergebung und Versöhnung werden möglich. Die erste Liebe meldet sich wieder zu Wort: „Weiß du noch, damals? Hörst Du? Das ist unser Lied ..."[76]

Die Kirche hat in den letzten 2000 Jahren immer wieder

solche Prozesse von Tod und Auferstehung durchlaufen – viele Gemeinden, aber auch die Institution insgesamt. Oft schien sie vor dem Ende zu stehen; aber ihr Mythos, das Christusereignis, war und ist ungeheuer kraftvoll und hat sich als tragender Wurzelgrund erwiesen. Der Heilige Geist ist eine erneuerbare Energie.

Das größte Wunder der Kirche ist, dass es sie immer noch gibt. Immer wieder sind im rechten Augenblick Erneuerer gekommen. Sie haben trotz eigener Schattenthemen wesentliche Aspekte des Ur-Mythos neu entdeckt und erweckt: Franziskus die Armut; Luther die bedingungslose göttliche Gnade; Johannes XXIII., die Fenster aufzureißen und frische Luft in die Gemäuer der Kirche zu lassen; Martin Luther King den Traum einer Gesellschaft ohne Klassenschranken; Mutter Teresa eine bedingungslose Hingabe an die Abgeschriebenen; und Papst Franziskus erteilt der Arroganz, dem Pomp und der Unbarmherzigkeit einer reichen Machtkirche eine Absage.

Ekklesia semper est reformanda – die Kirche muss ständig erneuert werden. Echte Erneuerung geschieht immer durch zweierlei: Rückbesinnung auf den Urimpuls. Und durch die offene Auseinandersetzung mit einer neuen Zeit, mit neuen Herausforderungen und neuen Bewusstseinsinhalten. Der weise Hausvater holt Neues und Altes aus seiner Schatztruhe!

Kirche im Großen und im Kleinen

Es gibt angeblich über 30 000 christliche Denominationen, Sekten und Konfessionen weltweit, manche davon umfassen nur eine einzige Gemeinde, andere viele Millionen Menschen. Diese Vielfalt ist ein großer Reichtum. Es wäre schrecklich, würde man alle in ein gemeinsames System und unter ein einziges dogmatisches Konzept zwingen. Aber schrecklich ist es, dass sich viele dieser Gemeinschaften für allein seligmachend halten. Welch ein trostloser Himmel, wenn da nur Katholiken oder Neuapostolische oder Zeugen Jehovas hineinkommen, oder gar nur die 23 Mitglieder der „Freien Gemeinde XY"! – und alle anderen in ewiger Verdammnis schmoren. Was wäre das für ein winziger Gott, der in diesem peinlichen, kleinlichen Himmel regierte!

Für Paulus war jede Gemeinde Kirche im Vollsinn, eine *ekklesia*, die konkrete Gemeinschaft der von Gott „Herausgerufenen". In 1. Korinther 12 vergleicht er die Gemeinde mit einem Körper. Christus existiert nach Pfingsten sichtbar als Gemeinde, wie es schon der junge Dietrich Bonhoeffer in seiner Dissertation formuliert hat.[77] Die Gemeindemitglieder sind seine Organe. Keiner ist alles, aber jeder ist wichtig. Dieser Körper kann nur funktionieren, wenn sich die Starken und Lauten nicht über die Schwachen und Stillen erheben, sondern sie wahrnehmen, wertschätzen und würdigen.

Schon im Neuen Testament zeichnen sich zwei Kirchenmodelle ab, die in Spannung stehen zueinander: Auf der einen Seite die „von oben" organisierte Kirche mit ihren Ämtern und Befehlsstrukturen, auf der anderen eine Kirche, die „von unten" entsteht und das ganze Gottesvolk bevollmächtigt am Aufbau der Kirche mitzuwirken. Wo steht Jesus? Er lehnt die weltlichen und religiösen Herrschaftssysteme seiner Zeit ab und konterkariert sie: „Ihr wisst, dass die Herrscher ihre Völker niederhalten und die Mächtigen ihnen Gewalt antun. So soll es bei euch nicht sein! Wer unter euch groß sein will, der sei euer Diener, und wer unter euch der Erste sein will, der sei euer Knecht – so wie der Menschensohn nicht gekommen ist, dass er sich dienen lasse, sondern dass er diene und gebe sein Leben" (Matthäus 20,25-27). Dreimal fragt der Auferstandene Christus seinen Jünger Simon Petrus, der dreimal kläglich versagt hat: „Hast du mich lieb?" Erst als Petrus das aufrichtig bejaht, beauftragt er ihn zur Leitung: „Weide meine Schafe" (Johannes 21,15-17). Jesus lehnt eine gestufte Leitung nicht per se ab; er entwirft kein basisdemokratisches Kirchenmodell, sondern er nennt die Kriterien für *jede* Form von Leitung in der Kirche: die Bereitschaft zu *dienen* und die *Liebe* zum Herrn der Kirche. Die Kirche verwirkt ihren Auftrag immer dann, wenn sie herrschen will und wenn sie nur um sich selbst kreist. Eine Kirche, deren eigentliches Hauptthema ihre Selbsterhaltung ist, wird keinen Bestand haben. „Kirche ist nur Kirche, wenn sie für andere da ist", hat Dietrich Bonhoeffer konstatiert.[78]

Ähnlich sieht es Paulus, wenn er in 1. Korinther 12 beschreibt, wie sich Christus als Kirche verleiblicht:

Über die Gaben des Geistes will ich euch, Brüder und Schwestern, nicht in Unwissenheit lassen ... Es gibt verschiedene Gaben; aber es ist *ein* Geist. Und es gibt verschiedene Aufgaben; aber es ist *ein* Herr. Und es gibt verschiedene Kräfte (wörtlich: Energien), aber es ist *ein* Gott, der alles in allen bewirkt ... Denn wie der Körper einer ist und hat doch viele Organe, alle Körperteile aber, obwohl es viele sind, doch *einen* Leib bilden, so auch Christus. Denn wir sind durch *einen* Geist alle zu *eine*m Leib getauft, wir seien Juden oder Griechen, Sklaven oder Freie, und sind alle mit *einem* Geist getränkt. Denn auch der Leib ist nicht *ein* Glied, sondern viele. Wenn nun der Fuß spräche: Ich bin keine Hand, darum gehöre ich nicht zum Leib!, gehörte er deshalb nicht zum Leib? Und wenn das Ohr spräche: Ich bin kein Auge, darum gehöre ich nicht zum Leib!, gehörte es deshalb nicht zum Leib? Wenn der ganze Leib Auge wäre, wo bliebe das Gehör? Wenn er ganz Gehör wäre, wo bliebe der Geruch? ... Wenn es nur ein einziges Körperteil gäbe, wo bliebe der Leib? Tatsächlich aber gibt es viele, aber der Leib ist *einer*. Das Auge kann nicht zu der Hand sagen: Ich brauche dich nicht; oder der Kopf zu den Füßen: Ich brauche euch nicht. Vielmehr sind die Glieder des Leibes, die uns auf den ersten Blick schwächer erscheinen, die nötigsten; und die uns weniger „anständig" erscheinen, bekleiden wir besonders sittsam, und die wenig ansehnlich sind, haben bei uns besonderes Ansehen; denn was von Haus aus hübsch anzusehen ist, braucht so etwas nicht. Aber Gott hat den Leib zusammengefügt und dem geringeren Körperteil höhere Ehre gegeben, damit im Leib keine Spaltung sei, sondern die Glieder einträchtig füreinander sorgen.

Wenn ein Glied leidet, so leiden alle anderen mit, und wenn ein Glied geehrt wird, so freuen sich alle anderen mit. Ihr aber seid der Leib Christi und jeder Einzelne eines seiner Organe. (aus 1. Korinther 12)

Paulus bekräftigt hier, dass es unterschiedliche Aufgaben und Geistesgaben (Charismen) gibt. Die Taufe ist das „Sakrament der Zugehörigkeit". Sie bestätigt, dass wir Söhne und Töchter Gottes sind und Organe Christi. In der Taufe werden wir Christus „einverleibt" (so wie er sich im Abendmahl von uns „einverleiben" lässt – alle Wege Gottes enden im Leiblichen!). Die Säuglingstaufe betont, dass Gottes Zuwendung bedingungslos ist: Bevor wir etwas richtig oder falsch machen können, gehören wir schon dazu. Bevor wir an Gott glauben, glaubt Gott an uns. Nicht getaufte Erwachsene, die den Weg zum Glauben gefunden haben und Teil der sichtbaren Kirche werden wollen, beweisen, dass die Gnade Gottes schon in Ungetauften wirkt und Sehnsucht nach Gott weckt. Sonst würden sie sich nicht taufen lassen.

Ich habe mehrmals Erwachsene in der Isar getauft – durch Untertauchen wie im Neuen Testament. Diese Art der Taufe ist ein starkes Glaubenszeugnis für den Täufling, für die anwesende Gemeinde und manchmal auch für zufällige Passanten. Für die Betroffenen lässt dieses Ritual die Dramatik der Taufe spürbar werden: Da geht der „alte Mensch" unter, der um sich selbst kreist. Und da taucht der „neue Mensch" auf, der aus Gott und in Gott lebt (Römer 6,6; Kolosser 3,9). Es gibt ein Vorher und ein Nachher. Deswegen finde ich es auch wichtig, dass Menschen, die als Säuglinge getauft worden sind, später auf irgendeine Weise bewusst Ja sagen können zu ihrer Taufe. Unsere Konfirmations- und Firmpraxis scheint mir das nur bedingt zu ermöglichen. Gute Erfahrungen habe ich mit Glaubensseminaren gemacht, an deren Ende ein Tauferneuerungsgottesdienst stand, in dem die Teilnehmenden die Möglichkeit hatten, sich öffentlich und ausdrücklich zur eignen Taufe zu bekennen.

Nicht alle können und müssen in der Gemeinde alles tun. Das Problem der meisten Kirchen heutzutage besteht darin, dass ein Großteil der Gaben und Aufgaben einer bestimmten Kaste zugeordnet wird: den Priestern und Pfarrern. Sie sind Prediger, Lehrer, Seelsorger und Sakramentsverwalter gleichzeitig. Sie sind de facto nicht Teil des Leibes Christi, sondern sein Gegenüber. Die Charismen der meisten Gläubigen hingegen werden kaum abgerufen. Dadurch entsteht ein Ungleichgewicht. Das „allgemeine Priestertum aller Gläubigen" kommt zwar in der evangelischen und der katholischen Theologie vor, hat aber selten Konsequenzen. „Ihr seid ein auserwähltes

Geschlecht, ein königliches Priestertum, ein heiliges Volk, ein Volk, das Gott gehört. Ihr sollt die Wohltaten dessen verkünden, der euch berufen hat aus der Finsternis in sein wunderbares Licht", heißt es in 1. Petrus 2,9. Alle Könige, alle Priester! Dietrich Koller nannte diesen Zustand „heilige Anarchie".[79] Unterschiedliche Dienste und Berufungen bedeuten eben nicht automatisch, dass es ein krasses Oben und Unten gibt. Wenn sich die „Großen" klein machen und alles getan wird dafür, dass die „Kleinen" wachsen können, kann in der Kirche tatsächlich eine Gegenkultur entstehen in einer Welt, die in Habende und Habenichtse, Mächtige und Entmachtete, Befehlshaber und Befehlsempfänger gespalten ist.

Paulus spricht vor allem auch über einen „besseren Weg", den er aufzeigen will. Es ist der Weg der Liebe:

Wenn ich in Sprachen rede, die von Gott eingegeben sind – in irdischen Sprachen und sogar in der Sprache der Engel – , aber keine Liebe habe, bin ich nichts weiter als ein dröhnender Gong oder eine lärmende Pauke. Wenn ich prophetische Eingebungen habe, wenn mir alle Geheimnisse enthüllt sind und ich alle Erkenntnis besitze, wenn ich einen derart starken Glauben besitze, dass ich Berge versetzen kann – wenn ich alle diese Gaben besitze, aber keine Liebe habe, bin ich nichts. Wenn ich meinen ganzen Besitz an die Armen verteile, wenn ich sogar bereit bin, mein Leben zu opfern und mich bei lebendigem Leib verbrennen zu lassen, aber keine Liebe habe, nützt es mir nichts.

Liebe ist geduldig, Liebe ist freundlich. Sie kennt keinen Neid, sie spielt sich nicht auf, sie ist nicht eingebildet. Sie verhält sich nicht taktlos, sucht nicht den eigenen Vorteil, verliert nicht die Beherrschung, trägt keinem etwas nach. Sie freut sich nicht, wenn Unrecht geschieht; aber wo die

Wahrheit siegt, freut sie sich mit. Alles erträgt sie, in jeder Lage hat sie Vertrauen, immer hofft sie, allem hält sie stand. Die Liebe vergeht niemals. Prophetische Eingebungen werden aufhören; Zungenrede wird verstummen; die Gabe der Erkenntnis wird es einst nicht mehr geben.

Denn was wir erkennen, ist immer nur ein Bruchteil des Gesamtbildes, und die prophetischen Eingebungen, die wir haben, enthüllen ebenfalls nur Puzzleteile des Ganzen. Einst aber wird sichtbar werden, was vollkommen ist. Dann wird alles Stückwerk ein Ende haben.

Als ich noch ein Kind war, redete ich, wie Kinder reden, dachte, wie Kinder denken, und urteilte, wie Kinder urteilen. Doch als Erwachsener habe ich die Kinderweise abgelegt. Jetzt sehen wir alles nur wie in einem trüben Spiegel und in rätselhaften Bildern; dann aber werden wir Gott von Angesicht zu Angesicht sehen. Wenn ich jetzt etwas erkenne, erkenne ich immer nur einen Teil des Ganzen; dann aber werde ich alles so erkennen, wie Gott mich jetzt schon kennt. Was für immer bleibt, sind Glaube, Hoffnung und Liebe, diese drei. Aber am größten unter ihnen ist die Liebe. (1. Korinther 13)

Das alles gilt für Paulus auch für das Zusammenleben verschiedener Gemeinden und Kirchen. Ihm war es zum Beispiel wichtig, in den von ihm gegründeten Gemeinden eine Kollekte zu sammeln für die verarmte Urgemeinde in Jerusalem, obwohl die dortigen Koryphäen Petrus und Jakobus mit Paulus auf Kriegsfuß standen und ihm absprachen, ein echter Apostel zu sein. Anstatt über diese Kränkung beleidigt zu sein, sorgt er tatkräftig für die Brüder und Schwestern in Not. Nur in solch einer Haltung lässt sich die konfessionelle Spaltung überwinden – und auch das Gegeneinander der Religionen. Der Heilige Geist führt immer über die Egozentrik und das Gruppen- und Stammesdenken hinaus und macht uns welt-zentrisch. Nur wenn es allen gut geht, geht es auch mir und uns gut. Nur wenn wir Absolutheitsansprüche aufgeben, wenn wir das Gute, Wahre und Schöne beim anderen sehen und würdigen und einander dienen, kann Religion zum Weltfrieden beitragen anstatt die Welt zu spalten.

Sünder und Heilige

Die Kirche ist nicht heilig, weil sie vollkommen wäre. Sie ist heilig, weil Gott selbst sie geheiligt hat. Er hat sie berufen und gesandt, in dieser Welt eine Gegenkultur zu verwirklichen, Zeichen des Reiches Gottes zu setzen; allen Formen von Hass und Gewalt Friede, Versöhnung und eine gewaltfreie Streitkultur entgegenzusetzen; Jesus in dieser Welt zu verkörpern; ihm nachzufolgen anstatt ihn nur anzubeten, anstatt die Religion für narzisstische Zwecke zu missbrauchen.

Die Kirche ist der Ort, wo der Unterschied zwischen „Sündern" und „Gerechten" aufgehoben ist. Luther hat aus eigener Erfahrung gewusst, dass wir als Getaufte zwar von Gott gerecht gesprochen sind, aber in der Tat immer auch Sünder bleiben. Umkehr und Neuanfang sind tägliche Herausforderungen. Die amerikanische lutherische Pfarrerin Nadia Bolz-Weber hat in Denver, Colorado eine Gemeinde gegründet, die sich ausdrücklich „House For All Sinners And Saints" nennt (Haus für alle Sünder und Heiligen). Leitbild dieser Gemeinde ist bedingungslose Offenheit. Zweifler, Banker, Prostituierte, AIDS-Kranke, fromme ältere Damen – alle sind willkommen[80]. Das erinnert an die Tischgemeinschaft Jesu mit den Zöllnern und Sündern. Wenn wir alle Sünder und Heilige zugleich sind, gibt es keine Veranlassung, irgendeine Gruppe aus-

176

zugrenzen. Denn dann müssten wir uns selbst ebenfalls ausschließen. Zeichen dafür ist das Heilige Abendmahl, das stärkste Symbol der inklusiven göttlichen Tischgemeinschaft. Alle sind eingeladen. Ausladen kann man nur selbst sich.

Gegenkultur

In Epheser 3,10 heißt es, „Die Mächte und Gewalten in der unsichtbaren Welt" sollen *„durch die Kirche* die ganze Tiefe und Weite von Gottes Weisheit erkennen". Wer sind diese Mächte und Gewalten? Es sind die unsichtbaren Strukturen der Gewalt und der Unterdrückung, der Macht und des Mammons, die Ideologien und Systemen wie etwa dem Kapitalismus innewohnen und Leben zerstören. Schon Jesus hat den Mammon als Dämon bezeichnet und die Versuchung zurückgewiesen, mit den „Mächten und Gewalten" zu kooperieren. Die Kirche aber ist ihnen später immer wieder auf den Leim gegangen. Anstatt „die ganze Tiefe und Weite von Gottes Weisheit erkennen" zu lassen, hat sie oft mit der jeweils herrschenden Ideologie fraternisiert – sei es, um zu überleben, sei es, um die Belohnungen des Systems zu genießen. Nach dem Willen ihres Herrn ist die Kirche Salz der Erde, Kultur des Lebens inmitten einer Kultur des Todes. Wenn die Kirche diese Berufung vergisst, ist es kein Wunder, wenn Außenstehende mit den Schultern zucken und sie nicht ernst nehmen. Wenn sie kein Sauerteig mehr ist im Teig der Welt, sondern selbst der Teig sein will, ist sie überflüssig. Häufig geht es der Kirche deshalb dort spirituell besser, wo sie von den Mächtigen verfolgt und nicht verführt wird.

Der französische katholische Theologe Alfred Loisy (1857–1940) meinte frustriert: „Jesus verkündete das

Reich Gottes – gekommen ist die Kirche". Loisy litt unter der Spannung zwischen dem Leben und der Lehre Jesu und der Institution, die sich im Lauf der Zeit aus den bescheidenen Anfängen in Palästina entwickelt hatte – und die allzu oft genau das Gegenteil von dem repräsentiert, was für Jesus konstitutiv war.[81]

Seit einigen Jahren begleite ich „Exerzitien auf der Straße". Der Berliner Jesuit und ehemalige Arbeiterpriester Christian Herwartz hat dieses geistliche Experiment entwickelt. Bis zu zehn Teilnehmende leben zehn Tage lang in einer einfachen Unterkunft. Tag für Tag machen sich die Männer und Frauen auf den Weg, um mitten in der Großstadt „Gott zu suchen". Beim abendlichen Austausch erzählt man sich, was sich im Laufe des Tages ereignet hat. Das überraschende und originelle Drehbuch für diese Exerzitien wird offenkundig im Himmel geschrieben. „Exerzitien sind Chefsache", meint Christian Herwartz. Die tiefsten Begegnungen mit Gott ereignen sich dabei selten in Kirchenräumen (von denen viele ohnehin tagsüber geschlossen sind). Das erleben insbesondere Priester, Pfarrer und Pfarrerinnen, die in den Exerzitien ohne ihre Rolle anonym unterwegs sind. Nicht selten geschehen dabei Dinge, die sie sensibel machen für die Diskrepanz zwischen der Botschaft Jesu und der real existierenden Kirche.

Einmal war ein katholischer Priesteramtskandidat Teil meiner Gruppe. Wir lebten in einer aufgelassenen Obdachlosenunterkunft in Berlin-Kreuzberg. An einem Morgen hatte uns einer der Teilnehmer als geistlichen Impuls folgenden Evangeliumstext mitgegeben:

Jesus wählte 72 Personen aus und sandte sie je zwei und zwei vor sich her in alle Städte und Orte, wohin er gehen wollte: „Geht! Ich sende euch wie Lämmer mitten unter die

Wölfe. Nehmt keinen Geldbeutel mit, keine Tasche, keine Schuhe ..." (Lukas 10,1-4).

Der junge Theologe beschloss spontan, das Evangelium an diesem Tag wörtlich zu nehmen und ohne Geld, ohne Rucksack und barfuß loszuziehen. Am Mittag war er müde. Er wollte sich ausruhen und beten und betrat den (evangelischen) Berliner Dom. Am Haupteingang erfuhr er, dass der Dom drei Euro Eintritt kostet. Als er sagte: „Ich will doch bloß beten!", zeigte man ihm den Weg zu einem etwas abgelegenen „Raum der Stille". Aber auch hier wurde er abgewiesen, diesmal mit der Begründung: „Ohne Schuhe ist hier der Zutritt verboten". Er hatte Jesus beim Wort genommen. Das hatte ihm den Zugang zur Kirche versperrt!

Ein führender katholischer Ordensmann, der in derselben Gruppe war, kam an der Nuntiatur (Botschaft) des Vatikans vorbei, einem Bau mit Überwachungskamera und Gegensprechanlage. Er klingelte. „Ja bitte?" hörte er. „Ich bin ein Stadtpilger und habe Hunger", sagte er. „Haben Sie etwas zu essen für mich?" Es folgte eine lange Pause. Dann wieder die Stimme aus dem Off: „Ich glaube nicht ..." Was für ein Satz im Namen der Kirche! Der Ordensmann zog weiter und kam wenig später an eine Moschee. Als er sich umsah, kam ein Mann heraus, begrüßte ihn und lud ihn ein, sich zu erfrischen, seine Füße zu waschen und einen Tee zu trinken. Einfach so.

Die Geschichte der Kirche hat Strahlendes und Dunkles hervorgebracht: herrliche Kathedralen, berührende Liturgien, faszinierende theologische Gedankengebäude, großartige Einrichtungen der Fürsorge für Arme und Kranke und überzeugende Gemeinschaften. Aber auch: einen Machtapparat, der die Menschen erst in Höllenangst gestürzt und ihnen dann klerikal verwal-

tete Gnadenmittel angeboten hat, Gewalt und Erobe-
rung als Begleiterscheinung der „Mission", Ketzer- und
Hexenverfolgung, Antisemitismus, Kollaboration mit
menschenverachtenden Diktaturen. Wie gesagt: Die Kirche (und das gilt vermutlich für jede Religion) bringt das
Beste und das Schlechteste im Menschen hervor. Wenn
es gut geht, begleitet und fördert sie uns auf der Suche
nach Sinn, Geborgenheit und Würde und lüftet für uns
den Vorhang zur unsichtbaren Seite der Wirklichkeit, zu
Gott. Wenn es schlecht geht, missbraucht sie ihre Macht
über die Seelen und züchtet gefügige Untertanen.

Das Wunder aller Wunder ist es, dass es die Kirche
nach 2000 Jahren immer noch gibt, in vielen Formen und
ständig im Wandel. Denn sie verdankt ihre Existenz nicht
sich selbst und kann sich auch nicht selbst erhalten. Gott
selbst wirkt in ihr, durch sie, trotz ihrer oder auch gegen
sie. Die Kirche ist nicht das Reich Gottes, aber es ereignet
sich *auch* in ihr. Die Kirche ist fehlbar. Auch als Ganzes
ist sie immer sündig und heilig zugleich. Nicht nur *ich* bin
auf Vergebung angewiesen, die Kirche ist es auch. Und
dennoch wirkt der Gottesgeist in, mit und unter den oft
verkrusteten Strukturen der Kirche, so wie er in, mit und
unter den von Menschen verfassten Texten der Bibel weht
oder wie Christus beim Abendmahl in, mit und unter Brot
und Wein real präsent ist: unvermischt und ungetrennt,
der ewige Geist in zerbrechlicher Materie.

Meine eigene kleine Kirchengeschichte

Schon als Student hatten mich die Themen Heiliger Geist und
Kirche interessiert. Meine selbstgewählten Schwerpunkt-
themen beim Examen gingen alle in diese Richtung. Auf jeder Berufsetappe habe ich später Neues gelernt, – aber auch
Grenzerfahrungen gemacht und einige Male kläglich versagt.

Vikariat in Gerbrunn: Als Vikar wurde ich Ende 1978 in die Gemeinde Gerbrunn-Sieboldshöhe am Rance Würzburgs delegiert. Mein Mentor sagte mir gleich, dass ich für die Jugendarbeit zuständig sei. Es gab einen monatlichen Jugendgottesdienst, den die Jugendlichen gestalteten. Außerdem bot die Gemeinde in jedem Sommer in Frankreich ein Feriencamp für 13- bis 15jährige an. Meinem Mentor war das inzwischen zu stressig. Ich hatte seit meinen Jungschartagen nie etwas mit Jugendarbeit zu tun gehabt. Teil unserer Ausbildung war das Thema auch nicht. So versuchte ich, mit den jungen Leute so umzugehen, wie ich es mir in meiner Jugend gewünscht hätte. Mein Konzept war der Aufbau einer „jungen Gemeinde" mit geistlicher Ausrichtung. Ich traf mich mit den Älteren regelmäßig zum Teetrinken und zur Gebetsgemeinschaft; die Jugendgottesdienste wurden allmählich zum „Kult". Wir fuhren einige Male am Wochenende ins unterfränkische Schloss Craheim, ein christliches Bildungshaus. Der Dorfpfarrer vor Ort, Dietrich Koller, begleitete uns an diesen Tagen. Daraus erwuchs eine lebenslange Freundschaft zwischen ihm, seiner Frau und mir, von der wir menschlich und geistlich enorm profitiert haben.

Das Camp in „La Chaumette" wurde der Hit. Sport, Spiel und Singen, Relaxen und kreative Bibelstunden ergaben ein eindrucksvolles Gesamtkunstwerk, lebendige junge Gemeinde auf Zeit. Nach dem Lager entstanden Gebetsgruppen und Hauskreise; die Jugendgottesdienste wurden noch beliebter. Neben diesem Erleben verblasste fast alles andere, was ich als Vikar in der Gemeinde und im Predigerseminar gelernt habe. Mein Mentor, der meinen Ideen eher spröde gegenüberstand, sagte mir am Ende der zwei Jahre: „Ich habe zwar nie verstanden, wie Sie ticken und wie das alles gehen soll, was Sie so machen. Aber am Ende hat das ja alles ein stimmiges Ganzes ergeben. Gratuliere!".

Lorenzer Laden Nürnberg: Eigentlich wollte ich nach dem Vikariat noch einmal Pause machen und bei den „Sojourners", einer progressiven Community in Washingon D.C., mitleben. Ich fühlte mich dem Pfarramt nicht gewachsen und hatte Angst vor dem Anspruchssystem einer bürgerlichen Kirche. Aber es kam anders. Mein älterer Schulfreund Christian Schmidt war inzwischen Pfarrer an der Nürnberger Lorenzkirche mitten in der Fußgängerzone. Dort traten regelmäßig selbsternannte Prediger auf, die die Menschen im Allgemeinen und die Kirche im Besonderen beschimpften und mit der Hölle bedrohten. Christian kam zu dem Schluss, dass die Kirche viel mehr auf der Straße präsent sein müsste, um anders als diese Höllenhetzer zu missionieren. Da fiel ich ihm ein. Die Aufgabe reizte mich. Man gründete einen „Verein für volksmissionarische Dienste am St. Lorenz".

Mir war klar, dass ich ein Team brauchen würde und einen Ort der Begegnung. Da wurde neben der prächtigen gotischen Kirche ein Ladengeschäft frei, das der Kirchengemeinde gehörte. St. Lorenz überließ uns den Laden mietfrei. Dort sollte ein Café entstehen, wo man mit den Menschen ins Gespräch kommen könnte. Einige Jugendliche aus Gerbrunn, die gerade Abitur gemacht hatten, wollten ohnehin im Großraum Nürnberg studieren. Einer von ihnen, Hanns-Jörg Bergmann, stellte sich als erster Diakonischer Helfer für das Projekt zur Verfügung. Zu fünft zogen wir Ende Oktober 1980 in eine preiswerte Wohnung, die der Gemeinde gehörte, und verstanden uns als Kern des Pilotprojekts. Wir waren eine fromme links-alternative Truppe und renovierten die WG und den Laden. Am 1. November ging alles offiziell los.

Am Vorabend gingen wir nach getaner Tapeziererei und Tüncherei in die Stadt, um ein Bier zu trinken – ein wild aussehender Haufen junger Leute mit Parkas und Palestinenserhalstüchern. Aus der Lorenzkirche erschall Musik. Dort fand der jährliche Reformationsvortrag statt. Neugierig betraten wir die Kirche. Ein Mitarbeiter sah uns mit Schrecken. Er sagte drohend: „Ich warne Sie! Wenn Sie hier stören wollen ...!" Da ritt mich der Teufel und ich grinste ihn an: „Wer weiß. Ich bin der neue Pfarrer für Volksmission". Damit verließen wir den Schauplatz.

In der Kneipe fiel uns ein junger tätowierter Mann mit langen schwarzen Haaren auf, der verdächtig schwankend an der Bar saß. Wir nahmen von ihm nicht weiter Notiz – bis es einen lauten Schlag tat. Er war vom Hocker gefallen und krümmte sich am Boden. Wir sprangen auf. „Wer bist du?" fragte ich ihn. „Der Indianer-Joe", stöhnte er. „Hast du eine Wohnung?", fragte ich. Er nickte. Ich bestellte ein Taxi und gab dem Fahrer genug Geld, um Joe heimzubringen. Aber vorher sagte ich noch: „Du kannst uns bald jeden Tag neben der Lorenzkirche treffen im neuen Lorenzer Laden." Aber er war so weggetreten, dass er wohl nichts davon mitbekam. Betroffen gingen wir heim. Wir setzten uns zusammen und beteten für die Stadt Nürnberg, für die Kirche und vor allem für Joe. Einige weinten. Irgendwie spürten wir, dass das Erleben dieses Abends kein Zufall war. Die Angst der Kirche vor Störern und Joe, dessen Geschichte wir nicht kannten. Eine erste Ahnung davon, für wen wir da sein sollten. Bald gab es eine große Gruppe Freiwilliger, unter ihnen viele, die noch zur Schule gingen. In unser Café kamen sofort auch psychisch labile Menschen, Stadtstreicher, Behinderte, Alkoholisierte. Wir hatten vor Projektbeginn mit nerdigen Jugendlichen gerechnet, die über Gott und die Welt diskutieren wollten. Seit Joe waren wir mit den „Mühseligen und Beladenen" konfrontiert! Auch in unseren „Ladengottesdiensten", die wir jeden Freitagabend abhielten. Alle durften sich am Bibelgespräch beteiligen. Es gab keine Predigten, aber immer das Abendmahl.

Der Mitarbeiterkreis wuchs zusammen. Durch Freizeiten und gemeinsame Aktionen wie Straßentheater oder „Pfingstnächte", wo Hunderte von jungen Leuten im Schlafsack in der ehrwürdigen Lorenzkirche übernachteten und Rockbands für Stimmung sorgten, kamen immer mehr Interessierte in den Laden, die auch aktiv mitmachen wollten. Im „LoLa" konnte man nicht nur Kaffee trinken und das Herz ausschütten; wir hatten auch von Anfang an einen kleinen Eine-Welt-Handel dabei. Dadurch lockten wir weiteres Publikum an. Damals trank man in bestimmten Kreisen den schier ungenießbaren scharf gerösteten Nikaragua-Kaffee aus pur ideologischen Gründen.

In der WG gab es bald ein Kommen und Gehen. Ich war die Konstante. Die Pfarrer von St. Lorenz unterstützen uns nach Kräften. Besonderen Anklang fanden unsere Glaubenskurse: Zehn Abende unter dem Titel „Auf Schatzsuche". Auch meine Mutter, die in eine Wohnung über unserer WG gezogen war, nahm „erfolgreich" an einem dieser Kurse teil, was mich anfangs irritierte. Sie öffnete sich für Gott. Meine Angst, sie könnte eine Frömmlerin werden, war allerdings unbegründet. Ihre schonungslose Offenheit hat sie auch als Christin nicht aufgegeben und mit ihrer schockierenden Direktheit so manches Meeting aufgemischt.

In meiner Begeisterung und Unreife habe ich es in diesen Aufbruchsjahren in Nürnberg mehr als einmal an professioneller Distanz fehlen lassen, was für mich und andere auch schmerzhafte Folgen hatte. Meine Rolle war nicht klar. Damals fiel zum ersten Mal die nicht ganz unzutreffende Formulierung: „Wir sind eine Anarchie mit einem starken Anarchen an der Spitze." Nach vier Jahren spürte ich, dass ich Unterstützung brauchte, und bot dem Trägerverein an, meine Stelle zu teilen. Das führte zu unerfreulichen Querelen. Es sollte nicht das letzte Mal sein, dass ich mich am Regelwerk eines deutschen Vereins rieb – und das Regelwerk an mir. Der Verein stimmte der Stellenteilung zwar zu, wollte aber den von mir vorgeschlagenen Kandidaten, meinen alten Internats- und Studienfreund Andreas Richter, nicht haben, der gesellschaftspolitisch enorm engagiert und radikal war. Der Mitarbeiterkreis, der immer selbstbewusster wurde, geriet angesichts dieser Ablehnung in Aufruhr und drohte dem Verein mit Streik. Zwei Vorstandsmitglieder traten zurück und machten so doch noch Platz für das überaus segensreiche Wirken von Andreas Richter und seiner späteren Frau Ute Böhne.

In dieser Zeit entstand ein Bolivienprojekt, das bis heute existiert. Der Lorenzer Laden begann, sich für Kinder und Jugendliche zu engagieren, die in einem alten Friedhof in Sucre Gräber pflegten oder sich als Fremdenführer etwas Geld verdienten. Bis heute unterstützt der „LoLa" dieses Projekt.

Nach sechseinhalb Jahren hatte ich eine Art Burnout. Mein alter Freund Martin Wirth, dessen Präfekt ich in Windsbach kurzzeitig gewesen war, und der als Student die Anfänge des Lorenzer Ladens mitgestaltet hatte, sollte und wollte meine halbe Stelle übernehmen. Ich konnte guten Gewissens Abschied nehmen. Der LoLa war bei Andreas und Martin in guten Händen. Er verstand sich mehr und mehr als „Basisgemeinde", inspiriert von befreiungstheologischen Experimenten in Lateinamerika. Er existiert bis heute. Sein Profil ist stärker denn je von dem Engagement für die Eine Welt geprägt. Einige der „Alten" vom Anfang sind bis heute dabei. Ich selbst habe mich nie in die weitere Entwicklung eingemischt. Gründer müssen vor allem eins: rechtzeitig aufhören und gehen!

München I, Sabbatjahr: Ich brauchte eine Pause, ließ mich von der Kirche beurlauben und zog in eine kleine Wohnung in München. In diesem meinem ersten Sabbatjahr entstanden zwei Bücher: *Auf Schatzsuche – 12 Expeditionen ins Innere des Christentums*, die Verschriftlichung unserer Glaubenskurses, und (mit Richard Rohr) *Das Enneagramm – die neun Gesichter der Seele*. Dadurch wurde auch die Freundschaft mit Tiki Küstenmacher und seiner Frau Marion neu belebt. Sie stammte auch aus der Würzburger Teestube, war Germanistin und Theologin und arbeitet inzwischen als Lektorin im Claudius Verlag. Die Gespräche mit den beiden haben wesentlich zu Gestalt und Gehalt des Buches beigetragen, dessen internationaler Erfolg alle Erwartungen übertreffen sollte. Im Anschluss an das Jahr war ich eine Zeitlang „Springer" in mehreren Münchner Gemeinden, vor allem in der Christuskirche.

Gemeindekolleg Celle: Da ereilte mich ein neuer Ruf. Landesbischof Hermann von Loewenich, der mich schätzte und scherzhaft als „unregelmäßiges Verbum" bezeichnete,[82] schlug mich für den Posten des stellvertretenden Leiters des Gemeindekollegs der Vereinigten Evangelisch Lutherischen Kirche Deutschlands (VELKD) in Celle vor. Vor allem mit dem dortigen Leiter, dem Hamburger Pastor Dr. Reiner Blank, verband mich schnell eine gemeinsame geistliche Vision. Wir hatten beide intensive Kontakte in die USA und waren von vielen Aspekten dortiger Kirchen inspiriert. Aus den USA importierten wir Gemeindeaufbaumodelle wie *Caring Community* (auf Deutsch damals *Gottesdienst Leben*) und *Wort und Antwort*. Wir holten auch die „Thomasmesse", einen erfolgreichen Alternativgottesdienst, aus Finnland nach Deutschland und entwickelten eigene Projekte wie eine Ausbildung für Menschen, die Sterbende begleiten wollten. Immer ging es uns dabei um das Zusammenwirken von Hauptamtlichen und „Laien" auf Augenhöhe. Wir organisierten auch die erste große Männertagung mit Richard Rohr, zu der fast 200 Teilnehmer nach Bad Segeberg kamen. [83]

Die Kirchenleitung der VELKD nahm unsere Ausrichtung und unsere Aktivitäten zunehmend skeptisch auf. Am Ende setzten sich die Gegner unseres Ansatzes durch. Unter entwürdigenden Umständen wurde unser erster Mann, Dr. Reiner Blank, gefeuert. Wenige Monate später kündigte ich von mir aus. Dabei machte ich die großartige Erfahrung, dass sich die Leitung der bayerischen Landeskirche uneingeschränkt hinter mich stellte und zu erkennen gab, dass sie meinen Schritt bedauere, aber verstehe.

Exerzitienhaus Gries: Ich konnte nach all dem nicht einfach in den Dienst der evangelischen Kirche zurückkehren und rief im Einkehrhaus Gries an, ob ich dort ein Jahr lang mitleben könnte. Dort war ich bereits mehrmals gewesen, um an zehntägigen Schweigekursen mit dem „Herzensgebet" teilzunehmen. Ich wurde mit offenen Armen aufgenommen und zog mit Sack und Pack nach Oberfranken. Der Deal in Gries sah so aus: vier Stunden pro Tag arbeiten, vier Stunden meditieren, regelmäßige Begleitgespräche mit dem Leiter, Pater Franz Jalics, und wöchentlicher Austausch in der Hausgemeinschaft. Das waren meist junge Leute in einer Orientierungsphase. Ich arbeitete in der Küche und bekochte jeweils bis zu 30 Kursteilnehmer vegetarisch.

Dieses Jahr war nicht einfach. Das Zusammenspiel in der Hausgemeinschaft war spannungsreich und in den vielen Stunden des stillen Daseins vor Gott kamen allmählich verdrängte Ängste und andere Dunkelheiten aus meinem Unterbewussten ans Licht. Insbesondere überfiel mich nach einiger Zeit nochmals die Angst vor der familiären Belastung durch die Erbkrankheit. Franz Jalics ermutigte mich, einen Gentest zu machen. Zum Glück war ich „negativ".

München II, St. Lukas: Nach diesem Jahr wollte ich auch jetzt nicht gleich zurück in den kirchlichen Dienst und hatte keine Perspektive. Mein Studienfreund Tilmann Haberer ließ mich bei sich wohnen. Er war inzwischen Pfarrer an der Lukaskirche und hatte einige Nürnberger Impulse wie die Pfingstnacht in die Landeshauptstadt transferiert; ein „Lukasladen" entstand mit Anleihen am LoLa; die Thomasmesse hatte in St. Lukas inzwischen ebenso eine Heimat gefunden wie ein großartiger Gospelchor. Im Kirchenkeller unter dem Hauptaltar begann der „Arbeitskreis Armut" damit, im Winterhalbjahr obdachlose Frauen aufzunehmen. Die damalige Aufbruchsstimmung in der riesigen Kuppelkirche an der Isar war nach meinem Herzen. Hier wäre auch ich gern Pfarrer gewesen. Aber es gab keine Stelle. Bis dann die dritte Pfarrerin Ulrike Aldebert und ihr Mann Zwillinge adoptierten und sie in Mutterschutz ging. Uli hatte eine halbe Stelle. Und die bot mir die Landeskirche nun an. Ja, hier konnte auch ich „unregelmäßiges Verbum" Pfarrer sein. Und so begann ich 1998 erstmals als – halber – Gemeindepfarrer zu arbeiten. Ich bezog eine Wohnung am Viktualienmarkt, ging als Religionslehrer in die Schule, unterrichtete Konfirmanden, unterstützte Thomasmesse, Lukasladen und Kirchenkeller. Aus einem Seminar „Homosexualität und Bibel" entstand der *SchwuBiLu*, der „Schwule Bibelkreis Lukas", der sich anfangs wöchentlich traf und das Thema zwei Jahre lang kreativ bearbeitete. Am Ende war das Ganze „gegessen" und bedurfte keiner eigenen Gruppe mehr. Und noch etwas geschah, was Folgen haben sollte: Ich traf Klara Koller, eine ehemalige „Grieserin" wie ich, und wir beschlossen, in einem kleinen Raum des Gemeindehauses regelmäßige Kontemplationskurse mit dem Herzensgebet und feste Zeiten der Stille anzubieten. Schon bald gab es eine Art „harten Kern" der Schweigenden.

Um die Jahrtausendwende herum begegnete mir Wolfgang, ein junger Mann. Wir ließen uns auf eine Partnerschaft mit Höhen und Tiefen ein, die sechs Jahre währte.

München III, St. Martin: Die Lukaskirche hatte in den 60er-Jahren eine Dependance, die Kapelle St. Martin, versteckt in einem Hinterhof. Nach 32 Dienstjahren sollte der dortige Pfarrer Ende 2003 in den Ruhestand gehen. Er hatte diesen Sprengel besonders geprägt. Als „Hochkirchler" stand er einem konservativen Katholizismus nah; in der Kirche gab es ewiges Licht, Weihwasser und einen – illegal eingebauten – Tabernakel für die nicht verzehrten Abendmahlsgaben. Frauen durften in St. Martin weder predigen noch das Sakrament austeilen. Der Kirchenvorstand St. Lukas hatte diese besondere Personalgemeinde geduldet; nun spielte man mit dem Gedanken, St. Martin aufzugeben. Ich war dagegen. Ich mochte diese stille Hinterhofoase. Dazu kam, dass sich die Landeskirche in dieser Zeit von ihrem „Haus der Stille", einem Meditationszentrum in Schloss Altenburg, trennen wollte. Offiziell ging es um die Kosten des Hauses; eigentlicher Hintergrund war aber die Ausrichtung des Zentrums, die manchen zu interreligiös und „fernöstlich" erschien. Eines Nachmittags Ende 2002 hatte ich eine Idee. Ich schrieb sie in wenigen Stunden nieder. Könnte man St. Martin nicht in ein „ambulantes" Meditations- und Exerzitienhaus mitten in der Stadt umwandeln, wo spirituelle Übungskurse und feste Meditationszeiten mit christlichem Profil ihren Platz haben könnten? Auch eine Pilgerherberge fehlte bis dato in München. Ich schlug vor, so ein Zentrum zunächst mit einer halben Pfarrstelle zu besetzen und in enger Verzahnung mit St. Lukas zu gestalten. Dieses Papier schickte ich – bewusst nicht auf dem offiziellen Dienstweg! – an alle möglichen Leute einschließlich des Landesbischofs. Das Wunder geschah: Die Synode beschloss, St. Martin drei Jahre lang als Spirituelles Zentrum zu erproben. Ich sollte meine halbe Stelle in St. Lukas behalten, jetzt mit Schwerpunkt St. Martin, und dazu unter demselben Dach die Leitung der neuen Einrichtung übernehmen.

Schon bald gab es einen ersten „Visionstag". Ich lud Freundinnen, Freunde und Gemeindeglieder ein, gemeinsam über die Zukunft des neuen Zentrums nachzudenken. Das Motto unseres Projekts sollte lauten: „Schweigen. Reden. Handeln". Mir war wichtig, dass eine zukunftsfähige Spiritualität widerständig und mystisch sein müsste, kontemplativ, dialogisch und gesellschaftlich engagiert.

Der eigentliche Übergang war dramatisch für alle Beteiligten. Weder für meinen Amtsvorgänger noch für seine Personalgemeinde war ich der Traumkandidat. Dazu kam, dass der Kirchenvorstand von St. Lukas keine Vakanzzeit wollte. Ich hatte keinen einzigen Tag, um mich auf die neue Aufgabe vorzubereiten. Während mein Vorgänger noch neben der Kirche wohnte, begannen bereits die Renovierungsarbeiten im Zentrum und ich sollte sozusagen im Handstreich und mitten auf einer Baustelle das Anwesen übernehmen. So wurde ich ganz gegen mein Naturell zum Bilderstürmer, löschte das Ewige Licht, schüttete das Weihwasser aus und schob die Orgel vor den Tabernakel. Christian Unger, Architekt und Kirchenvorsteher und bereits in St. Martin engagiert, unterstützte mich nach Kräften. Er selbst war ZEN-Schüler von Willigis Jäger. Ich wollte zunächst im Blick auf östliche Meditationswege zurückhaltend sein, damit sich das Desaster von Altenburg nicht wiederholt. So begann eine Gratwanderung zwischen christlichem Profil und Öffnung nach außen. Auch mein Partner Wolfgang war in dieser Zeit eine große Stütze. Er bekochte in den kommenden Jahren die Seminarteilnehmer in St. Martin und wurde mein Co-Trainer bei Enneagrammseminaren.

Der Eröffnungsgottesdienst unseres Zentrums löste beides aus, Begeisterung und Entsetzen. Als Gast aus der interreligiösen Ökumene hatte ich einen Sufischeich eingeladen, der bei uns später auch Seminare geben sollte. Er rezitierte die 1. Sure aus dem Koran[84], einen Text, der meines Erachtens auch für Christen „unverfänglich" ist. Ein Teil der Gemeinde war entzückt, ein anderer konsterniert. Am nächsten Tag erschien im bundesweit vertriebenen evange'ikalen Newsletter Idea-Spektrum ein Artikel mit der Überschrift „Pfarrer lässt Gemeinde zu Allah beten". Der zweite Abschnitt begann mit dem perfiden Satz: „Ebert, bekennender Homosexueller, …". Aber Islam und Homosexualität waren schon damals die beiden Lieblingsfeinde bestimmter Kreise. St. Martin erschien ihnen als eine Brutstätte der Ketzerei und Perversion. Zum Glück wies Helmut Frank, der Herausgeber des Evangelischen Sonntagsblatts in Bayern, den Idea-Chef in die Schranken. Man verfolgte dort die Sache nicht weiter.

Drei Schwestern aus der evangelischen Kommunität „Christusbruderschaft Selbitz" bezogen kurz danach die geräumte Pfarrwohnung, obwohl auch im Orden die Sache mit dem Sufi Irritationen ausgelöst hatte. Die drei standen hinter mir. Wieder begannen wir mit einem wöchentlicher Abendgottesdienst. Die „Martinsmesse". Sie findet bis heute fast jeden Sonntag um 18 Uhr statt und lehnt sich an Teestube und Lorenzer Laden an: offener Stuhlkreis, interaktives Bibelgespräch statt Predigt, Abendmahl. Neu war die ausführliche Meditationsphase am Anfang mit Körperübung und einer Zeit des Schweigens. Neu war auch, dass die Abendmahlsworte nicht vom Pfarrer, sondern von der gesamten Gemeinde gesungen wurden. Denn die Gemeinde und niemand sonst repräsentiert – neben Brot und Wein – den präsenten Christus. Wie in der Thomasmesse wurde auch hier wichtig, dass Jesus alle einlädt an Seinen Tisch, nicht nur die Getauften.

Schwerpunkt waren bald auch regelmäßige Zeiten der Stille in unserem Meditationsraum. Sie waren so konzipiert, dass jede und jeder mit meditieren konnte – unabhängig von der jeweiligen Meditationsschule. So saßen von Anfang an Menschen, die ZEN praktizierten, neben solchen, die das christliche Jesusgebet übten. In regelmäßigen Abendkursen leiteten Klara und ich die Praxis dieses Schweigegebets an. Wir luden zu Wochenendseminaren zum Enneagramm, zu Sufitänzen, zum Umgang mit Träumen, bald auch gelegentlich zu Meditation im Stil des ZEN ein. Einmal pro Monat fand ein meditativer Tag im Schweigen statt. Eine Yoga- und eine Tai-Chi-Gruppe etablierten sich. Tilmann Haberer und ich boten auch bald einen zweijährigen Grundkurs „Geistliche Begleitung" an. Die ersten Pilger kamen und wir luden zusammen mit dem Ehepaar Hannah, katholischen Pilgerfreunden, zu Pilgertagen ein, bei denen mehrmals fast hundert Interessierte erschienen. Jakobspilger konnten bei uns auf einfachen Matratzen kostenlos übernachten unter dem Motto: „Nimm, was du brauchst, und gib, was du kannst".

Daneben war ich auch für die Gemeindearbeit des Sprengels zuständig, leitete Konfirmandengruppen, taufte, traute, beerdigte und beteiligte mich am Predigtdienst in der Lukaskirche und in St. Martin. Ein Kindergottesdienst entstand und eine originelle Jugendgruppe aus Ex-Konfirmanden: die „MarTeens" mit eigener Zeitschrift.

Die Landeskirche hatte das Projekt zunächst auf drei Jahre begrenzt. Aber natürlich sollte es weitergehen. Man wollte auch mein Gehalt weitere drei Jahre bezahlen; aber alles andere mussten wir nun selber stemmen. So gründeten wir einen Trägerverein. Eine Basisgemeinde wäre mir lieber gewesen, aber das ist keine juristisch anerkannte Rechtsform.

Im Zusammenhang mit dem Verein kam es bald zu Spannungen. Ich war kein Vorstandsmitglied, verstand mich aber als spiritueller Leiter und Impulsgeber auf Augenhöhe. Die damalige 2. Vorsitzende stammte aus einer Freikirche und sah den Pastor eher als eine Art Angestellten des Vorstands. Auch während der Vollversammlungen zog immer mehr ein

Stil ein, der alles andere als kooperativ und vertrauensvoll war. Ich hatte enorme Selbstzweifel, was meine Leitungskompetenz betraf, und war nahe daran, alles hinzuschmeißen. Vor allem unsere „Grand Old Ladies", Maike Schmauß, die Vorsitzende des Vereins, und Elisabeth Groß, Katholikin und als junges Mädchen in der Jugendgruppe des von den Nazis hingerichteten Widerstandskämpfers Pater Alfred Delp, und auf ihre Weise auch Schwester Elisabeth Schwinn von der Christusbruderschaft Selbitz, stärkten mir damals den Rücken. Drei Rebellinnen verließen den Verein. Dorothea Hahn, die neue erste Vorsitzende, und ihr Partner Holger Beckmann hatten die Idee, ich könnte mich doch selbst als 2. Vorsitzenden wählen lassen, was tatsächlich geschah und die Kooperation und den Frieden innerhalb des Vereins förderte. Nach sieben Jahren mit der Aufteilung meiner Stelle zwischen der Kirchengemeinde St. Lukas und dem Spirituellen Zentrum St. Martin beschloss die Landessynode, die Stelle zu „verstetigen". Anstatt Pfarrer in St. Lukas zu sein, wurde ich nun mit halber Stelle Beauftragter für Geistliche Übung und Meditation in Südbayern. Ich sollte dazu beitragen, geistliche Übungswege an möglichst vielen Orten zu implantieren und darüber hinaus nationale und internationale Kontakte im Bereich spiritueller Angebote zu pflegen. Ein weites Feld mit vielen Reisen und vorwiegend beglückenden Erlebnissen und mit einem intensiven Austausch mit kirchlichen Zentren im In- und Ausland. Zwei große Symposien zum Herzensgebet haben wir mitverantwortet: 2011 in Flüeli/Ranft in der Schweiz, 2014 in St. Martin. Publikationen dokumentieren diese wegweisenden Tagungen.[85] Kurz nach dem Münchner Symposion erlitt ich einen Herzinfarkt, der zum Glück sofort diagnostiziert und behandelt wurde. In der sechswöchigen Phase der Genesung erlebte ich, wie viele „Ehrenamtliche" von St. Martin alles nicht nur am Laufen hielten, sondern selbständig und originell gestalteten. Das schenkte mir die Gewissheit, dass meine Zeit allmählich zu Ende gehen darf und dass „der Zauber von St. Martin", wie es ein Vereinsmitglied genannt hat, weiterwirkt – auch ohne mich, den Gründer. So konnte ich mich im Sommer 2017 mehr leichten als schweren Herzens verabschieden. Ich bin gewiss, dass Gott das Werk, das er anfängt, auch weiterführt und vollendet. Mein Nachfolger Hanns-Hinrich Sierck scheint mir das Zeug zu haben, das, was im Münchner Glockenbachviertel gepflanzt wurde, weiter zu hegen, zu pflegen und kreativ zu verändern. Ich muss mich da nicht mehr einmischen.

Ausblick: Als Ruheständler kann ich zurückschauen, mich über Gelungenes freuen, Enttäuschungen betrauern. Vielleicht auch ab und zu einspringen, wo in der Kirche Not am Mann ist oder das eine oder andere sagen und schreiben. Ich kann, aber ich muss nicht. Andere werden weiterbauen an der sichtbaren Kirche. Und vor allem Gott selbst: „Wenn Jahwe nicht das Haus baut, arbeiten umsonst, die daran bauen. Wenn Jahwe nicht die Stadt behütet, wacht der Wächter umsonst!" (Psalm 127, 1).

… Gemeinschaft der Heiligen …

Die „Gemeinschaft der Heiligen" umfasst alle, die Gott suchen, unabhängig von ihrer Religion. Denn der Heilige Geist weht überall. Alle, die sich um Wahrhaftigkeit bemühen, die mitfühlen, die Not lindern, sind „heilig". Individualismus ohne Verantwortung, ohne Gemeinschaft zerstört die Welt. Gelebte Gemeinschaft ist das Zeugnis, das die Welt von uns Christen erwartet – Gemeinschaft unter Glaubensgeschwistern, aber auch mit den Brüdern und Schwestern der Einen Menschheitsfamilie.

Zwei und zwei

Es gibt kein Christentum ohne Gemeinschaft, auch wenn viele Protestanten das meinen. Jesus sagt: „Wo zwei oder drei versammelt sind in meinem Namen, da bin ich mitten unter ihnen" (Matthäus 18,20). Jesus selbst hatte zumindest zwei Menschen, mit denen ihn jeweils eine besondere Zweierbeziehung verband: Maria Magdalena und den Jünger Johannes. Jeweils zu zweit sandte er die Jünger aus. Paulus praktizierte diese Zweierschaft auf seinen Missionsreisen. Ähnlich hat es später Franz von Assisi getan. Oft war Bruder Leo bei ihm. Aber vor allem seine Jugendfreundin Klara war ihm ein entscheidendes Gegenüber und Du. „Alles Leben ist Beziehung", sagt Martin Buber. Das gilt auch für das geistliche Leben. Einer allein kann die Kirche nicht repräsentieren. Denn das, was *zwischen* Menschen geschieht, die gemeinsam mit Gott und mit Jesus unterwegs sind, ist unausgesprochen Teil der Botschaft, strahlt aus ohne Worte. Die Qualität dieser Beziehung ist Teil der Botschaft. Leider hat die Kirche später Strukturen geschaffen, die weder Zweisamkeit noch Teamwork vorsahen, sondern Pfarrer zum Einzelkämpfertum verdammten.

Jesus nannte seine Jünger „Freunde" (Johannes 15,14). Die keltische Spiritualität kennt schon aus vorchristlicher Zeit die Institution des „Seelenfreundes", auf Gälisch *Anam Cara*. Man war davon überzeugt, dass es unmöglich ist, den Weg des Glaubens ohne Weggenossen zu meistern. Seelenfreundschaft bedeutet gegenseitige Fürsorge, Ermutigung und Offenheit. Seelenfreunde teilen Freud und Leid und erlauben dem Gegenüber kritische Rückmeldungen und Anfragen. Ein Seelenfreund ist für die keltische Spiritualität so wichtig wie ein Kopf: Ohne ihn kann man nicht richtig sehen, hören, verstehen oder

„riechen", wo etwas stinkt, nicht „schmecken", was gut ist (St. Brigid von Kildare). Ein Seelenfreund kann ein Mentor oder eine spirituelle Seelenführerin sein; diese Art von Freundschaft kann aber vielleicht sogar noch besser auf Augenhöhe und Gegenseitigkeit geschehen. Wenn der Seelenfreund stirbt, muss man sich nach keltischer Vorstellung so schnell wie möglich einen neuen suchen oder um ihn beten. Denn ohne ein Gegenüber, das die Gedanken und Geheimnisse meines Herzens kennt, drohe ich mich spirituell zu verirren.

Drei und mehr

Schon in der ersten Gemeinde begannen die Getauften, sich einerseits täglich im Tempel zu treffen, andererseits in kleinen Gruppen – „hin und her in den Häusern", wie es in der Apostelgeschichte 2,42 heißt. In diesen Hauskirchen teilte man Freud und Leid, sorgte füreinander, betete und „brach das Brot" wie einst Jesus – ganz ohne Priester, einer Kaste, die es damals ohnehin in der Kirche noch nicht gab. Die Gemeinden, die Paulus gegründet hat, dürfen wir uns äußerst überschaubar vorstellen. Da kannten alle einander. Das Gemeindeleben und die Gottesdienste müssen sehr kommunikativ, konflikttträchtig und turbulent gewesen sein. Paulus gab Ratschläge, allerdings nur sehr wenige, um das Chaos zu bändigen. Im Laufe der Kirchengeschichte waren es immer wieder solch kleine Gruppen, Gemeinschaften und Kommunitäten, die als Sauerteig in der Kirche wirkten – und zugleich in der Gesellschaft.

Christliche Gemeinschaft ist manchmal verbindlich und auf Dauer angelegt, manchmal aber ereignet sie sich auch punktuell. Solche Gemeinden auf Zeit entstehen bei Tagungen und Seminaren, auf Kirchentagen und Gebetstreffen. Beeindruckendes Beispiel sind Kommunitäten wie Taizé in Burgund, wo Jahr für Jahr zehntausende – meist junge – Menschen für wenige Tage eine geistliche Heimat finden, wie es so in der Heimatpfarrei kaum möglich wäre.

Zu Tisch gebeten

Jesus feierte gerne und übertrat dabei immer wieder die Grenzen der damaligen gesellschaftlichen und religiösen Etikette. Regelmäßig begab er sich in „schlechte Gesellschaft".[86] Diese „inklusiven" Mahlgemeinschaften sind neben dem jüdischen Pessach und dem letzten Mahl Jesu Modell für das christliche Abendmahl: Alle sind eingeladen, besonders die Benachteiligten, die Sünder, die „Schwachen". Aber auch alle anderen, die sich nicht dran stoßen, an diesem Tisch nichts „Besseres" zu sein. Einer der Großskandale der Christenheit besteht darin, dass das Mahl der inklusiven Gemeinschaft zu einer Exklusivveranstaltung für „gute Christen" geworden ist. Die römisch-katholische Kirche schließt Nichtkatholiken ebenso aus wie geschiedene Wiederverheiratete oder Menschen, die in verbindlichen gleichgeschlechtlichen Partnerschaften leben. „Katholische" Tyrannen und Diktatoren wie Hitler oder Pinochet wurden hingegen nie exkommuniziert. Die evangelische Kirche ist zwar offener, aber sie lädt offiziell auch nur Getaufte ein. Die Jünger Jesu und die vielen, mit denen Jesus gegessen und getrunken hat, waren Juden oder Heiden, allesamt nicht getauft. Die Taufe kann nicht die Voraussetzung der Tischgemeinschaft mit Jesus sein. Und erst recht nicht die Konfessionszugehörigkeit. Denn gerade die Erfahrung, auch als „Fremder" eingeladen zu sein, kann schließlich dazu führen, verbindlich dabei sein zu wollen und sich taufen zu lassen. Immer noch gilt: Jesus ist der Gastgeber. Er lädt alle ein. Kein anderer kann an seine Stelle treten.

Christus ist beim Abendmahl auf zweifache Weise gegenwärtig: In, mit und unter Brot und Wein, sowie in, mit und unter der versammelten Gemeinde. Gleichzeitig bleibt Er in diesem Ritual auch ein Gegenüber. Das Abendmahl ist kein „Hokuspokus". Dieses Wort ist die Verballhornung der vom Priester auf lateinisch gemurmelten Worte „Hoc est corpus" („Das ist der Leib ..."). Offensichtlich empfanden die Menschen früherer Zeiten die Verwandlung von Brot und Wein in Leib und Blut Christi als magisch. Aber was passiert da wirklich? Alle Versuche, die Präsenz Jesu beim Abendmahl philosophisch oder logisch zu definieren, taugen nicht. Es geht um Begegnung und Beziehung. Die traditionelle katholische Abendmahlslehre spricht von einer „Transsubstantiation": Die „Akzidentien" von Brot und Wein bleiben erhalten, während das „Wesen", die „Substanz" der Gaben, durch die Einsetzungsworte des Priesters in Leib und Blut Christi verwandelt werden. Die geweihten Hostien „sind" danach für immer Christus; das heißt, man muss aufpassen, dass sie nicht beschädigt werden und dass keiner Unfug mit ihnen treibt. Früher haben manche Bauern gestohlene Hostien ans Vieh verfüttert, damit es bessere Erträge bringt. Und auch für „Schwarze Messen" der Satanisten braucht man geweihte christliche Hostien, um diese zu „schänden". All das sind Folgen eines magischen Denkens. Die Reformierten um den Schweizer Reformator Ulrich Zwingli hingegen gingen davon aus, dass Jesus nicht wirklich im Abendmahl präsent sein kann, da er „zur Rechten Gottes" sitzt, also irgendwo „oben" jenseits unserer Welt, auf jeden Fall nicht in der Hostie.

An diesem Punkt bin ich mit Luther einverstanden:

Seine Formel „in, mit und unter" wahrt das Geheimnis, ohne definieren zu wollen, wie die Präsenz Christi zu verstehen ist. Es ist ein Vertrauens-, Beziehungs- und Liebesgeschehen. Ich öffne den Mund und empfange Jesus selbst. Das genügt – und hat Folgen: Schon für Paulus war klar, dass man nicht Abendmahl miteinander feiern kann, ohne Verantwortung zu tragen füreinander. Luther bringt es in seinem „Sermon vom Abendmahl" auf den Punkt:

> Diese Gemeinschaft besteht darin, dass alle geistlichen Güter Christi und seiner Heiligen dem mitgeteilt und zu Miteigentum gegeben werden, der dieses Sakrament empfängt. Umgekehrt werden auch alle Leiden und Sünden allen gemeinsam, und so wird Liebe gegen Liebe entzündet und vereinigt ... Wie in einer Stadt allen Bürgern der Name dieser Stadt gemeinsam ist, ihre Ehre, Freiheit, Handel, Gebräuche, Sitten, Hilfe, Beistand, Schutz und dergleichen, so auch umgekehrt alle Gefahr, Feuer, Wasser, Feinde, Sterben, Schäden, Tribute und dergleichen. Denn wer mit genießen will, der muss auch mit bezahlen und Liebe mit Liebe entgelten.[87]

Nach Luther ist die Gemeinschaft der Heiligen und die Anteilhabe am Heiligen keine Privatsache, sondern hat Konsequenzen. Die wichtigste Konsequenz des Abendmahls heißt Teilen – auch im Alltag.

... Vergebung der Sünden ...

Jesus hat Sünden erlassen, auch ohne Beichte: Dem Gelähmten vergibt er die Sünden – und die physische Lähmung verschwindet. Diese „Anmaßung", Menschen Sünden zu vergeben, bringt die Gegner Jesu in Rage. Die Ehebrecherin verurteilt er nicht und eröffnet ihr somit eine neue Lebensperspektive. Und im Vaterunser lehrt er uns beides – um Vergebung zu bitten und um die Bereitschaft und Fähigkeit, aktiv zu vergeben: „Vergib uns unsere Schuld, wie auch wir vergeben unseren Schuldigern!"

Ohne Vergebung gibt es keine Heilung in zwischenmenschlichen Beziehungen, Familien und Gemeinschaften. Der kürzlich verstorbene Arzt und Therapeut Konrad Stauss hat ein bemerkenswertes Buch über die heilende Kraft der Vergebung geschrieben, in dem er methodisch dazu anleitet, konkrete Versöhnungsschritte zu wagen.[88] Es ist etwas Tapferes und Herrliches, aber auch weitgehend Vergessenes: sich dem eigenen Schatten zu stellen und sich die transformierende Kraft der Absolution zu gönnen. Luther hielt die persönliche Beichte für so zentral, dass er jede Woche gebeichtet hat und sagte: „Wenn ich zur Beichte einlade, lade ich ein, Christ zu sein."

Ohne bedingungslosen Schuldenerlass, angefangen von persönlichen Verletzungen bis hin zu den enormen materiellen Schulden, die das kapitalistische Weltwirtschaftssystem den Armen dieser Erde aufbürdet, keine Heilung, kein Friede, keine Gerechtigkeit, keine Versöhnung. Doch all dies ist abhängig von der Fähigkeit, zunächst den Blick auf die eigene dunkle Seite zu richten: Kein spirituelles Erwachen, keine Reifung ist möglich, ohne Schattenarbeit an sich selbst.

Spirituelle Schattenarbeit hat eigentlich in der *Beichte* ihren Ort. In der katholischen Kirche ist sie wegen allerlei Formalismus und wegen übergriffiger Fragen bei vielen in Verruf geraten. Protestanten haben sie quasi abgeschafft, obwohl Luther sie für ganz zentral hielt. In der Ostkirche gab es eine eigene Art von Seelenführung durch die

„Starzen". Ein Starez war in der Regel ein Mönch, dessen Ausstrahlung und Weisheit anziehend wirkte. Starez wurde man, indem Ratsuchende kamen, um ihre Sünden zu bekennen oder ihre Not zu klagen. Im Westen entwickelte sich hingegen die Institution des Beichtvaters, der Priester sein musste. Denn nach katholischer Auffassung entscheidet hier kein besonderes *Charisma*, sondern ein *Amt*: Nur geweihte Priester dürfen Beichte hören. Der Beichtvater kennt meine tiefsten Geheimnisse und Abgründe – ich hingegen weiß von ihm nichts. Das verleiht ihm große Macht über die Seelen.

In der evangelischen Kirche geriet die Beichte weitgehend in Vergessenheit. In Max Frischs Roman *Mein Name sei Gantenbein* geht es um die Identität des Menschen und um seine vielen Rollen in der Gesellschaft. Dabei kommt der Schweizer Dichter auch auf die Beichte zu sprechen:

Ein Katholik hat die Beichte, um sich von seinem Geheimnis zu erholen, eine großartige Einrichtung; er kniet und bricht sein Schweigen, ohne sich den Menschen auszuliefern, und nachher erhebt er sich, tritt wieder seine Rolle unter den Menschen an, erlöst von dem unseligen Verlangen, vom Menschen erkannt zu werden. Ich habe bloß meinen Hund, der schweigt wie ein Priester, und bei den ersten Menschenhäusern streichele ich ihn.[89]

Ich empfinde die Geringschätzung der Beichte im Protestantimus als einen großen Verlust. Martin Luther wollte nur den Beichtzwang abschaffen. „Man soll wohl dazu reizen, aber nit treiben, man soll dazu locken, aber nit zwingen. Frei, willig und gern soll man beichten ... Wer nun sein Elend und Not fühlet, wird wohl solch Verlangen danach kriegen, dass er mit Freuden hinzu laufe."[90] Er war überzeugt, dass die rechte Verkündigung des Evangeliums dazu führen würde, dass die Menschen freiwillig zur persönlichen Beichte kommen. Besonders wertvoll war sie für Luther auch deshalb, weil in ihr die Absolution durch einen Mitchristen zugesprochen wird. Denn seiner Meinung nach kann jeder Christ Beichte hören und Sünden vergeben: „Welchem willst du dein Gebrechen klagen denn Gott? Wo kannst du ihn aber finden denn in deinem Bruder? Der kann dich mit Worten stärken und helfen ... Ich will mir die heimliche Beichte von niemand lassen nehmen und wollte sie nicht um der ganzen Welt Schatz geben. Denn ich weiß, was Trost und Stärke sie mir gegeben hat."

Immer wieder ist die persönliche Beichte auch im Protestantismus neu entdeckt worden, so in der Bewegung um den Württembergischen Pfarrer Johann Christoph Blumhardt im 19. Jahrhundert und durch Dietrich Bonhoeffer im 20. Jahrhundert. Von 1935 bis 1937 leitete Bonhoeffer das illegale Predigerseminar der Bekennenden Kirche in Finkenwalde. Ihm war bewusst, dass der Kampf gegen den nationalsozialistischen Ungeist nicht nur intellektuell geführt werden kann, sondern dass die jungen Pfarrer der Bekennenden Kirche auch geistliches Rüstzeug und geistliche Disziplin brauchen. Dazu gehörten die tägliche persönliche Bibelmeditation, häufige Abendmahlsfeiern und die Einzelbeichte. Er selbst war sich nicht zu fein, bei einigen seiner jungen Vikare Sünden zu bekennen. Dieser Erfahrungen schlagen sich in seinem Buch *Gemeinsames Leben* nieder. Dort heißt es zum Thema Beichte und Vergebung:

Wer mit seinem Bösen allein bleibt, der bleibt ganz allein. Es kann sein, dass Christen trotz gemeinsamer Andacht, gemeinsamen Gebetes, trotz aller Gemeinschaft im Dienst allein gelassen bleiben, dass der letzte Durchbruch zur Gemeinschaft nicht erfolgt, weil sie zwar als Gläubige, als Fromme Gemeinschaft miteinander haben, aber nicht als die Unfrommen, als die Sünder... Es ist aber die Gnade des Evangeliums, ... dass es uns in die Wahrheit stellt und sagt: Du bist ein Sünder, ... und nun komm als dieser Sünder, der du bist, zu deinem Gott, der dich liebt. Er will dich so, wie du bist und er will dir gnädig sein. Du brauchst dich selbst und deinen Bruder nicht mehr zu belügen, als wärest du ohne Sünde, du darfst ein Sünder sein ..."[91]

Bonhoeffer hinterfragt die Praxis einer Beichte ohne Gegenüber, also das Sündenbekenntnis im stillen Kämmerlein vor Gott. In solcher Art der Selbstvergebung lauert für ihn die Gefahr des Selbstbetrugs: „Der Christus im eigenen Herzen ist schwächer als der Christus im Worte des Bruders; jener ist ungewiss, dieser ist gewiss."[92]

Ich habe in meinem Leben seit dem 13. Lebensjahr immer wieder einmal gebeichtet und das meist als befreiend erlebt. Eine seltsame Begebenheit möchte ich aber doch nicht verschweigen, bei der ich erlebt habe, was Beichte sicherlich *nicht* ist oder sein soll. Als ich am Ende meiner langen Pilgerwanderung auf dem spanischen Jakobsweg um die Jahrtausendwende in der Kathedrale von Santiago de Compostela eine Pilgerbeichte ablegen wollte, um die Erfahrungen und Erkenntnisse dieser intensiven Zeit mit einem Gegenüber zu teilen, fand ich in keinem der wurmstichigen Beichtstühle jemanden, der deutsch oder englisch konnte. Meist saßen dort uralte Priester und warteten auf „Kundschaft". Schließlich winkte mich doch einer herbei. Sein Beichtstuhl hatte vorne eine Art Rollladen. Den hatte er hochgeschoben. Jetzt sah er mich fragend an. Ich kniete vor ihm und stotterte auf Englisch, dass ich lutherisch bin. Das schien ihn zu irritieren. Dann zog er aus irgendeiner Schublade einen zerknitterten Zettel mit gefühlten 20 Beichtfragen. Den hielt er mir vors Gesicht. Viele hatten mit dem Themenfeld Sexualität zu tun, mit Pornografie, Selbstbefriedigung, Ehebruch, Abtreibung und so weiter. Mit dem Finger tippte er auf eine Frage nach der anderen. Ich wusste nicht, wie mir geschah. Mal nickte ich, mal schüttelte ich den Kopf, mal zuckte ich mit den Achseln. Schließlich gab er mir eine Art Segen – ich bezweifle allerdings, dass er mich als Protestanten absolvieren durfte – und riet mir, soweit ich das verstand, ich solle mich mit dem katholischen Glauben befassen.

Heilung des Stammbaums

Vergebung ist auch der Schlüssel zur Heilung von Verstrickungen im Familiensystem. Traumata und unversöhnte Schuld wirken weiter – über Generationen hin. Ebenso wie Segen weiterwirkt. Wenn der Begriff „Erbsünde" irgendeinen Sinn hat, dann in diesem Zusammenhang. Der anglikanische Arzt Kenneth McAll hat vor Jahrzehnten (und lange vor Bert Hellingers Familienaufstellungen) ein Buch veröffentlicht, das auf Deutsch unter dem Titel *Familienschuld und Heilung* erschienen ist. Darin schildert er, wie er während seiner Tätigkeit als Missionsarzt eine Entdeckung machte: Immer wieder begegneten ihm Menschen, die unter Depressionen litten, selbstmordgefährdet waren oder von allerlei psychosomatischen Krankheiten heimgesucht wurden. In ihrer eigenen Biographie, aber auch in der Analyse ihrer Elternbeziehung und Kindheit, fanden sich keine Anhaltspunkte für die Ursache dieser Störungen. MacAll begann, das größere Familiensystem anzusehen, also bis in die dritte und vierte Generation

zurückzugehen. Dabei stieß er auf alte Brüche und Verstrickungen, die offenbar das ganze System beeinfluss-
ten. Da gab es häufig Familienmitglieder, über die man
nicht sprach, deren Leben Tabu war. Sie hatten ueheli-
che Kinder gezeugt, Selbstmord begangen oder waren in
Gewalttaten verwickelt gewesen. Als er weiter forschte,
stieß er auf zusätzliche belastende Indizien: Abtreibun-
gen, Missbrauch, Gottesfeindschaft. Auch fiel ihm auf,
dass es bei solchen Patienten manchmal Familienmitglieder gab, die verschollen oder aus irgendwelchen Gründen
nicht christlich bestattet worden waren. Es wuchs bei
ihm der Eindruck, dass nicht-versöhnte Schuld ins System
ausstrahlt – ebenso wie Gottesliebe und Segen es tun.
Genau das, was in der hebräischen Bibel behauptet wird.

Seine spirituell-therapeutische Idee war so einfach wie
wirkungsvoll: Er war zwar Anglikaner, erinnerte sich
aber an die katholische Tradition der „Seelenmessen" für
Verstorbene. Er begann mit befreundeten Priestern und
betroffenen Patienten für die Verstorbenen zu beten, und
zwar im Rahmen von Eucharistiefeiern. Denn das Abendmahl ist der Ort, wo sich Himmel und Erde verbinden. Am
Tisch Gottes sind Gott und Mensch, Lebende und Tote vereint. Das Ergebnis war beeindruckend. Es kam zur Heilung
vieler Störungen, und zwar nicht nur bei den anwesenden
Patienten, sondern in deren gesamten Familiensystemen –
selbst bei Angehörigen, die nichts von diesen Gottesdiensten wussten. Systeme ordneten sich neu, Konflikte wurden
gelöst, die Liebe konnte wieder freier fließen.[93]

Kurz nachdem ich McAlls Buch gelesen hatte, wurde mir klar,
dass auch in meinem System viel Unheil war, insbesondere die Erbkrankheit auf der väterlichen Linie. Als mich mein
Freund Dietrich Koller und seine Frau Lucia besuchten, bat

ich sie, mit mir einen Gottesdienst für meine Ahnen zu feiern. In meinem Schlafzimmer knieten wir am Boden, eine Kerze brannte, Brot und Wein standen bereit. Dietrich konsekrierte die Abendmahlsgaben. Wir sprachen die Namen der Toten aus. Eine tiefe Trauer bemächtigte sich meiner. Ich spürte all das Elend und Leid, das auf meiner Familie lag, sah vor meinem geistigen Auge die Leichenberge, die die Nazis aufgehäuft hatten. Zum ersten Mal konnte ich um meine Verwandten trauern, ja, ich schrie vor Schmerz. Mein Freund Dietrich tauchte den Finger in den gesegneten Wein, benetzte die Fotos meiner Toten, die auf dem kleinen Hausaltar lagen, und segnete sie mit dem Zeichen des Kreuzes. Nach dem Gottesdienst wurde ich von Frieden erfüllt. Das war lang, bevor ich in meiner Grieser Zeit den Gen-Test wegen der Krankheit gemacht habe.

Nochmals einige Jahre später war ich bei einer Familienaufstellung nach Bert Hellinger. Dort stellte ich meinen Großvater und all seine Kinder auf, die von der Krankheit weggerafft worden waren. Obwohl die Anwesenden von jenem denkwürdigen Gottesdienst nichts wussten, geschah etwas Erstaunliches: Die Stellvertreter meiner väterlichen Familienlinie sagten einer nach dem anderen, wie gut es ihnen gehe. Mein „Großvater" strahlte mich an und sagte, er schaue mit großer Liebe auf mich herab. Es war offenkundig: Der Fluch war längst gebrochen.

… Auferstehung der Toten und das ewige Leben.

Das Credo endet mit der größten aller Hoffnungen: Die Toten sollen leben. Und das betrifft nicht erst den physischen Tod am Ende des Lebens. Wo Gottes Geist weht, da kommt es zu Erweckungen und Auferstehungen aus den vielen kleinen Toden, die wir alle schon gestorben sind und immer wieder sterben: Kaputte Beziehungen, begrabene Hoffnungen, Pessimismus, Lethargie, Gleichgültigkeit, Zynismus ... Christen glauben an einen Gott, der Tote auferweckt und neues Leben schafft.

Ich habe immer wieder erlebt, dass Gott in meinem Leben und im Leben vieler anderer solche Auferstehungswunder gewirkt hat. Häufig ging es dabei um Bewahrung in Todesnot und um die Versöhnung verfahrener Beziehungen, mitunter auch um die Möglichkeit, dysfunktionale Systeme zu verlassen und neu anzufangen.

Aber was ist mit dem physischen Tod und dem Leben danach? Kürzlich habe ich in einem evangelischen Kloster ein Wochenendseminar geleitet. Es hieß „Meine spirituelle Biographie". Die Teilnehmer sollten sich damit beschäftigen, wer und was sie religiös geprägt hat, wie sie heute zu Glaube und Kirche stehen und wonach sie sich künftig sehnen. Am Ende der Tagung lud ich sie zu einer Sterbemeditation ein. Mit geschlossenen Augen sollten sie sich möglichst plastisch vorstellen, wie sie im Krankenhaus erfahren, dass sie nur noch kurze Zeit zu leben haben, wie sie noch einiges regeln und sich dann von ihren Lieben verabschieden und wie sie schließlich endgültig entschlafen. Sie sollten sich auch die eigene Beerdigung vorstellen, als unsichtbare Beobachter, und sich dann bewusst der anderen Dimension zuwenden, jenseits des Todes. Sie konnten Bilder und Vorstellungen in sich aufsteigen lassen von dem, was dann kommen könnte, auch Klänge und Gefühle. Dafür machte ich keinerlei inhaltliche Vorgaben. Schließlich sollten sie ganz bewusst ins Diesseits zurückkehren. Und wer wollte, konnte erzählen, was er oder sie gesehen hat.

Niemand erlebte diese Meditation als bedrohlich. Die meisten waren hinterher entspannt, ja geradezu selig. Manche waren einfach eingeschlafen und empfanden auch das im Rückblick als wohltuend. Natürlich war für mich besonders spannend, welche Vorstellungen vom Jenseits in diesen Menschen aufstiegen. Manche hatten gar nichts gesehen, aber Wärme und Geborgenheit gespürt. Andere hatten den Eindruck gehabt, ihnen sei eine Lichtgestalt erschienen. Für eine Person war ganz klar, dass diese Lichtgestalt Jesus war. Er kam auf den Teilnehmer zu, und beide umarmten sich. In diesem Moment verschmolzen sie miteinander und alle Bilder verschwanden.

Ähnliches berichten immer wieder auch Menschen, die ein sogenanntes Nahtoderlebnis hatten, die beispielsweise nach einem Unfall oder während einer Operation plötzlich erlebten, wie sie die andere Seite jenseits des Todes betreten.

Zunächst merken sie, dass sie tot sind. Das macht ihnen keinerlei Angst. Sie empfinden einen tiefen schmerzfreien Frieden. Anschließend löst sich das Bewusstsein vom Körper. Wie von fern schauen sie zu, was mit ihrem toten Leib passiert. Dann öffnete sich vor ihnen eine Art dunkler Tunnel, an dessen Ende ein helles Licht erstrahlt. Im Tunnel kommen ihnen häufig verstorbene Freunde und Verwandte entgegen, manchmal sogar tote Haustiere. Danach taucht sehr oft eine Lichtgestalt auf und führt ihnen ihr gesamtes Leben im Schnelldurchlauf vor Augen. Schließlich fragt die Lichtgestalt, ob sie da bleiben möchten – oder zurückkehren ins irdisches Leben. Oft entschließen sie sich, um ihrer Angehörigen willen weiterzuleben. Sie bewegen sich wie im Flug zurück und erwachen im eigenen Körper. Der Gesundheitszustand verbessert sich zusehends. Später leben sie ganz normal weiter, mit einem neuen Bewusstsein und weniger Furcht.[94]

Ich bin neugierig, was nach dem Tod kommt. Wir alle müssen uns da überraschen lassen. An eine Hölle mag ich jedenfalls nicht glauben. Im Credo ist zum Glück nur vom ewigen Leben und nicht von ewigem Tod die Rede. Zur „alternativen Orthodoxie", der ich mich verbunden fühle, gehört auch, dass es im Lauf der Kirchengeschichte immer wieder besonders sympathische Christinnen und Christen gegeben hat, die nicht an der ewigen Verdammnis der Sünder festhielten, sondern die eine „Allversöhnung" für eine echte Option gehalten haben: der Kirchenlehrer Origenes, die Mystikerin Juliana von Norwich, der Pietist Johann Albrecht Bengel, der Berliner Kanzelredner und Theologe Friedrich Schleiermacher, der geistesmächtige württembergische Pfarrer Christoph Blumhardt und sein Sohn Johann Christoph (einer der Väter des „religiösen Sozialismus"), der Schweizer Dogmatikprofessor Karl Barth, der Schweizer Jesuit Hans Urs von Balthasar ... Kann ein Gott, der die Liebe ist, damit leben, dass der größte Teil der Menschheit die Ewigkeit in einem KZ der Gottferne und Trostlosigkeit verbringt, ohne dass je mit Befreiung zu rechnen ist? De facto lehren das „offiziell" fast alle christlichen Konfessionen. Ich glaube das nicht. Ich bin überzeugt, dass der Prozess der Läuterung und Verwandlung mit dem physischen Tod nicht zu Ende ist. Das ist wohl auch der Sinn der hinduistischen und buddhistischen Vorstellung von Karma und Wiedergeburt – und der katholischen Lehre vom Purgatorium („Fegfeuer"), wo das, was nicht geläutert wurde auf Erden, „nachbehandelt" wird. Und auch das Jüngste Gericht hat vor allem die Funktion, dass alles ans Licht kommt, Segen und Sünde, Liebe und Leiden, Verwirklichung und Verfehlung eines Menschenlebens – und so geheilt und „begnadigt" werden kann. Auch das, was uns selbst völlig unbewusst war. Der Richter Christus richtet nicht hin, sondern er richtet her und er richtet auf. In Psalm 90 heißt es: „Unsere unerkannte Sünde stellst du ins Licht vor deinem Angesicht" – nicht um uns zu entlarven, sondern um alles Unerlöste in Gottes Licht zu versöhnen und zu transformieren.

Und noch ein letztes persönliches abschließendes Wort zum Thema Kirche: Viele sind von der real existierenden Kirche enttäuscht. Ich auch. Ich hätte gern die vollkommene Kirche. Das Problem: Sobald ich dabei wäre, wäre sie nicht mehr vollkommen.

DIE TRINITÄT

Mathematik der Liebe

Vor nicht allzu langer Zeit habe ich den Roman *Die Hütte. Ein Wochenende mit Gott* des kanadischen Autors William Paul Young gelesen.[95] Es geht um einen Vater, der um seine ermordete kleine Tochter trauert, und der von Gott in eine Blockhütte eingeladen wird und dort seine Traurigkeit überwindet. Das Buch stand schon länger in meinem Bücherschrank. Aber irgendetwas in mir sträubte sich, es zur Hand zu nehmen. Ich vermutete, dass es sich um eine zuckersüße religiöse Kitschgeschichte handeln würde: Da begegnet einer Gott – und alle seine Probleme lösen sich in Wohlgefallen auf. Eines Tages habe ich das Buch dann doch aufgeschlagen. Eine Freundin, deren Urteil ich schätze, war nämlich sehr davon angetan und meinte, ich müsse es unbedingt lesen. Ich tat es – und konnte nicht mehr aufhören.

Mack hat fünf Kinder. Bei einem Camping-Wochenende verschwindet Missy, seine jüngste Tochter. Sie bleibt verschollen, lediglich ihre blutigen Kleider werden gefunden. Alles deutet darauf hin, dass sie ermordet wurde. Mack versinkt in den kommenden Jahren in tiefen Depressionen und Schuldgefühlen, einen Zustand, den er die „Große Traurigkeit" nennt.

An einem Wintertag bekommt er einen Brief. Der Absender, der sich „Papa" nennt, lädt ihn ein, sich am Wochenende mit ihm in eben jener Hütte zu treffen, wo er die letzten Spuren seiner kleinen Tochter gefunden hat. Von wem ist dieses seltsame Schreiben? Von seinem leiblichen Vater? Von Missys Mörder? Oder gar von Gott persönlich, den Macks Frau Nan immer „Papa" nennt? Mack verheimlicht seiner Familie die Sache und macht sich trotz aller Bedenken auf zu der verlassenen Hütte.

Als er dort ankommt, ist der Blutfleck immer noch sichtbar und löst in Mack einen verzweifelten Wutanfall aus. Er zertrümmert die Einrichtung und schreit dabei seinen Hass auf Gott heraus, weil der das Verbrechen nicht verhindert hat.

Und da beginnt das Märchen: Die winterliche Umgebung verwandelt sich plötzlich in einen blühenden sommerlichen Garten; die elende Hütte wird zum behaglichen Blockhaus. Dort begegnen Mack drei seltsame Gestalten: Zunächst eine mütterliche, fröhliche dicke schwarze Frau, die sich komischerweise von Mack „Papa" nennen lässt. Sie sorgt in den kommenden Tagen für sein leibliches Wohl. Mack fällt auf, dass die Mitte ihrer Handflächen von vernarbten Wundmalen gezeichnet ist. Außerdem erscheint ein zupackender und kumpelhafter südländischer Kerl im besten Alter. Er ist meist in seiner Schreinerwerkstatt zugange und erweist sich im Lauf der Handlung als echter Freund auf Augenhöhe. Er nennt sich Jesus. Dritte im Bunde ist ein asiatisch anmutendes filigranes weibliches Wesen namens Sarayu (Sanskrit für „die Fließende", „der Wind") – offenkundig der Heilige Geist. Sie kümmert sich um den fantastischen Garten.

Die drei scheinen eine eingeschworene Gemeinschaft zu sein; ihr Umgangston ist manchmal rau, aber immer herzlich; sie scherzen bei vielen Gelegenheiten, ohne dabei plump oder oberflächlich zu wirken. Wie selbstverständlich beziehen sie den noch immer verzweifelten Mack in ihr gemeinsames Leben ein. Und immer wieder reden sie mit ihm, als Gruppe und einzeln: über das Wesen Gottes und Gottes Beziehung zu den Menschen; später dann auch über Missys Schicksal und über Macks Wut auf Gott. Allmählich beginnt er zu ahnen, wieso ein liebender Gott dennoch nicht immer eingreift und alles Böse verhindert.

Mack taut nach und nach auf. Schließlich zeigt ihm „Papa", wie er seinem leiblichen brutalen und gefühlskalten leiblichen Vater vergeben kann. Ein innerer Heilungs- und Versöhnungsprozess setzt sein. Macks Vaterwunde sitzt tief und sein Vaterbild ist kontaminiert wie das so vieler Menschen. Allmählich aber lichtet sich das Grauen. Er erkennt, dass sein Vater die eigene Seelennot nie hat verarbeiten können, und dass er sie stattdessen an seinen Sohn weitergegeben hat. Allmählich weicht Macks Hass gegenüber seinem Vater immer mehr einer Art von Mit- gefühl. Und „Papa", jene Figur, die im Roman zunächst als rundliche Mama auftritt, wandelt sich parallel dazu immer mehr zu einer männliche Gestalt.

In der märchenhaften „Anderwelt" der Hütte begeg- net ihm auch seine ermordete Tochter Missy wieder. Sie ist überaus glücklich – trotz ihres schrecklichen Schick- sals. Am liebsten würde Mack bei ihr im Jenseits bleiben. Aber seine große Familie braucht ihn und wartet auf ihn. Während der Klärungsphase kann Mack sich allmählich sogar dazu durchringen, Missys Mörder zu vergeben. Mit „Papas" Hilfe findet er die Stelle, wo Missys Leichnam versteckt liegt. Gemeinsam bringen sie ihn zur Hütte und begraben ihn in einem wunderschönen Sarg, den Jesus nach Missys Ideen gezimmert hat. Mack begreift auch, dass der Garten, den Sarayu, der Heilige Geist, pflegt, seine eigene Seele ist. Die dunklen Nebel der „Großen Traurigkeit" lichten sich, und allmählich erfüllt ihn die „Große Liebe", die er fortan ausstrahlen und weiterge- ben kann. Er entscheidet sich schließlich dafür, zu seiner Familie zurückzukehren.

Offen bleibt am Ende des Buchs, ob dieses Wochenende „wirklich" stattgefunden hat oder lediglich eine Koma- phantasie nach einem Autounfall gewesen ist. Das ist aber nicht so entscheidend wie der umfassende Wandlungspro- zess, den Mack durchlebt. Auch viele weitere Fragen lässt die Lektüre offen: Warum erscheint Gott dem todtraurigen Mack als Trio? Würde nicht einer reichen? Wofür stehen diese drei Gestalten? Und was bedeuten sie für Macks Heilung und Versöhnung?

Die erste Gestalt, welche Gott in *Die Hütte* annimmt, ist diese mütterliche Figur, die Mack mit Essen, Trinken und Geborgenheit versorgt. Sie steht für die Liebe und Barmherzigkeit Gottes. Der barmherzige Gott ist ein mütterlicher Vater; er hat beides in sich und vereint die Gegensätze von männlich und weiblich. Gott muss sich jedoch zunächst als Frau und Mutter offenbaren, bevor Mack ihn auch als Vater sehen und akzeptieren kann.

Es überraschte mich beim Lesen zunächst, dass nicht Jesus, sondern Gott Vater (hier Mutter) die Wundmale in den Handflächen trägt. Dann begriff ich den genialen Griff des Autors: Nicht nur der Sohn Jesus hat gelitten am Kreuz. Gott Vater hat mit ihm den Abgrund des Todes durchlebt. Der „allmächtige" Gott ist gezeichnet und verwundbar in der allmächtigen Ohnmacht oder ohnmächtigen Allmacht der Liebe. Er entsagt jeder Gewalt. Auch deshalb verzichtet Gott auf Machtworte und spektakuläre Eingriffe in die Geschichte.

Die zweite Gestalt, in der Gott im Roman auftritt, ist Jesus, der Zimmermann. Ein tatkräftiges und geschicktes Mannsbild. Er ist ein Tausendsassa und lehrt Mack den Akt des Vertrauens, übers Wasser zu gehen. Für Mack ist er wie ein kleiner großer Bruder oder Kumpel, aber zugleich auch ein Lehrer, der ihm vieles erklärt, was Mack mit seiner Logik nicht erfassen kann. Jesus und „Papa" zeigen ihm außerdem, wie Eltern und Kinder zugleich respektvoll und liebevoll miteinander umgehen können. Beide sind einander von Herzen zugetan und dennoch eigenständig und ebenbürtig. Der Mann Jesus hilft Mack in der Geschichte, die „Große Traurigkeit" hinter sich zu lassen, und selbst zu seinem wahren Selbst und zu seinem ganzen Mannsein zu reifen.

Und dann ist da die Gärtnerin, Sarayu, diese luftige und heitere Asiatin. Sie verkörpert die biblische Ruach. Leicht und kraftvoll zugleich ist sie, nicht festzunageln, unzähmbar. Sie beflügelt Mack und lehrt ihn die Leichtigkeit und Freude des Daseins.

Liebesgemeinschaft

Der Roman *Die Hütte* greift die christliche Vorstellung eines Gottes auf, der sich auf drei unterschiedliche Weisen zu erkennen gibt. Im Credo sagen wir, dass wir an Gott, den Vater, an Gott, den Sohn, und an Gott, den Heiligen Geist, glauben. Mir ist klar, dass diese Lehre vom dreieinigen Gott für viele Menschen, auch für viele Christen, völlig unverständlich ist. Und dabei handelt es sich doch um das wichtigste Dogma des Christentums! Welche Art von höherer Mathematik steckt also dahinter?

Im Roman erscheint Gott als Dreiheit, denn Mack braucht alle drei Erscheinungsweisen Gottes: Um getröstet und von Wut und Trauer geheilt zu werden, bedarf er mütterlich-väterlicher Zuwendung. Er braucht aber auch einen ebenbürtigen Freund und Bruder an seiner Seite, Schulter an Schulter, der ihm Vertrauen vorlebt und vitale männliche Stärke vermittelt. Und er braucht die Heiterkeit und Leichtigkeit der luftigen Windkraft, welche die Blüten seines Seelengartens bestäubt und Frucht tragen lässt. Keine der drei Erscheinungsformen allein würde ausreichen, um das Wunder seiner Heilung und Wandlung zu vollbringen. Und keine ist überflüssig. Alle drei wirken auf unterschiedliche Weise – und doch *einträchtig* zusammen mit dem Ziel, Mack zu heilen und ihn mit sich selbst, mit seinem Schicksal und mit Gott zu versöhnen.

Gleichzeitig erlebt Mack die Gemeinschaft der drei, wenn sie unter sich sind: Da verbinden sich Liebe zueinander, Respekt voreinander, Freude aneinander, Leichtigkeit und Leidensfähigkeit. Die drei kapseln sich aber nicht ab nach außen, sondern nehmen Mack als Vierten in ihren Liebesbund auf – so als würde jemand fehlen, wenn er nicht auch dabei wäre bei ihrer Tischgemeinschaft, die jedes Mal ein Fest ist.

Gott ist Liebe. Gott ist Gemeinschaft. Gott ist „Wir" – von Anfang an. Das ist das Geheimnis der Trinität. Liebe ist ihrem Wesen nach *immer* Beziehung, ist *immer* Gemeinschaft und *immer* Dynamik. Christen glauben an einen Gott, der nicht als Monade im Weltenall thront. Auch nicht an einen Gott, der nur ein unpersönliches oder überpersönliches oder ozeanisches Fluidum ist. Sondern an einen Gott, der von Anfang an Du und Wir ist. Der liebende Vater, der geliebte Sohn, der Geist als das Band der Liebe zwischen beiden.

Ein Begriff, mit dem in den ersten Jahrhunderten des Christentums das Miteinander der drei göttlichen Personen beschrieben wurde, war *Perichorese*. Das könnte man übersetzen mit „Verschmelzung" oder „gegenseitige Durchdringung im Reigentanz". Die drei sind sich nicht selbst genug. Wir können und sollen uns einreihen in den „göttlichen Tanz". Gott, die Liebe in Person, hat auch uns zur Liebe erschaffen, zum Wir. Er will, dass wir mitleben, mitlieben, mittanzen, mitspeisen. Wir sind eingeladen zu Gottes Festgelage. Ohne mich und dich fehlt jemand an Gottes Tafel.[96]

Bilder der Trinität

Die Natur und die Religionen sind voll von Bildern der Dreiheit. Da ist zum Beispiel das dreiblättrige Kleeblatt, das nicht zufällig das Nationalsymbol des keltisch geprägten Irland ist. Trinitarische Symbole gab es in der keltischen Religion lange vor der Christianisierung der keltischen Welt.

Auch in der Kunst sind viele unterschiedliche Versuche gemacht worden, das Geheimnis der Trinität darzustellen. Die keltischen Symbole der *Triqueta* und *Triskele* sind beindruckende archaische Beispiele.

Triqueta   Triskele

Die Triqueta besteht aus drei verbundenen Kreisbögen. Der Name stammt aus dem Lateinischen und bedeutet „Dreieck". Es handelt sich um eine geometrische Figur mit runden Bögen und drei Ecken. Häufig ist sie mit einem Kreis kombiniert. Die Triqueta taucht schon vor 5000 Jahren in der indianischen Kunst auf; unabhängig davon auch im keltischen und germanischen Kulturkreis. Die Triskele besteht aus drei offenen oder ineinander ver-

schachtelten Dreiecken und findet sich seit der Jungstein-
zeit in verschiedenen Regionen der Welt (Ägypten, Klein-
asien, Ostasien), insbesondere wiederum im nordischen
und keltischen Raum. Der Glaube an die Dreieinigkeit
spielt im keltischen Christentum eine besonders große
Rolle. Es war nicht schwierig, die bei den Kelten bereits
vorhandenen Dreiheitssymbole zu „taufen".

Dreifaltigkeits-
fresko in Urschalling
(Chiemgau),
14. Jahrhundert

Auch in unseren Breitengraden gibt es originelle Darstellungen der Trinität: Von unbekannter Hand stammt das
Trinitätsfresko im bayerischen Urschalling. Das Motiv
ist weltweit einmalig. Gott hat drei Köpfe, aber nur zwei
Hände. Die drei Oberkörper wachsen wie drei Äste eines

Baumes aus *einem* Stamm, der auch ein Phallus oder eine Vulva sein könnte. Der dunkelblonde Sohn (links) und der weißhaarige Vater (rechts) blicken auf die „Geistin" in ihrer Mitte – eine junge Frau! Der anonyme Künstler hat offenbar geahnt, dass sich Gottes weiblicher Aspekt auf besondere Weise in der Geistkraft, der dritten Person der Dreifaltigkeit, manifestiert.

„Gastfreundschaft": Dreifaltigkeitsikone von Andrej Rubljef

Der russische Ikonenmaler Andrej Rubljef hat im Jahr 1411 eine der berühmtesten Ikonen der orthodoxen Kunst geschaffen, die eine Szene aus dem Alten Testament darstellt: Es ist die Geschichte von Abraham und Sara, denen Gott Kinder versprochen hatte, so zahlreich wie die Sterne am Himmel und der Sand am Meer. Beide sind alt und grau geworden, ohne dass sich diese Verheißung erfüllt hätte. Und dann geschieht es:

> Gott der Herr erschien Abraham unter einem großen Baum im Hain Mamre, als er am Eingang des Zelts saß und der Tag am heißesten war. Abraham blickte auf; da standen drei Männer vor ihm. Er lief ihnen entgegen, warf sich vor ihnen nieder und sprach: „Herr, wenn ich Gnade gefunden habe in deinen Augen, so geh nicht vorüber an deinem Diener. Man bringe etwas Wasser! Wascht eure Füße und ruht euch aus unter dem Baum, während ich einen Bissen Brot holen will, damit ihr euch stärken könnt. Danach könnt ihr weiterziehen. Denn deswegen seid ihr bei eurem Diener vorbeigekommen". Sie sprachen: „Mach es so, wie du gesagt hast!" (1. Mose/Genesis 18,1ff.)

Abraham erweist sich als großzügiger orientalischer Gastgeber. Statt des Bissens Brot gibt es für die drei Besucher ein opulentes Festmahl. Als sie satt sind, verkünden sie ihm, dass seine hochbetagte Frau Sara in einem Jahr ein Kind haben wird. Sara, die heimlich gelauscht hat, kann sich das Kichern nicht verkneifen. Es ist zu absurd. Die Geschichte endet mit der Frage der drei Männer an die beiden Alten: „Ist denn irgendetwas unmöglich für Gott den Herrn? Übers Jahr um diese Zeit werde ich wieder zu dir kommen. Dann hat Sara einen Sohn!" (1.Mose/Genesis 18,14f.)

Das Wechselspiel von Drei und Eins in dieser Geschichte ist erstaunlich: Abraham und Sara werden von Gott besucht. Er erscheint ihnen in Gestalt von *drei* Männern. Oder sind es Engel? Das bleibt unklar. Mal sagt Abraham „Ihr" zu ihnen, mal spricht er sie im Singular mit dem

Gottesprädikat „Herr" an. Enthält diese alte Geschichte eine Vorahnung davon, dass der Eine Gott zugleich Drei ist? Die Christenheit hat das später so gedeutet.

Die Ikone von Rubljef, die dieses Sujet aufgreift, heißt „Gastfreundschaft": Abraham bewirtet drei Fremde – und dabei werden sie selbst auf geheimnisvolle Weise zu seinen Gastgebern. Die drei Gestalten haben auf der Ikone androgyne Züge. Sie sind einander aus dem Gesicht geschnitten; sie könnten Männer oder Frauen oder Engel sein – oder Gott.

Auf dem Bild nehmen die drei nur die Stirnseite und die linke und rechte Seite des Tisches ein. Der vierte Platz ist leer. Der Betrachter oder die Betrachterin selbst ist eingeladen, an der göttlichen Tischgemeinschaft teilzuhaben. Hier sind Gott und Mensch an einem Tisch vereint. Wir sind keine Zuschauer eines göttlichen Schauspiels; wir gehören hinein in die göttliche Liebesgemeinschaft und haben teil am Liebesmahl des dreieinigen Gottes.[97] Die drei laden uns ein, mitzufeiern und mitzutanzen im göttlichen Reigen – mit Liebe und Respekt, mal näher, mal entfernter. Es ist die *Perichorese* – gegenseitige Durchdringung, Liebesspiel, Reigentanz. Die vielen Mahlzeiten, die Jesus mit Freunden und Fremden gehalten hat, waren Teil und Vorgeschmack der ewigen göttlichen Gastfreundschaft.

In der ehemaligen Zisterzienserabtei im fränkischen Heilsbronn hängt ein weiteres einzigartiges und befremdliches Trinitätsbild. Es entstand kurz vor der Reformation. Der Maler Sebastian Dayg hat versucht, den dramatischen innergöttlichen Kampf zwischen Zorn und Liebe, Gewalt und Hingabe darzustellen. Der kaisergleiche göttliche Patriarch im roten Mantel des Zorns – offenbar enttäuscht und wütend über die Mächtigen der Erde – will die Welt-

Rechtfertigungsbild in Heilsbronn, Sebastian Dayg, 1511

kugel fallen lassen und mit dem Richtschwert auf die edel gekleideten Gestalten auf der rechten Bildseite einschlagen. Es handelt sich ausschließlich um männliche geistliche und politische Würdenträger. Hier kommt Maria, die einzige Frau auf dem Bild, ins Spiel. Sie breitet ihren blauen Schutzmantel aus vor dieser Männerwelt. Sie ist gesammelt, fast heiter. Ihre Hand ruht auf dem Herzen. Sie steht mit beiden Beinen auf der Seite der Menschen. Ob sie die Herren vor dem Zorn Gottes schützt oder Gott vor dem Zugriff irdischer Machthaber, bleibt wie in einem Vexierbild offen. Die Männer stehen auf grünem Erdboden, während eine Wolkenwand die Trinität umhüllt, die in einer anderen Welt zu stehen scheint. Der fast nackte wilde junge Mann, offenkundig Jesus, der

Gottessohn, scheint durch die Rauchwolken hindurch direkt unter das gezückte Schwert gesprungen zu sein. Er hält mit der Linken die Schwertscheide fest, streckt dem zornigen Alten den Ellenbogen entgegen und greift demonstrativ mit dem Daumen in die eigene Seitenwunde. So fängt er in dieser Momentaufnahme den Schwung der Attacke auf. Und mitten auf dem Schwert sitzt die Dritte im Bunde, die Geist- und Friedenstaube. Ihre Flügel sind zu beiden Seiten ausgespannt. Sie verbindet und versöhnt. Die Dynamik des vernichtenden göttlichen Schlages liegt gleichsam noch in der Luft, aber sie ist durch die Intervention des Sohnes und durch die Präsenz des Geistes bereits umgelenkt. Der dreieinige Gott ringt den Zorn in sich nieder. Gott versöhnt sich mit sich selbst. Und die Mächtigen der Welt sehen all dem stumpf und regungslos zu und scheinen nichts davon zu verstehen.[98]

Das Ende der aristotelischen Logik

Insbesondere Liebende wissen, dass eins plus eins in besonderen Momenten nicht zwei ist, sondern eben eins – ohne dass die beiden Bestandteile dieser neuen Einheit aufhören, als Individuen zu existieren.

Ich erinnere mich an ein Streitgespräch mit einem fanatischen jungen Mann, der zum Islam konvertiert war. Er wollte Imam werden und kannte sich aus. Sein Vorwurf gegen das Christentum gipfelte in dem Argument: „Die Sache mit der Trinität ist doch Blödsinn und widerspricht jeder Logik. Schon der Philosoph Aristoteles hat den Satz vom ausgeschlossenen Dritten formuliert. A kann nicht gleichzeitig B sein. Jesus kann nicht gleichzeitig Gott und Mensch sein. Und Gott kann nicht eins und drei sein."

Und Recht hätte der junge Mann, wenn für Gott und für die Spiritualität dieselben logischen und dualistischen Gesetze gelten würden wie für eine mathematische Aufgabe. Aber Gott ist nicht logisch im Sinne der Mathematik. Für die wichtigsten Dinge im Leben gibt es eine zweite Logik. Der große Philosoph und Naturwissenschaftler Blaise Pascal, der die mathematische Logik fürwahr beherrschte, spricht von der Logik des Herzens:

> Das Herz hat Gründe, die der Verstand nicht kennt. Und die höchste Leistung der Vernunft ist es, ihre eigenen Grenzen zu erkennen. Anfang und Ende der Dinge werden dem Menschen immer ein Geheimnis bleiben. Er ist ebenso unfähig, das Nichts zu sehen, aus dem er stammt, wie die Unendlichkeit zu erkennen, die ihn verschlingen wird.[99]

Auch in außerchristlichen Religionen gibt es zahlreiche Bilder und Konzepte, die die Einheit und zugleich die Vielfalt des Göttlichen darzustellen. Im hinduistischen Konzept der *Trimurti* (Sanskrit: „drei Formen") etwa wird die Zusammengehörigkeit der drei kosmischen Funktionen Erschaffung, Erhaltung und Zerstörung (beziehungsweise Transformation) visualisiert. Sie werden durch die drei Hauptgötter *Brahma* (Schöpfer), *Vishnu* (Erhalter) und *Shiwa* (Zerstörer und Umgestalter) repräsentiert. Die Trimurti steht dafür, dass alle göttlichen Wirkungen, die unser zergliederndes Denken trennt und unterscheidet, einer letzten und höheren Einheit entspringen. Die drei Wirkungen sind verwoben, bedingen und ergänzen einander. Das ähnelt in manchem dem christlichen Konzept vom dreifaltigen Gott.

In der hebräischen Bibel wird zwar die Einheit und Einzigartigkeit Jahwes hervorgehoben; bestimmte Eigenschaften Gottes aber werden stellenweise personifiziert und treten wie eigenständige Wesenheiten auf: Die Herrlichkeit Gottes etwa, die dem Volk Israel tagsüber als Wolkensäule, nachts als Feuersäule den Weg durch die Wüste zeigt; die Weisheit Gottes, die zum Beispiel in König Salomo lebt und wirkt oder die vor Gott singt und tanzt wie ein fröhliches Kind. Vor allem in den „Sprüchen Salomos" und in den (apokryphen) Büchern Weisheit und Jesus Sirach wird sie immer wieder personifiziert. Und selbst der Islam, die strengste aller monotheistischen Religionen, kommt nicht umhin, 99 Gottesnamen zu benennen und zu meditieren – zum Teil gegensätzliche Aspekte, die in Allah vereint sind. Der hundertste Gottesname freilich ist unbekannt, geheimnisvoll und unaussprechlich. Welch tiefe Einsicht: All unsere Begriffe, Konzepte und Beschreibungen können das letzte Geheimnis des Göttlichen nicht erschließen. Wer meint, das zu vermögen, verfällt in der Regel spirituellem Hochmut, der letztlich die größte aller Torheiten ist. Ein islamischer Scherz bringt es auf den Punkt: „Warum sehen Kamele so hochnäsig und arrogant aus?" – Antwort: „Sie kennen den hundertsten Gottesnamen – aber sie verraten ihn nicht!"

Von der Bibel zum Dogma

Die Bibel definiert die Dreifaltigkeit nicht. Und doch ist sie voller Hinweise auf dieses göttliche Geheimnis. Die Bibel definiert übrigens *nie*. Sie erzählt Geschichten von Gotteserfahrungen. Sie wurden verschriftlicht und gerannen so zu Schwarzem Feuer, das in jeder Epoche aufs Neue Weißes Feuer entfachen und nähren will, ohne sich jemals zu verzehren.

Immer wieder begegnen wir in der Bibel dem Gedanken, dass Gott der Eine und zugleich eben nicht nur „einer" ist: „Lasst *uns* Menschen schaffen!". Die drei Gestalten zu Gast bei Abraham und Sarah sind zugleich eine einzige. Im Neuen Testament gibt es viele weitere Hinweise auf Gottes Einheit und Dreiheit: „Tauft die Gläubigen im Namen des Vaters *und* des Sohnes *und* des Heiligen Geistes", sagt Jesus (Matthäus 28,19). Da stehen alle drei gleichberechtigt nebeneinander. Paulus schildert die vielen Gaben und Aufgaben, die der Kirche anvertraut sind. Vielfalt und dennoch Einheit: „Es gibt viele Gaben: aber *einen* Geist; viele Aufgaben: aber *einen* Herrn; viele Wirkkräfte, aber *einen* Gott, der alles bewirkt" (1. Korinther 12,4-6). Vater, Sohn, Geist.

Die ersten Christen haben Jesus mit dem Gottestitel „Herr" angeredet und angebetet, angefangen beim Apostel Thomas, der vor dem Auferstandenen niederfällt und bekennt: „Mein Herr und mein Gott!". Im Urchristentum hat man Jesus als Herrn und Gott erlebt – ohne sich zunächst konzeptionelle Gedanken zu machen, wie Jesus beides sein kann, Gott *und* Mensch. Seine Jüngerinnen und Jünger hatten Jesus als wirklichen Menschen erlebt mit Hunger und Durst, zum Anfassen, leidensfähig und sterblich. Und sie haben gleichzeitig erlebt, dass er alle Kategorien des Menschlichen sprengt: Er heilt, vergibt in göttlicher Vollmacht Sünden, er sagt „Ich bin", wie nur Gott es sagen kann. Er stirbt und begegnet ihnen an Ostern als der Lebendige.

Und schließlich erleben sie die unsichtbare aber unleugbare Gegenwart Gottes, die an Pfingsten über sie kommt und seither unter ihnen wirkt. Mehr als nur eine göttliche Kraft! Gott *selbst* ist in der Gegenwart des Geistes unter uns. Deswegen sagte Paulus: „Der Herr ist der Geist, und wo der Geist des Herrn ist, da ist Freiheit" (2. Korinther 3,17). *Ein* Herr in *drei* Erscheinungsweisen.

Irgendwann hat das Erzählen allein offenbar nicht mehr gereicht. Die Fragen nach der Einheit und nach den Offenbarungsweisen Gottes verlangten nach philosophischer Klärung. Das war für die frühe Kirche eine schwere Geburt. Man hatte ja eigentlich nur das theoretische Rüstzeug der aristotelischen Logik. Lange, sehr lange rang man mit- und gegeneinander darum, wie man dieses Sowohl-Als-Auch, Gott *und* Mensch, Eins *und* Drei, sprachlich ausdrücken kann. Wie sagt man das Unsagbare?

Schließlich transzendierte man nach langem Ringen die klassische Logik und kam zu dem genialen Schluss: Ja, Gott ist *Einer*. Wir glauben nicht an drei Götter. Aber Gott tritt in *drei* Erscheinungsweisen auf. Er wirkt auf drei Weisen nach außen, jedes Mal der *ganze* Gott. Drei Gesichter zeigt er uns dabei, drei Masken, drei „Personen". Das lateinische Wort *persona* kommt aus der Theatersprache. In der Antike trugen die Schauspieler hölzerne oder tönerne Masken, „*per-sonare*" heißt hindurchtönen. Sie zeigten nie ihr nacktes Gesicht. Das Wesen Gottes, die Gottheit hinter den göttlichen Erscheinungen, ist unsichtbar und nicht zugänglich. Aber auf dreierlei Weise tritt Gott nach außen, macht sich erfahrbar.

Nach *außen* wirken diese drei Personen nach altkirchlicher Meinung einmütig zusammen und sind nicht auseinander zu definieren: Der Vater und der Geist leiden *mit* dem Sohn. Der Geist und der Sohn (Logos) sind bereits in der Schöpfung gegenwärtig. Der Heilige Geist ist Geist Gottes und Geist Jesu. Von Ewigkeit zu Ewigkeit. Nach *innen* aber unterscheiden sie sich: Der Vater ist der Liebende, der Sohn der Geliebte – und der Heilige Geist ist die Beziehung, das Band der Liebe zwischen beiden.

Freilich gab es immer Menschen, welche die Trinitäts-lehre entschieden ablehnten. Schon im ersten Jahrhundert verwarfen die Monarchianer die Vorstellung von Jesus als Gottmenschen. Der Priester Arius (260-336) war der Auf-fassung, dass der Logos und der Vater nicht wesensgleich seien und dass der Sohn von Gott nicht gezeugt, sondern erschaffen sei wie alle anderen Geschöpfe – und dass es deshalb eine Zeit gegeben habe, wo der Sohn noch nicht existiert hat. Mohammed hat diese Vorstellung eins zu eins übernommen. Für den Koran ist die Vergöttlichung Jesu Blasphemie. Auch die Zeugen Jehovas lehnen die Göttlich-keit Jesu ab, da sich das Trinitätsdogma nicht in der Bibel finde. Die Unitarier, die ihre Wurzeln in antitrinitarischen Strömungen der Reformationszeit haben, bilden seit der zweiten Hälfte des 19. Jahrhunderts ebenfalls eine eige-ne Konfession. Der Hauptstrom der Christenheit jedoch entfaltete sich trinitarisch; ein Nebenstrom blieb immer streng monotheistisch.

Die Bibel kennt keine Dogmen, sondern sie bezeugt Glaubenserfahrungen. Diese können unterschiedlich in-terpretiert werden. Schon deshalb ist jeder Fundamenta-lismus abstrus, der das geschriebene Wort der Bibel für eindeutig und unfehlbar hält – und dabei eben dennoch selektiert und deutet. Alle Fundmentalismen haben blin-de Flecken und unterschiedliche Deutungsraster. Sonst müssten sie ja alle zum selben Ergebnis kommen. Fun-damentalismus kann je nach Sichtweise den Glauben an den dreieinigen Gott untermauern *oder* abstreiten – je nachdem, mit welcher Brille man die Bibel liest.

Lassen wir uns nochmals auf eine Passage des Johan-nesevangeliums ein, in der Jesus seine – und unsere – in-nige Einheit mit Gott beschwört. In den Abschiedsreden Jesu feiert er kurz vor seinem Tod die Liebesgemeinschaft von Vater und Sohn, in die auch seine Freunde aufgenommen werden sollen: das Liebesspiel mit Miteinander und Durcheinander, mit wechselseitigem „Innewohnen", mit Distanz und Nähe, Bewegung und Ruhe – den göttlichen Reigentanz. Und so betet Jesus für die, die zu ihm gehören:

Abba! Wie du mich in die Welt gesandt hast, so habe auch ich meine Jüngerinnen und Jünger in die Welt gesandt ... Ich bitte aber nicht nur für sie, sondern auch für die, die aufgrund ihrer Worte an mich glauben werden, damit sie alle eins sind. Wie du, Vater, in mir bist und ich in dir, so sollen auch sie in uns sein, damit die Welt glaubt, dass du mich gesandt hast. Ich habe ihnen die gleiche Herrlichkeit gegeben, die du mir gegeben hast, damit sie eins sind, wie auch wir eins sind: Ich in ihnen und du in mir, damit sie völlig eins sind und die Welt erkennt, dass du mich gesandt hast und dass du sie genau so lieb hast, wie du mich lieb hast... (Johannes 17 in Auswahl)

Dogmen sind auch Schwarzes Feuer. Sie bedürfen der ständigen Neubelebung durch das Weiße Feuer, durch Menschen, die zwischen den Zeilen der Druckerschwärze nach Wahrheit suchen, die nicht zulassen, dass großartige Wahrheiten erkalten oder erstarren. Sie trauen der Geistkraft zu, tote und tötende Buchstaben zum Leben zu erwecken. So wie ein Blasebalg nötig ist, um die Glut unter der Asche neu zu entflammen.

Ken Wilbers unverdächtiger Beitrag

Der US-amerikanische Philosoph und Vater der „Integralen Spiritualität", Ken Wilber, geht davon aus, dass sich die letzte göttliche Wirklichkeit, die er GEIST (in Großbuchstaben) nennt, auf dreifache Weise manifestiert: in der ersten Person, in der zweiten Person und in der dritten Person. Wilber versteht sich selbst als Buddhist. Gerade westliche Buddhisten kämpfen oft erbittert gegen jedes Konzept des Göttlichen, das „personal" ist. Oder sie lassen so etwas bestenfalls als Durchgangsstufe für diejenigen Gläubigen gelten, die „noch nicht so weit sind und das noch brauchen". Der wahrhaft Erleuchtete ist für viele von ihnen „trans-personal", wie ein Tropfen im Meer Teil eines unpersönlichen göttlichen Grundes oder einer unendlichen Leere. Das westliche Christentum und die monotheistischen Religionen neigen hingegen dazu, jede nicht-personale Sicht auf das Göttliche abzulehnen. Wilbers Variante eines trinitarischen Denkens formuliert einen dritten Weg, der dazu beitragen kann, den unfruchtbaren Streit um die Personalität oder Nicht-Personalität Gottes zu überwinden:

GEIST, in seiner *ersten Person*, ist nach Wilber „das Große Ich", innerer Zeuge und Bewusstsein, in dem das Universum in mir, dem Ich, auftaucht. Es ist das göttliche „Ich bin", das Mose aus dem brennenden Dornbusch gehört hat und das sein eigenes „Ich bin" hervorgerufen hat. Nach dieser Begegnung weiß Mose auf neue Weise, dass er und was er und wer er *ist*.

GEIST in seiner *zweiten Person* ist nach Wilber „das Große Du", der „leuchtende, lebendige, ewig liebende Gott, dem ich mich in Liebe, Andacht, Opfer und Erlösung hingeben muss":

Im Angesicht von GEIST in der zweiten Person, im Angesicht Gottes, der reine Liebe ist, kann ich nur eines tun: Um Gott in diesem Augenblick zu finden, muss ich lieben, bis es schmerzt; lieben bis in alle Ewigkeit; lieben, bis es mich nirgendwo mehr gibt; nur dieses leuchtende, lebendige DU, das allem Glanz verleiht, das Quelle alles Guten ist, allen Wissens, aller Gnade, und mir meine eigene Manifestation, die anderen unweigerlich Leid zufügt, zutiefst verzeiht; die dieser liebende Gott der Du-heit dieses Augenblicks jedoch erlösen kann und auch erlöst, verzeiht, heilt und ganz macht... Dieser Große Gott, diese Große Göttin, die *mir* in diesem Augenblick *ihr Antlitz zeigen*, die in diesem Augenblick *zu mir sprechen*, die sich mir in diesem Augenblick *offenbaren* als eine Kommunion mit einem Du im heiligen Wir, ist GEIST in seiner zweiten Person.[100]

Wilber bejaht Martin Bubers These, dass Begegnung und Beziehung unverzichtbar sind und dass das Ich erst am Du und durch die Begegnung mit dem Du werden kann, was es wirklich ist, lebendige Person – an jedem anderen Du, und insbesondere an dem Großen Du, Gott.

GEIST in seiner *dritten Person* schließlich ist „das Große Es", „das Große Netz des Lebens, die Große Vollkommenheit der Existenz selbst, die Ist-heit, die Das-heit, das reine So-Sein dieses und jedes Augenblicks".[101] In dieser Daseinsform ist der GEIST unpersönlich, er ist das, was die Welt im Innersten zusammenhält, die Große Ordnung, in der alles mit allem geheimnisvoll verbunden ist.

Wilber beobachtet, dass viele Menschen auf eine oder zwei dieser drei Erscheinungsweisen des Göttlichen fixiert sind, dabei aber häufig die andere(n) ausblenden oder ablehnen. Die monotheistischen Religionen reduzieren Gott häufig auf die zweite Person, so dass er nur als Du und völlig transzendentes Gegenüber jenseits der Welt verstanden wird – und nicht *zugleich* als das Große Ich in der Tiefe unseres Daseins, das Wilber manchmal das „Ich-Ich" nennt im Gegensatz zum kleinen Ich oder zum Ego. Jesus wurde nach Wilber vor allem getötet, weil er behauptete, Gott zu *sein*. Er hat das göttliche Du und das eigene wahre Ich miteinander identifiziert (man denke nur an die „Ich-bin-Worte" im Johannesevangelium!). Das sei im Kontext eines radikalen Monotheismus pure Blasphemie. Mystikern im Islam wie dem persischen Dichter Al-Hallādsch (857–922) widerfuhr ähnliches wie Jesus. Sein Ausspruch „Ich bin die (göttliche) Wahrheit" wurde als Gipfel der Gotteslästerung empfunden und mit seiner Hinrichtung geahndet.

In zahlreichen neueren spirituellen Strömungen hingegen sei es – so Wilber – eher umgekehrt. GEIST in der zweiten Person ginge dort häufig völlig unter zugunsten von GEIST in der ersten Person. Viele Formen von Meditation und Kontemplation fördern nach Wilber die Neigung, Gott *ausschließlich* in sich selbst zu suchen und einseitig und ausschließlich das Ich-Bewusstsein, das „Gott in mir", zu kultivieren und sich selbst als Gott zu definieren – und dabei das Große Du aus dem Auge zu verlieren, das nach Ehrfurcht und Hingabe verlangt. Die Folge sei häufig eine „tiefsitzende Arroganz", der spirituelle Hochmut der „Erleuchteten". Dazu komme vor allem in esoterischen Kreisen ein Faible für GEIST in der dritten Person, das sich in verschiedenen Entwürfen, wie zum Beispiel in System-, Chaos- oder Gaia-Theorie, manifestiere.

Wird die Auffassung von GEIST in der dritten Person als großes Netz des Lebens oder GEIST in der ersten Person als Großer Geist oder Großes Selbst betont, gibt es nichts, wovor das ‚Ich' sich verneigen und dem es sich hingeben müsste. Das Ego kann sich hinter den Ansätzen der ersten und dritten Person tatsächlich verstecken. Ich bewege mich einfach von Ich zu Ich-Ich, ohne mich jemals Dir hingeben zu müssen.[102]

Aufschlussreich ist in diesem Zusammenhang ein Ereignis im Leben des jüdischen Philosophen Martin Buber. Als junger Mann war er von östlicher Einheitsmystik begeistert gewesen, hatte wohl auch selbst eine solche Einheitserfahrung gemacht und über diese Form der Mystik geforscht und geschrieben. Aber dann geschah etwas, was ihn aus diesem einseitigen Verständnis des Spirituellen herausriss. Er selbst nennt dieses Ereignis seine „Bekehrung“:

> Es ereignete sich nichts weiter, als dass ich einmal, an einem Vormittag nach einem Morgen „religiöser“ Begeisterung, den Besuch eines unbekannten jungen Menschen empfing – ohne mit der Seele dabei zu sein. Ich ließ es durchaus nicht an einem freundlichen Entgegenkommen fehlen, ich behandelte ihn nicht nachlässiger als alle seine Altersgenossen, die mich um diese Tageszeit wie ein Orakel, das mit sich reden lässt, aufzusuchen pflegten: Ich unterhielt mich mit ihm aufmerksam und freimütig – und unterließ nur, die Fragen zu erraten, die er nicht stellte. Diese Fragen habe ich auch später, nicht lange darauf, von einem seiner Freunde – er selber lebte schon nicht mehr – ihrem wesentlichen Gehalt nach erfahren, habe erfahren, dass er nicht beiläufig, sondern schicksalhaft zu mir gekommen war, nicht um Plauderei, sondern um Entscheidung, gerade zu mir, gerade in dieser Stunde. Was erwarten wir, wenn wir verzweifeln und doch noch zu einem Menschen gehn? Wohl eine Gegenwärtigkeit, durch die uns gesagt wird, dass es ihn dennoch gibt, den Sinn.[103]

Diese Nicht-Begegnung oder „Vergegnung", wie er das später nannte, hat Martin Buber zutiefst erschüttert. Welchen Sinn hat eine mystische Einheitserfahrung, wenn sie mich isoliert von der Not meines Mitmenschen? Dieses Erlebnis war der Ausgangspunkt für Bubers Philosophie der Begegnung und seines „dialogischen Prinzips". GEIST in der ersten und dritten Person öffneten ihm GEIST in der zweiten Person, im kleinen Du des Mitmenschen, im Großen Du Gottes.

Wilbers GEIST in der dritten Person korrespondiert am ehesten mit dem Schöpfergott, der uns zum Beispiel in der Natur auf nicht-personale Weise begegnet als das Geheimnis und die Ordnung des Kosmos, als der Wald und die Berge, das Meer und die Wüste, als der „gestirnte Himmel über uns" (Kant), als die Dynamik der Evolution. Wie reimte schon Angelus Silesius? „Die Schöpfung ist ein Buch: wer's weisslich lesen kann, dem wird darin ganz fein der Schöpfer kundgetan."[104] GEIST in der zweiten Person begegnet uns verstärkt in dem Mensch gewordenen Gottessohn, der uns einen Weg zum großen Du Gottes zeigt und der sich dem Gott öffnet und hingibt, der pure Liebe ist. Die Heilige Geistkraft der Ruach entspricht in vielem Wilbers GEIST in der ersten Person, der in mir lebt und mich im eigentlichen Sinn zum Ich-Ich macht, zur wirklichen Person. In der Begegnung mit dem auferstandenen Christus in der zweiten Person erlebt Paulus auch ein völlig neues *Ich-Bewusstsein*: „Ich lebe, doch nicht ich, sondern Christus lebt in mir" (Galater 2,20). Wilbers „trinitarischer" Ansatz eröffnet den Raum für einen gewaltfreien und produktiven interreligiösen und interspirituellen Austausch, bei dem sich alle Beteiligten respektvoll begegnen und einander bereichern können, damit ihrer aller Wahrnehmung Gottes umfassender

wird. „Prüft alles und behaltet das Gute!" (1. Thessalonicher 5,21).

Die dreifache *Erfahrung* Gottes, ähnlich wie sie Wilber
beschreibt, ist auch der Ausgangspunkt des altkirchlichen
Dogmas vom dreieinigen Gott. Ohne diese Erfahrung
wird die Lehre zu einem abstrakten und unverständlichen
Lehr- und Leergebäude. Auch das Schwarze Feuer der
ausformulierten Dogmen ist zu jeder Zeit auf das Weiße
Feuer der lebendigen Erfahrung angewiesen, um nicht zu
toter Asche zu verglühen.

MEIN CREDO

Nachdem ich das Schwarze Feuer der drei Glaubensartikel des Apostolikums und der christliche Lehre von der Trinität entfaltet und in den Dialog mit dem Weißen Feuer meiner eigenen Biografie gebracht habe, hier nun mein eigenes Glaubensbekenntnis. Vielleicht würde ich manches in einigen Jahren anders formulieren, so wie ich vieles früher anders formuliert hätte. Es handelt sich um eine Momentaufnahme und um eine Einladung an alle Leserinnen und Leser, selbst innezuhalten. Vielleicht würden Sie manches oder fast alles anders formulieren. Tun Sie's! Die Mühe lohnt sich.

Ich vertraue Gott.

Ich vertraue der väterlichen und mütterlichen Liebesenergie, dem Feuer, das brennt und sich doch nicht verzehrt.

Ich vertraue auf den Großen Segen von Anfang an.

Ich vertraue der Kraft, die den Kosmos ins Leben gerufen hat und die ihn durchströmt und durchwaltet. Sie ist präsent und lebt in jedem Atom, in jedem Spiralnebel.

Ich vertraue auf das Große Ich bin, das am Anfang sprach: Es werde!

Ich vertraue auf das Große Du, das mich meint und bei meinem Namen ruft.

Ich vertraue auf das Große Wir in allem, was ist. Alles ist aus Liebe und zur Liebe geschaffen.

Ich vertraue auf die geheimnisvolle Einheit der sichtbaren Welt und der unsichtbaren, auf das Geheimnis, das das All im Innersten zusammenhält, auf den Ursprung und die Dynamik der Evolution, auf den werdenden und sich entfaltenden Gott, bis Gott alles in allem ist.

Gott ist das Leben. Keiner weiß, woher es kommt, winzige Einzeller erst, dann immer komplexer, vielfältig, farbenfroh, fantasievoll, hässlich und schön … Und jetzt bin auch ich da, ein winziger Moment der Evolution, entstanden aus einem Ei meiner Mutter und dem Sperma meines Vaters und aus dem Willen Gottes, einzigartig und einmalig. Von Anfang an war alles angelegt in mir, mein Gesicht, mein Geschlecht, meine Gaben, mein Bewusstsein, meine Sehnsucht nach Gott, meine Dankbarkeit für das Dasein. Ich staune.

Ich vertraue auf Jesus Christus. Ich werde nicht fertig mit ihm. Schon als Kind wurde ich sein Freund. Und er meiner. Sein Blick hat mich getroffen und erkannt. Die Geschichten von ihm haben mich berührt und tun es noch immer. Ich kann sie nicht vergessen. Und wenn es eine Wahrheit hinter allen Wahrheiten gibt, dann ist Er die Wahrheit in Person. Selbst wenn ich vieles noch immer nicht verstehe; auch wenn ich nach wie vor zu träge bin, seinen Weisungen konsequent zu folgen.

Ich vertraue auf die erlösende Kraft seiner Verwundbarkeit. Sein gewaltloses Leiden unter der Gewalt der Mächte ermutigt mich, die Waffen zu strecken und auf die ohnmächtige Allmacht, die allmächtige Ohnmacht der Liebe zu bauen.

Ich vertraue auf das ewige Leben, das Jesus verheißt. Seine Auferstehung weckt in mir die Hoffnung auf ein glückliches Ende – nicht nur für mich, sondern für alle, auf die große Versöhnung, auf das ewige Fest. Manchmal erlebe ich, dass es längst begonnen hat. Ich bin Teil des kosmischen Reigens.

Die Schuhe Jesu sind zu groß für mich; ich werde nie hineinwachsen. Aber in meinen eigenen Schuhen will ich versuchen, Seiner Spur zu folgen.

Ich vertraue auf die unermessliche Geistkraft. Ungreifbar und unbegreifbar ist sie, die Ruach, die Feuerflamme und Friedenstaube. Mal kommt sie stürmisch daher und mal als Stimme verschwebenden Schweigens.

Ich vertraue der Ruach. Spürbar in mir, in heiligen Momenten, in ehrlicher Gemeinschaft um den göttlichen Tisch. Die Ruach hat vor mir Menschen inspiriert, die Wahrheit zu bezeugen, manchmal mit dem eigenen Leben. Sie überwindet Kulturgrenzen und lehrt die Sprache des Herzens, die alle verstehen. Sie ist viel größer als die Religion, die christliche und alle anderen zusammen. Sie weht, wo sie will und lässt sich doch einladen und bitten.

Wo sie weht, entsteht Freiheit. Sie bewirkt die Gemeinschaft der Verwundeten. Und sie heilt die Wunden, die wir uns selbst und einander zugefügt haben.

Deshalb vertraue ich auch auf das Geheimnis der Kirche – obwohl so vieles, was sie im Namen Gottes und Jesu gesagt und getan hat und tut, mit ihnen nichts zu tun hat. Die Botschaft Jesu hat sie oft ignoriert und anderes, über das er kein Wort verloren hat, dogmatisiert. Aber in, mit und unter meinen und unseren Irrungen und Wirrungen baut die Geistkraft das Reich der Liebe in dieser Welt, auch gegen den Augenschein, mit uns, durch uns, gegen uns oder ohne uns. Sie lehrt mich zu hoffen und zu vertrauen.

Ich vertraue. Ich bin ein Begeisterter.

WIE WEITER?

Eine Kirche der Zukunft,
an die ich glaube

Wo keine Vision ist,
geht das Volk verloren.
(SPRÜCHE 29,18)

Man füllt auch nicht neuen Wein in alte Schläuche;
sonst zerreißen die Schläuche
und der Wein wird verschüttet und die Schläuche ver-
derben.
Sondern man füllt neuen Wein in neue Schläuche,
so bleiben beide miteinander erhalten.
(MATTHÄUS 9,17)

Der Fromme von morgen wird ein „Mystiker" sein,
einer, der etwas erfahren hat,
oder er wird nicht mehr sein.
(KARL RAHNER)[105]

Hat der christliche Glaube in unseren Breitengraden eine Zukunft? Wie könnte und müsste die Kirche von morgen aussehen? Ich will mein Buch über den Glauben nicht beenden, ohne zu skizzieren, wie ich mir Gehalt und Gestalt eines künftigen Christentums vorstelle und wünsche.

Es geht um beides, um Form *und* Inhalt, es geht um neuen Wein *und* um neue Schläuche. Die abendländische Form des Christentums samt Inhalt hat sich in den letzten Jahrhunderten erstaunlich wenig gewandelt; es gleicht altem Wein in alten Schläuchen: Pfarrer und Priester, inzwischen immerhin bei Protestanten auch Pfarrerinnen, „versorgen" wie im Mittelalter eine Pfarrei oder einen geographisch definierten „Sprengel". Sie predigen, lehren, verwalten Kirchenstiftungen und Kindergärten, organisieren, taufen, konfirmieren, trauen und beerdigen. Manche erteilen Religionsunterricht, besuchen Gemeindeglieder anlässlich von hohen Geburtstagen und anderen Jubiläen, lesen beim Seniorenkaffee heitere oder erbauliche Geschichten vor, sitzen in zahlreichen Gremien und Ausschüssen. Der Hauptgottesdienst findet am Sonntagmorgen statt und ist weitgehend frontal. Der „Geistliche" ist das Gegenüber der Gemeinde. Gründlich bereitet er sich in der Regel auf die Predigt vor, sucht passende Lieder aus. Die Gemeinde lässt sich bedienen – und schrumpft. Sie erlebte sich selbst wie das Publikum in einem Theater oder Hörsaal. Sie spielt buchstäblich keine Rolle. Und die Gemeinschaft beim Kirchenkaffee nach dem Gottesdienst versandet häufig in oberflächlichem Smalltalk.

Der Traditionsabbruch ist mit Händen zu greifen. Am Sonntag nach der Konfirmation sind die meisten Jugendlichen verschwunden. In den Gottesdienst, den sie vor der Einsegnung zwangsweise besuchen mussten, zieht sie nichts mehr. Die bisher gängige Art von „Glauben" wird nicht mehr von Generation zu Generation weitergegeben. Gott hat keine Enkelkinder. In Großstadtgemeinden treten zahlreiche junge Akademiker aus der Kirche aus, sobald sie zu studieren beginnen oder wenn sie erstmals Kirchensteuern zahlen müssen. In der Lukaskirche, wo ich Pfarrer war, sind zeitweise doppelt so viele Menschen pro Jahr ausgetreten wie die durchschnittliche Anzahl der Gottesdienstbesucher an Sonntagen. Nur die glänzende Wirtschaftslage hat dazu geführt, dass es den Volkskirchen nach wie vor materiell gut geht. Viele karitative und diakonische Einrichtungen der Kirchen werden ohnehin zu 90% vom Staat finanziert, auch wenn die „normalen" Kirchenmitglieder das nicht so genau wissen oder wissen sollen. Deswegen scheint es keinen Grund zu geben, radikal umzudenken und einen Plan B oder kreative Visionen für morgen zu entwickeln. Die aber scheint es weder in der Gesellschaft noch in den Kirche zu geben. Was wäre, wenn Schluss wäre mit der Kirchensteuer? Was soll passieren, wenn der galoppierende Mitgliederschwund sich fortsetzt?

Altbundekanzler Helmut Schmidt hat einmal auf Nachfrage gesagt, wenn er Visionen hätte, würde er zum Arzt gehen. Ähnliches habe ich auch vor etlichen Jahren von einem lutherischen Bischof gehört, als ich ihn nach seiner Zukunftsvision für das Luthertum fragte: „Ach wissen Sie, ich bin alt und gehe bald in den Ruhestand. Da hat mein keine Visionen mehr". Petrus hatte bei der ersten christlichen Predigt an Pfingsten noch den Propheten Joel zitiert: „Und es soll geschehen in den letzten Tagen, spricht Gott, da will ich ausgießen von meinem Geist auf alle Geschöpfe; und eure Söhne und eure Töchter sollen Propheten sein, eure Jugendlichen sollen Visionen haben, und eure Alten Träume" (Joel 3,1f.; Apostelgeschichte 2,17).

Während sich das Lebensgefühl der Menschen rapide verändert, setzen die Kirchen nicht nur auf Veranstaltungsformen aus grauer Vorzeit. Auch die Inhalte der Verkündigung stoßen immer weniger auf Resonanz, weil in Predigten häufig Fragen beantwortet werden, die niemand (mehr) stellt. Nur eine immer kleiner werdende Gruppe von Kirchenmitgliedern („Kerngemeinde") besteht darauf, dass alles so bleibt wie immer, formal und inhaltlich. Die anderen stimmen mit den Füßen ab.

Kirchliche Konzeptpapiere setzen meistens bei Struktur und Vermarktung von Religion an, ohne die geistlichen Wurzeln der nicht aufzuhaltenden Entkirchlichung ernst zu nehmen. Man könnte den Eindruck haben, dass man die Liegestühle auf dem Deck der Titanic neu arrangiert, während das Schiff längst sinkt. Zu offensichtlich ist es, dass es bei den gängigen Reformkonzepten letztlich eher um die Selbsterhaltung der Institution zu gehen scheint als um die spirituellen Nöte und Suchbewegungen der Menschen.

In anderen Regionen der Welt sieht es anders aus. In Afrika, Lateinamerika und in den USA boomt vor allem ein fundamentalistisches oder pfingstlerisch-charismatisches Christentum. Das hat auch mit der Bewusstseinsentwicklung in den genannten Kulturen zu tun, in denen es nichts gab, was man mit der europäischen Aufklärung im 18. Jahrhundert vergleichen kann. Hierzulande aber scheint die Rolle rückwärts in voraufklärerische Zeiten nicht wirklich zu funktionieren, auch wenn man am rechten Rand der Kirchen und der Gesellschaft von einer Rückkehr in eine verklärte Vergangenheit träumt, wo das „christliche Abendland" angeblich noch funktioniert hat.

Wohin müsste die Kirche aufbrechen, um zukunftsfähig zu werden? Um das herauszufinden, müsste man beginnen, gründlich nach den vielfältigen Bedürfnissen und Hoffnungen der Menschen von heute zu fragen, vor allem nach ihren spirituellen Sehnsüchten. Und dann müsste man tapfere Konsequenzen ziehen.

Viele Zeitgenossinnen und -genossen sind spirituell interessiert, aber sie zweifeln daran, dass die traditionellen kirchlichen Organisationen und Lehrinhalte geeignet sind, um sie bei ihren existentiellen Fragen kompetent zu begleiten. Für die geduldige seelsorgerliche und geistliche Begleitung von Suchenden haben die Hauptamtlichen ohnehin kaum Zeit und Kraft – und manchmal auch nicht die Kompetenz. Denn im Studium lernt man das nicht. In der theologischen Ausbildung wird ungeheuer viel historisches, biblisches und dogmatisches Wissen vermittelt, aber kaum dazu angeleitet, das eigene Leben geistlich so auszurichten, dass man in der Lage ist, andere bei ihren inneren Reifungs- und Wachstumsprozessen zu unterstützen oder ihnen elementare geistliche Übungen wie Beten, Pilgern, Meditation oder Kontemplation nahe zu bringen.

In meiner Arbeit als Beauftragter für Geistliche Übung und Meditation war ich auch immer wieder zu Pfarrkonferenzen oder Pfarrkonventen eingeladen, um über Spiritualität zu sprechen. Manchmal hatte ich eine Stunde Zeit, manchmal einen halben oder ganzen Tag. Aber fast jedes Mal habe ich die Erfahrung gemacht, dass es bei etlichen Kolleginnen und Kollegen enorme Abwehrmechanismen gab, wenn es um das Thema persönliche Spiritualität ging – jedenfalls im Rahmen solcher „Pflichtveranstaltungen". Melden sie sich von sich aus zu Fortbildungen und Kursen an, sieht das anders aus.

Einmal habe ich einen Konvent von Pfarrerinnen und Pfarrern erlebt, dessen Thema „Kraftquellen" war. Ich sollte unter anderem ein paar einfache spirituelle Übungen anleiten. Ein Gestengebet funktionierte noch einigermaßen. Dann aber teilte ich *Kombuskini* aus, Gebetsschnüre mit jeweils 50 Knoten, wie sie in der orthodoxen Kirche zur Meditation des Jesusnamens verwendet werden. Ich lud die Runde ein, in der Stille diesen orthodoxen Rosenkranz auf sich wirken zu lassen, mit den Fingern bei geschlossenen Augen die Knoten abzutasten, bei jedem von ihnen aus- und einzuatmen und den Atem innerlich mit dem Namen Jesus Christus zu verbinden. Anschließend würden wir uns über das austauschen, was die einzelnen dabei erlebt haben. Das Ganze dauerte etwa fünf Minuten. Dann bat ich um Rückmeldungen. Als erstes meldete sich die Dekanin zu Wort: „Also mir war das alles zu katholisch!", sagte sie. Reihum ging es weiter. Der Zweite sagte: „Ne, ich fand das eher so islamisch!" Der Dritte: „Also ich mach ZEN-Meditation. Ich mag kein Mantra!" Jetzt kam eine Kollegin an die Reihe: „Also wenn die Schnur etwas flauschiger wäre, dann könnte ich mich vielleicht darauf einlassen!" Inzwischen war die Luft endgültig raus. Niemand traute sich mehr, eine echte Erfahrung mitzuteilen. Alle sprangen sofort zum Urteil – so wie wir das im Theologiestudium gelernt haben: Konzepte, Meinungen, Bewertungen – statt Wahrnehmen dessen, was ist. Aber genau damit würde die Erneuerung der Kirche beginnen.

Eine Erneuerung der Kirche ohne eine Erneuerung der Hauptamtlichen kann ich mir nicht vorstellen. Deshalb müsste meines Erachtens bereits während der Ausbildung neben der intellektuellen Auseinandersetzung die existenzielle und spirituelle Aneignung des Evangeliums eingeübt werden, so wie es Dietrich Bonhoeffer mit seinen Vikaren im illegalen Predigerseminar Finkenwalde gemacht hat. Mit wissenschaftlicher Theologie allein wird die Kirche die Menschen immer weniger erreichen, die Gott nicht nur „glauben", sondern erleben wollen.

Gegenteilige Erfahrungen mache ich mit „säkularen" Menschen. Im Europäischen Patentamt in München gibt es einen Meditationskreis, der sich jeden Mittwoch von 12 bis 13 Uhr trifft. Lehrerinnen und Lehrer unterschiedlichster Meditationsrichtungen sind jeweils einige Wochen da und leiten diese Zeiten der Stille an: Buddhisten, Christen, säkulare und therapeutisch ausgerichtete Achtsamkeitstrainer. 15 bis 20 Männer und Frauen, meist Naturwissenschaftler, nehmen regelmäßig teil. Beim gemeinsamen Essen danach kommt es zu lebhaften Gesprächen. In diesem „weltlichen" Kreis ist mir nie eine vergleichbare Ablehnung begegnet, sondern im Gegenteil vorurteilslose Neugier. Einige Mitglieder der Gruppe haben inzwischen im Spirituellen Zentrum Kurse zum Herzensgebet oder zum Enneagramm mitgemacht. Was hat die Kirche diesen Menschen zu geben? Oder überlassen wir sie achselzuckend den Angeboten des spirituellen Marktes, ohne selbst Player zu sein?

Der hier bereits erwähnte evangelische Theologe Friedrich Schleiermacher hat bereits Ende des 18. Jahrhundert insistiert, dass Pfarrer „religiöse Virtuosen" sein müssten. Ein Virtuose ist jemand, der andere in einer Kunstfertigkeit unterweisen kann, die er selbst lange geübt und verinnerlicht hat. Der Pfarrer habe durch sein „kräftiges religiöses Bewusstsein" die „Zirkulation des religiösen Interesses der Gemeinde immer wieder neu zu beleben und zu stärken".[106] Ähnlich formulierte es in den 80er-Jahren des 20. Jahrhunderts der evangelische Theologe Manfred Josuttis, der gesagt hat, Geistliche müssten „Mystagogen" sein, Menschen, die andere in das Zentrum und in die tiefsten Geheimnisse christlicher Spiritualität einführen können.[107] Auch das setzt voraus, dass sie selbst in und aus diesem Schatz leben und nicht nur aus zweiter Hand.

Schleiermacher und Josuttis setzen freilich eine pfarrer-
zentrierte Kirche voraus, in der Geistliche nicht Teil der
Gemeinde sind, sondern ausschließlich ihr Gegenüber.
Ob das zukunftsträchtig ist, darf man bezweifeln.

Alle sind Priester

Die uneingelöste Verheißung der evangelischen Reformation ist das „allgemeine Priestertum aller Gläubigen",
das katholischerseits in der Dogmatischen Konstitution
„Lumen Gentium" des Zweiten Vatikanischen Konzils
auftaucht. Luther schreibt: „Alle Christen sind wahrhaft
geistlichen Standes, und ist unter ihnen kein Unterschied
... Demnach so werden wir allesamt durch die Taufe zu
Priestern geweiht. ... Was aus der Taufe gekrochen ist,
das mag sich rühmen, dass es schon Priester, Bischof und
Papst geweiht sei, *obwohl es nicht jedem ziemt, dieses
Amt auch auszuüben.*"[108] Die Sache hat offensichtlich
einen Haken: An die Stelle des römischen Priesteramtes
ist de facto das evangelische Pfarramt getreten, das sich
in der Praxis kaum davon unterscheidet. Die katholische
Kirche salbt zwar die Täuflinge mit Chrisamöl. Dadurch
„kommt zum Ausdruck, dass sie königliche, prophetische und priesterliche Menschen sind, ... die selber leben,
anstatt gelebt zu werden" – so das offizielle Internetpor-
tal katholisch.de. Aber zugleich betont die katholische
Kirche den „wesensmäßigen Unterschied" zwischen all-
gemeinem Priestertum und Weihepriestertum. Wie aber
das „allgemeine Priestertum aller Gläubigen" real Gestalt
annehmen kann – darüber gab und gibt es weder auf der
katholischen noch auf der evangelischen Seite überzeugende oder konsequente Modelle. Es bleibt letztlich bei

dem strukturellen Gegenüber von (gut bezahlten) akademischen Theologen und dem „Kirchenvolk", das – unentgeltlich – gewisse Hilfsdienste übernehmen darf, die nur bedingt „priesterlich" sind.

Die Kirche der Zukunft braucht beides: Theologisch und spirituell kompetente Gemeindeleiterinnen, die eine eigene spirituelle Praxis mitbringen und Freiräume für geistliche Erfahrungen öffnen können (Mystagogik). Und die Kirche braucht „allgemeine" Priesterinnen und Priester, die ähnlich wie die akademisch ausgebildete Pfarrerschaft ordiniert würden und in wesentlich mehr Bereichen des kirchlichen und gottesdienstlichen Lebens mitwirken könnten als bisher üblich. Die Ausbildung und Berufung von Prädikantinnen und Prädikanten im evangelischen Umfeld, die selbständig und ehrenamtlich Gottesdienste leiten können, ist zumindest ein Hoffnungszeichen. Man muss allerdings fragen dürfen, warum diese Menschen für ihren Dienst nicht angemessen entschädigt werden. Die Priesterberufungen und der evangelische Pfarrernachwuchs gehen hierzulande immer weiter zurück – ein Wink des Heiligen Geistes, dass die bisherige Struktur von Kirche ein Auslaufmodell ist?

Was aber hat Zukunft? Mich überzeugen zwei Visionen, die allerdings aus dem anglo-amerikanischen Raum stammen und für uns Mitteleuropäer mit unseren ganz anderen Kirchentraditionen kritisch überprüft werden müssten, bevor wir sie adaptieren können. Einige Ansätze dazu gibt es bereits. Ich kann diese Modelle hier nur skizzieren, da die Implikationen, die sie in sich bergen, komplex sind. Am Ende werde ich selbst einige Vorschläge machen, wie meiner Meinung nach einige Aspekte einer inneren und äußeren Erneuerung der Kirchen aussehen könnten.

Emerging Church

Für das englische Wort „to emerge" gibt es keine adäquate deutsche Übersetzung. Es bedeutet in etwa „im Entwicklungsprozess sein". Man müsste von einer „entstehenden" oder „sich wandelnden" Kirche sprechen. Die Evolution der Welt, des menschliche Bewusstseins und – recht verstanden – auch Gottes ist nicht abgeschlossen, sondern ein Prozess und „im Werden". „Emergenz" ist ursprünglich ein Begriff aus der wissenschaftlichen Systemtheorie. Er bezeichnet spontan auftretende Neukonfigurationen von Systemen: Plötzlich stehen neue Bilder und Konzepte im Raum oder Vertrautes rückt in ein neues Licht. Auch die Kirchen müssen immer wieder Paradigmen, Konzepte und Strukturen, die nicht mehr tragen, transzendieren. Bei der kreativen Visionssuche, an der möglichst viele Betroffene zu beteiligen sind, kann es geschehen, dass sich tatsächlich Neues zeigt und das Bewusstsein einzelner oder ganzer Gruppen gleichsam einen Quantensprung macht. Dabei können bestimmte Inhalte der bisherigen Tradition an Gewicht verlieren und andere neues Gewicht bekommen, die bisher wenig beachtet wurden – ohne dass die alten Schätze einfach entsorgt werden müssten.

Zu den kostbarsten Schätzen der christlichen Tradition gehören unter anderem die „Werke der Barmherzigkeit", wie sie in Matthäus 25 geschildert werden. Eine Kirche der Zukunft wird mystischer und zugleich diakonischer sein. Diese Werke sind mehr als nur „Mitgefühl"; es geht um ein engagiertes Dasein, um Präsenz, um Heilen und Teilen.

Vor allem die Reformation hat dem Einzelnen vor Gott eine große Würde verliehen und damit eine Beitrag zur Entstehung der Menschenrechte geleistet. Freilich ist die

Wertschätzung des Individuums im Westen immer extremer geworden und in Gefahr geraten, in einem egozentrischen und narzisstischen Individualismus zu enden, der vor lauter *Ich* kein *Wir* mehr sieht. Auch die Betonung des individuellen Seelenheils („Wie komme *Ich* in den Himmel") und der Verlust des überindividuellen Reich-Gottes-Gedankens ist häufig zur christlichen Falle geworden. Martin Buber hat dem Christentum vorgeworfen, es habe *zu sehr* das Seelenheil des Einzelnen im Blick, anstatt sich um das Heil und Wohl der Welt zu kümmern:

> Dies ist ja einer der Hauptpunkte, an dem sich das Christentum vom Judentum geschieden hat: dass es für jeden Menschen sein eigenes Seelenheil zum höchsten Ziel mache. Für das Judentum ist jede menschliche Seele ein dienendes Glied in der Schöpfung Gottes, die durch das Werk des Menschen zum Reiche Gottes werden soll; so ist denn keiner Seele ein Ziel in ihr selbst, in ihrem eigenen Heil gesetzt.[109]

Jesus war Jude! Alle Zukunftsmodelle müssen versuchen, beides in Balance zu bringen, Individuum und Kollektiv.

Emerging Church ist ein Diskurs unter Christen und Christinnen aus verschiedenen Konfessionen und Traditionen. Sie sind eher locker miteinander vernetzt. Dabei spielen das Internet und die zunehmende Digitalisierung eine entscheidende Rolle. Gemeinsam ist ihnen, dass sie versuchen, die „Zeichen der Zeit" und die Herausforderungen der Postmoderne wahrzunehmen, auf sie zu reagieren und dabei Erkenntnisse aus Philosophie, Wirtschaft und Naturwissenschaft einzubeziehen. Das hat Auswirkungen auf Grundkonzepte der Theologie und auf die Gestaltung kirchlichen Lebens. Viele alte Gottesbilder und Erlösungskonzepte haben Antworten auf Fragen gegeben, die den Menschen früher tatsächlich auf den Nägeln brannten, die aber so heute kaum noch gestellt werden. Die „Emergenten" haben – mal mehr, mal weniger – begriffen, dass sich Erkenntnisse *und* Institutionen *wandeln* müssen, um sich *treu* zu bleiben. Ein Paradox. Ausgangspunkt dieser Bewegungen ist meist ein „orthodoxes" traditionelles Christentum, oft mit evangelikalem, charismatischem oder katholischem Hintergrund. Man bejaht die eigene konfessionelle Tradition und ihre Schätze, um sie im Dialog mit der Gegenwart und – ja, auch! – mit dem „Zeitgeist" ins Gespräch zu bringen und weiterzuentwickeln.

Trotz divergierender Herkunftstraditionen gibt es gewisse theologische Akzente, die in dieser Bewegung gehäuft auftauchen. Zunächst ist es das Vertrauen auf organisches Wachstum und Evolution. Neues wird mutig erprobt, vor allem in Bereichen, wo das Gewohnte steril und unfruchtbar geworden ist oder nicht mehr verstanden wird.

Das gilt manchmal vor allem für äußere Formen. Die *International Christian Fellowship* beispielsweise, eine Bewegung im deutschen Sprachraum, deren Anhänger meist unter 35 sind, hat Musik, Ort und Performance von Gottesdiensten radikal verändert. Hunderte von Ehrenamtlichen sorgen für Kinderbetreuung, Beleuchtung, professionelle Bands und eine hippe Atmosphäre. Gottesdienste finden in Kinos und Discos statt. Viele, die dort ihre geistliche Heimat finden, gehörten vorher traditionellen Freikirchen an, die auf junge Leute inzwischen auch oft verstaubt wirken. Bei der ICF wird das Lebensgefühl von jungen Familien, von Studierenden und Juppies aufgegriffen. Die Predigten sind pfiffig und peppig. Die Theologie hält damit allerdings nicht Schritt. Sie entspricht weitgehend dem altbekannten evangelikal-charismatischen Paradigma. Es ist nur eine Frage der Zeit, bis zum Beispiel Fragen der Sexualmoral neue Antworten erfordern, die dem heutigen Lebensgefühl Rechnung tragen. Dabei geht es auch hier nicht darum, Bewährtes über den Haufen zu werfen. Aber es wird darauf ankommen, im Geiste Jesu uralte Menschheitsfragen auch inhaltlich neu durchzubuchstabieren. Immerhin werden in solchen Bewegungen – ähnlich wie vor 30 Jahren bei den Jesus Freaks – neue Schläuche mit Erfolg erprobt. Davon können die Großkirchen etwas lernen. Aber neue Schläuche allein reichen nicht. Alter Wein in neuen Schläuchen schadet zwar den Schläuchen nicht; aber irgendwann werden Menschen auch hier eine Diskrepanz zwischen Gestalt und Gehalt spüren. Wo aber ist der neue Wein, die zeitgemäße Auslegung des Evangeliums, das Weiße Feuer, das diesen neuen Schläuchen entspricht?

Umgekehrt diskutiert man auf Kirchentagen oder in kirchlichen Akademien auf hohem Niveau und nicht selten visionär die gesellschaftlichen, kirchlichen und ethischen Fragestellungen, die sich heute aufdrängen. Aber das neue Denken führt nur selten zu einer neuen Form und Gestalt von Gemeinschaft und Kirche. Die traditionellen Veranstaltungsformen unserer Kirchen, insbesondere monologische Vorträge, sind wie alte Schläuche, die neuem Wein einfach nicht gewachsen sind. Und so bleibt der Austausch über die neuen Inhalte oft akademisch individualistisch und unverbindlich.

Auffällig ist, dass in vielen „emergenten" Bewegungen die Menschwerdung Gottes in Jesus Christus großes theologisches Gewicht hat. Als Konsequenz gilt, dass sich das Evangelium in jeder Zeit, in jeder Kultur und in jeder Gesellschaft neu „inkarnieren" und „inkulturieren" muss. Traditionellerweise verstand man Mission so, dass man das eigene Verständnis des Evangeliums (samt allen damit verbundenen, aber unbewussten kulturellen Vorurteilen und Gebräuchen) den „Heiden" nahebringen müsse. Das entpuppte sich jedoch als Sackgasse. Inkarnation bedeutet ein Sich-einlassen, Dialog, gemeinsames Lernen – so wie sich Gott in Jesus auf die Menschen eingelassen hat. Nicht nur der Empfänger, sondern auch der Bote und die Gestalt der Botschaft verändern sich in diesem Prozess – so wie die Menschwerdung Gott selbst verändert hat, als er „einer von uns" wurde.

Eine weitere theologische Grundlage, die viele „emergierende" Gemeinden teilen, ist eine trinitarische Weltsicht: Schöpfungsspiritualität und ökologische Verantwortung; Nachfolge und Nachahmung Jesu („Was würde Jesus jetzt sagen oder tun?"); konkretes soziales Engagement insbesondere für Marginalisierte, Randgruppen und Flüchtlinge; Kirche als Sauerteig und Gegenkultur in der säkularen Gesellschaft; Betonung der Gemeinschaft, neue Formen kommunitären Lebens und Wertschätzung für die Vielfalt der Gaben; flache Hierarchien; Offenheit für Außenseiter und Fremde; Kreativität und Großzügigkeit; gewaltfreie Kommunikation und ein nicht-kontrollierender Leitungsstil mit größtmöglicher Einbeziehung der Basis („Betroffene müssen Beteiligte werden"); Raum für Stille – all das lässt sich mittelbar oder unmittelbar aus einer reflektierten Trinitätslehre ableiten.

In dieser Bewegung der „Werdenden" verändert sich auch das Verhältnis von „Geistlichen" und „Laien". Theologie und Predigten sind weniger *dogmatisch* als *narrativ*, weniger *monologisch* als *interaktiv* und beziehen die Lebensgeschichten und -erfahrungen der Gemeindemitglieder ein. Die Kirche versucht, auf neue Herausforderungen *kreativ* und *flexibel* zu reagieren. Dabei nimmt sie bewusst am gesellschaftlichen und kulturellen Leben teil und gestaltet es mit. Wachsen und Werden, Prozesse und Projekte, Egalitarismus und Evolution – das sind für viele Emergenten Zeichen der kommenden Kirche.

Die Bewegung ermutigt nicht zuletzt zum sozialen, gesellschaftlichen und politischen Engagement, wozu auch gehört, die Verbürgerlichung der Gemeinden zu überwinden und Raum zu schaffen für die Begegnung von verschiedenen Klassen, Nationen, Rassen und Lebensformen. Diese Inklusivität wirkt sich auch liturgisch aus. „Emergente" Gottesdienstformen versuchen, möglichst viele aktiv an der Gestaltung der Liturgie zu beteiligen. Dabei ist Raum für Neues und Altes: moderne Medien, Videoclips, Tanz, zeitgemäße Musik – aber auch Weihrauch, Salbungs- und Segnungsrituale und die zentrale Bedeutung der Sakramente.[110]

Einige konservative, evangelikale und fundamentalistische Kreise werfen den „Emergenten" Relativismus vor. Man fürchtet um die „absoluten Wahrheiten" des Christentums und kritisiert das Zurücktreten von traditionellen Missions- und Bekehrungsstrategien und der traditionellen Kreuzes- und Sühnopfertheologie. Kurz: Man unterstellt Anpassung an die „dekadente" Gesellschaft der Gegenwart und den Zeitgeist. Wer die Öffnung und die theologische und strukturelle Transformation der Kirche bejaht, wer wie Paulus „den Juden ein Jude, den Griechen ein Grieche" sein will (1. Korinther 9,20ff.), wird auch künftig auf eine massive Abwehr von Seiten derer stoßen, die die Kirche als unbeweglichen Fels in der Brandung inmitten einer gottlosen Welt verstehen und bewahren wollen. Jesusmäßig ist das nicht.

Integrales Christentum

Im Mainstream-Christentum der westlichen Welt hat sich im Lauf der Jahrhunderte ein dogmatisches Grundkonzept etabliert, das bestimmten Glaubensdeutungen Priorität einräumt, andere ignoriert oder gar unterdrückt und sich selbst als „orthodox" bezeichnet. Inhalt dieser traditionellen Deutung der zentralen christlichen Lehre sind – wie ausführlich geschildert – der Sühnetod Jesu und der Glaube an die Auferstehung Jesu und die damit verbundene Hoffnung, dass auch „ich" in den Himmel komme, wenn ich an Jesus glaube. Diese Inhalte kommen in der Botschaft Jesu so kaum vor. Schon gar nicht stehen sie bei Jesus im Mittelpunkt oder ganz oben. Sie zum Kern des christlichen Glaubens zu erklären ist willkürlich. *Die* christliche Botschaft gibt es nicht. Zumindest muss sie vom Schwarzen Feuer der überlieferten Botschaft Jesu her ständig hinterfragt und neu formuliert werden.

Jesus hat vom „Reich Gottes" gesprochen, das hier und jetzt schon angebrochen ist. Er hat Gewaltfreiheit gelehrt und die Zuwendung zu Hungernden, Durstigen, Nackten, Fremden, Kranken und Gefangenen geboten. Und er hat die selig genannt, die mit leeren Händen vor Gott stehen, die Leid tragen, die barmherzig und sanft sind und Frieden stiften.

Jede Deutung der Botschaft Jesu ist subjektiv. Wir alle haben unsere Lieblingsthemen und blinden Flecken und neigen dazu, die eigene Sichtweise absolut zu setzen. Weil wir die „absolute Wahrheit" weder besitzen noch formulieren können, müssen wir zumindest versuchen, so viele Perspektiven wie möglich zu hören und ins Kalkül zu ziehen. Das ist das Geheimnis des Weißen Feuers. Christen sind häufig so zerstritten und gespalten, weil

Teilperspektiven von bestimmten Gruppen verabsolutiert werden und weil es innerhalb der weltweiten Kirchen die unterschiedlichsten intellektuellen, emotionalen, ethischen, kulturellen und spirituellen Entwicklungs-, Reifungs- und Bewusstseinsstufen gibt. Wie geht man um mit der Ungleichzeitigkeit solcher Entwicklungen?

Denker wie Jean Gebser, James W. Fowler, Claire W. Graves und Ken Wilber haben die Stadien menschlicher Bewusstseinsentwicklung und -reifung beschrieben. Die Ungleichzeitigkeit solcher Stufen innerhalb jeder Menschengruppe, Institution und Gesellschaft und verschärft im Kontakt zwischen unterschiedlichen Kulturen ist eine der Hauptursachen des „Clash of Cultures", dem wir derzeit auf vielfältige Weise ausgesetzt sind.[111] Dazu kommt, dass sich in jeder Person, aber auch in jedem Kollektiv, Reifung auf mehreren „Linien" ereignet, die in der Regel nicht gleich stark entwickelt sind: die intellektuelle, ethische, emotionale und spirituelle Ebene etwa. Diese gut erforschten Stadien durchläuft jeder Mensch in seiner Entwicklung, aber auch jede Kultur und Religion im Lauf der Geschichte. Das Problem beginnt, wo unterschiedliche Entwicklungsebenen oder Bewusstseinsstufen samt der dazu gehörenden Weltbilder zusammenprallen. Das zu sehen und sich um eine Verbindung und wechselseitige Befruchtung dieser Aspekte individuellen und kollektiven Lebens zu bemühen, ist eines der Anliegen von Ken Wilbers „Integraler Theorie".

Ein anderer wichtiger Aspekt der integralen Theorie ist die Entwicklung des individuellen und kollektiven Bewusstseins. Jedes Individuum durchläuft während seiner emotionalen, intellektuellen, moralischen und spirituellen Entwicklung dieselben Stadien. Das gilt ebenso für Gruppen, Clans, Gesellschaften und Institutionen.

Bewusstseinsstufen spiegeln sich auch im Wandel von Gottesbildern. Marion und Werner Küstenmacher und Tilmann Haberer haben in ihrem Standardwerk *Gott 9.0* eindrucksvoll beschrieben, wie sich die Reifung des Bewusstseins auf unsere Gottesvorstellungen auswirkt. Dasselbe gilt für das Bibelverständnis, die Deutung des Lebens und Wirkens Jesu, bevorzugte Gebetsformen, Konzepte von Sünde, Erlösung, Himmel und Hölle, die Bewertung der Mystik, das Leitbild von Gemeinschaft und Kirche und weitere religiöse Vorstellungen.

Auf jede „Ich-Stufe", in der das Individuum im Mittelpunkt steht, folgt in der Entwicklung eine „Wir-Stufe", in der das Kollektiv die Hauptrolle spielt. Den Bewusstseinsstufen werden symbolische Farben zugeordnet. Die neun bisher erforschten und bekannten Stufen lassen sich in Anlehnung an *Gott 9.0* so zusammenfassen:

1. Stufe „Beige" (ICH): Überlebenswille. Der Übergang vom Tier zum Menschen; der Mensch am Anfang des Lebens unterscheidet sich kaum von anderen Lebewesen. Er ist ich-zentriert, denn es geht um das pure Überleben, um Essen, Trinken, Geborgenheit. In Zeiten von Krisen und Krankheiten können wir auf diese Stufe zurückfallen – und ebenso kurz vor dem Tod.

2. Stufe „Purpur" (WIR): Ahnengeister. Die magische Stufe, die begann, als man sich in Clans zusammenschloss; Beginn des Stammesbewusstseins. Riten und Rituale in der Gruppe sichern das Überleben in einer von Geistern beseelten Welt. Ausschluss aus der Gruppe ist tödlich. Talismane und Amulette, Symbole und Sakramente haben hier ihren bis heute nachwirkenden Ursprung.

3. Stufe „Rot" (ICH): Stärke und Macht. Hier entstehen Abgrenzungen und Ich-Strukturen gegenüber der Gemeinschaft (Trotzphase des Kindes); der „Krieger" verteidigt das Ich gegen Übergriffe und Unterdrückung. Mächtige Götter unterstützen ihn. Gleichzeitig strebt er nach Expansion. Physische Gewalt ist das probate Mittel gegen jede Bedrohung.

4. Stufe „Blau" (WIR): Ordnung. Die Phase hierarchischer Gemeinwesen. Der Monarch (König, Papst) erlässt Gesetze und Ordnungen. Moral und Traditionen werden von oben definiert. Der kriegerische Impuls wird durch Gesetze, Scham und Schuld eingedämmt. Der Staat hat das Gewaltmonopol. Die monotheistischen Weltreligionen entstehen und spiegeln die gesellschaftliche Pyramide wieder. Ganz oben steht Gott. Selbst die Macht des Königs wird durch ihn eingeschränkt.

5. Stufe „Orange" (ICH): Forschen und Gestalten. Das Diesseits kommt in den Blick. Ratio und Aufklärung entzaubern die Welt, und das aufgeklärte Individuum emanzipiert sich von seiner „selbstverschuldeten Unmündigkeit" (Immanuel Kant). Der neue Mensch ist ich-stark und autonom; er geht den Dingen auf dem Grund und gestaltet die Welt. Die magische Welt wird entzaubert. Man muss nicht mehr an Gott glauben. An seine Stelle können Technik, Erfolgsstreben, Konkurrenz und die „unsichtbare Hand" des Marktes treten.

6. Stufe „Grün" (WIR): Gleichheit und Gemeinschaft. Die Erforschung und Heilung der Seele (Psychologie) rückt ins Zentrum; Unterdrückung der Frau, Ausbeutung der Erde und Diffamierung von Minderheiten

werden geächtet, die Ansprüche der Machthaber dekonstruiert (Political Correctness). Basisdemokratische Bewegungen wollen egalitäre Ideale durchsetzen. Wahrheit ist relativ und subjektiv (Postmoderne). Jeder hat das Recht auf die eigene Wahrheit, weil es keine objektive Wahrheit gibt.

7. Stufe „Gelb" (ICH): Flexibilität und Fluss. Das egalitäre Grün mit seinem Fokus auf den Opfern führt zu individuellem Gestaltungsdrang. Das Internet vernetzt die kreativen Denker weltweit. Gegensätze und Paradoxien werden als Bereicherung erlebt und dialektisch in einem höheren Dritten vereint. Kompetenz kommt vor materiellen Interessen. Persönliche Unabhängigkeit, Flexibilität und Kreativität stehen hoch im Kurs. Dabei kommen alle vorherigen Stufen erstmals als einleuchtendes Gesamtsystem in den Blick.

8. Stufe „Türkis" (WIR): Synergie. Die integral-holistische Stufe: kooperativ wie Grün, aber offen für Unterschiede wie Gelb. Die Welt als System einander bedingender und miteinander vernetzter Kräfte; Gefühle und Wissen werden gleichermaßen gewürdigt, Geist und Materie sind keine Gegensätze mehr. Der Lebensstil ist post-materialistisch und spielerisch.

9. Stufe „Koralle" (ICH): Ozeanisches Ich. Noch unerforscht und nur als Vorahnung beschreibbar.

Neben den Bewusstseinsstufen der Außenwelt benennt die integrale Theorie – wie bereits im Zusammenhang mit dem dritten Glaubensartikel entfaltet – vier Versenkungszustände der Innenwelt. Stufen und Zustände existieren unabhängig voneinander. Auf allen Bewusstseinsstufen sind mystische Tiefenerfahrungen möglich. Allerdings findet ihre anschließende Deutung im Rahmen der jeweils herrschenden Bewusstseinsstufe statt. Die Stufen bieten empirisches und datierbares Weltwissen an, die Zustände führen in die „verborgene Weisheit" (Marion Küstenmacher).[112]

Die „Ungleichzeitigkeit" der Bewusstseinsstufen tritt in jeder Epoche, in jeder Gesellschaft, in jeder Religion und in jeder Gemeinde auf. Wie damit umgehen? Menschen, die zumindest meinen, sich auf höheren Bewusstseinsstufen zu bewegen oder tiefere spirituelle Zustände zu erfahren als andere, stehen in der Gefahr, sich über diejenigen zu erheben, die „noch nicht so weit sind". Genau das führt zu Spaltung, Hass und Krieg. Teile der bildungsfernen Schichten in den USA und in Europa haben lange gespürt, dass sie von „denen da oben", dem konservativen ebenso wie vom liberal/progressiven Establishment, verachtet werden. Ein trotziger AfD-Wähler sagte im Fernsehinterview sinngemäß: „Die meinen, die müssen uns die Welt erklären. Wir können selber denken!" Menschen, die in früheren Bewusstseinsstufen denken und fühlen, sind ihrerseits häufig immun gegenüber Entwicklung und Horizonterweiterung und werten sie ab. Sie empfinden „die da oben" häufig als arrogant, überheblich oder dekadent, nicht immer zu Unrecht.

Integrales Denken – und integrale Spiritualität – bedeutet, dass *alle* Bewusstseinsstufen, Linien, Versenkungsgrade eine Daseinsberechtigung haben, einen unersetzlichen Aspekt der Gesamtwirklichkeit in sich bergen und Beachtung verdienen. Werden eine „frühere" Stufe oder wenig entwickelte „Linie" ignoriert, melden sie sich irgendwann zu Wort, häufig aggressiv. Das ist wohl einer der Gründe, warum es in Biographien, aber auch in Religionen und Gesellschaften zu plötzlichen „Rückfällen" in eine frühere Bewusstseinsstufe kommen kann. Übergangene Stufen rebellieren und besetzen eine individuelle Psyche oder eine Gruppe oder Gesellschaft. Bewusstseinsreifung bedeutet ja immer: Transzendieren *und* integrieren. Jede und jeder von uns hat alle Entwicklungsstufen in sich, und jede dieser Stufen hat ihren Sinn und ihren Wert zu ihrer Zeit und will gewürdigt werden.

Als weiterer Faktor kommen die unterschiedlichen Persönlichkeitsmuster oder -typen zum Tragen, die die Wirklichkeit unterschiedlich wahrnehmen. Auch diese Vielfalt verdient es, als Geschenk gesehen und gestaltet zu werden – und nicht als Fluch.[113] Vielfalt ist Reichtum. Aber Vielschichtigkeit ist auch anstrengend und kann überfordern. Man kann sie sich nur Schritt für Schritt erschließen und muss dabei mit sich und anderen geduldig sein.

Ein integrales Christentum orientiert sich an der Tischgemeinschaft Jesu, wo korrupte Zöllner und von männlicher Gier ausgebeutete Prostituierte, einfache Fischer (vermutlich Analphabeten) und hochgebildete Theologen, Männer und Frauen, Kinder und Greise, Aussätzige und „Reine", Insider und Fremde, Gläubige und Noch-nicht-Gläubige oder Nicht-mehr-Gläubige Platz haben. Nur wenn sie alle willkommen sind, kann sich im ebenbürtigen Austausch jene „Schwarmintelligenz" entfalten, die am Puls der Zeit ist und kreative neue Lösungen entdeckt. Hier ist das Ganze mehr als die Summe seiner Teile. Hier werden auch die Gegensätze von konservativ und progressiv, von links und rechts, von oben und unten transzendiert. In Gott fallen am Ende alle Gegensätze zusammen. Die wesentliche Aufgabe von integraler Gemeindeleitung besteht darin, dafür Sorge zu tragen, dass dies geschieht, dass Formate entwickelt werden, in denen dieser geistliche Hör- und Austauschprozess tatsächlich stattfinden kann.

Emergente und integrale Ansätze schaffen noch keine neue Kirche. Wir befinden uns in der Zeit eines epochalen Umbruchs und Bewusstseinswandels. Die Bedrohungen der Menschheit durch den Treibhauseffekt, die Massenarmut vor allem auf der südlichen Halbkugel und die perverse Masse an Waffen und Vernichtungspotential auf dieser Erde, machen Zukunftsprognosen unmöglich. Dennoch sind Tastversuche und Zukunftswerkstätten nötig und erlaubt. Neben all den Bedrohungen gibt es immer mehr Menschen, die neu und anders denken und leben, innerhalb und außerhalb der Kirche. Visionen, die ermutigen, Visionen, die einladen zum nächsten Schritt, ein neues Denken in Wirtschaft, Wissenschaft und Politik sind in dieser Schwellenzeit dringend gefragt. Wir leben auf der Schwelle. Das Alte lässt sich nicht zurückholen. Das Neue zeichnet sich bestenfalls in nebulösen Konturen ab. Die integrale Theorie bietet sich als eine Art Kompass an, wohin die Reise gehen kann. Vielleicht scheitern alle Träume. Aber vielleicht gibt es ein Morgen, für das zu leben und kämpfen sich lohnt.

Meine Vision

Wie könnte hierzulande eine Kirche der Zukunft aussehen? Eine Kirche, die über wenig Macht und Geld verfügt, die keine gesellschaftlichen Privilegien mehr genießt, die nicht mehr flächendeckend präsent ist, sondern sich in Hausgemeinden und in Seminaren und Tagungen und Pilgergruppen und in verbindlichen Kommunitäten manifestiert? Eine Kirche, die – sei es aufgrund ökonomischer Zwänge oder freiwillig – einen Plan B oder noch besser mehrere realistische Szenarien entwickelt? Inspiriert von den Gedanken meines verstorbenen Freundes und Weggenossen Dietrich Koller hier einige wenige Impulse:

- Es gibt keine hauptamtlichen Pfarrer/innen und Bischöfe mehr, die aus Kirchensteuermitteln üppig besoldet werden.
- Von Gemeindeleitern wird erwartet, dass sie entweder eine zweite Berufsausbildung haben oder neben der Teilzeitpfarrstelle, für die die Gemeinde aufkommt, noch einem zweiten Broterwerb nachgehen. Das macht die Gemeinden unabhängiger und sorgt dafür, dass die Leitungspersonen in Tuchfühlung sind mit Gesellschaft und Arbeitswelt.
- Leitung ist in erster Linie Entdeckung der Gaben des allgemeinen Priestertums, die geistliche und fachliche Schulung geeigneter Gemeindeglieder und ihre Ordination zu konkreten Aufgaben.
- Pfarrer/innen und Laien setzen in den Gottesdiensten kurze geistliche Impulse, die zum offenen Dialog einladen. Keine Monologe mehr!
- Zu den Grundkompetenzen von Pfarrer/inne/n und geeigneten Gemeindegliedern gehört die Anleitung und Begleitung geistlicher Übungswege wie Exerzitien, Meditation und Pilgern.
- Leitung wird auf allen Ebenen im Team wahrgenommen, jeweils zumindest zu zweit. Keine Verwaltungsaufgaben, keine Bauaufsicht für Theolog/inn/en!
- Im Gottesdienst zumindest zehnminütige angeleitete Schweigephase zu Beginn oder nach der Auseinandersetzung mit dem biblischen Wort.

- Vielfältige Formen des Umgangs mit Bibel und Tradition im Gottesdienst; niemand muss, aber jede/r kann sich einbringen – auch mit spontanen Ideen.
- In jedem Gottesdienst gemeinsame Einsetzung des Abendmahls, damit nicht der Eindruck entsteht, der Pfarrer sei der Repräsentant Christi.
- Freie Fürbitten für weltweite Anliegen aus Politik, Kirche und Gesellschaft und für Kranke, in Not Geratene und die Toten (am besten jeweils nur ein Wort oder ein Name, keine langen oder verschwurbelten Formulierungen).
- Im Zusammenhang mit dem Gottesdienst Angebote, sich persönlich segnen, salben und Schuld vergeben zu lassen.
- Entwicklung und Ausbildung eines Heilungsdienstes, wo für Kranke und Sterbende gebetet wird.
- Außerhalb des Gottesdienstes regelmäßige Angebote von gemeinsamer Stille und Meditation.
- Bibel- und Gesprächskreise, bei denen alle Lehrende und Lernende sind (jüdische Lehrhaustradition).
- Arbeitsgruppen zur spirituellen und kreativen Kompetenzentwicklung: Theater, Persönlichkeitsbildung, Literatur, Musik, gewaltfreie Kommunikation, Männer, Frauen, exemplarisches gesellschaftspolitisches Engagement (Obdachlose, Flüchtlinge, Prostituierte, Trauernde, Behinderte, Eine Welt, Umwelt ...).
- Spirituelle Angebote für Kinder, insbesondere Einübung in die Meditation.
- Initiatorische Jugendarbeit mit viel Raum für spirituelle Grunderfahrungen und -herausforderungen, Einübung in die Meditation, diakonische und liturgische Dienste, spirituelle Fahrten, Training in Streitschlichtung.

Keine Gemeinde kann das alles von heute auf morgen umsetzen. Aber einiges davon ist machbar. Das weiß ich aus eigener Erfahrung. Ich vertraue darauf, dass der gesellschaftliche Wandel auf Dauer auch dazu führen wird, dass sich Kirche neu findet und organisiert. Junge Menschen haben visionäre Ideen und sind kreativ, wie schon der Prophet Joel sagt. Wer ruft sie ab? Sie brauchen gute Begleitung, damit sie theologisch nicht in Engführungen hängen bleiben. Es geht nicht darum, den alten Inhalt neu zu verpacken, sondern das Evangelium selbst neu zu entdecken in all seinen überraschenden Facetten, die von immer noch vorherrschenden traditionellen Paradigmen, Weltbildern, dogmatischen Konzepten und kirchlichen Strukturen verdunkelt worden sind. Wohin der Geist führen wird, wenn wir ihm Raum geben, wissen wir nicht. Denn er weht, wie und wo er will, Aber er kann uns inspirieren, neue Formen zu finden, die zu der ewig neuen und guten Nachricht vom Reich Gottes passen: „Niemand füllt neuen Wein in alte Schläuche; sonst zerreißt der Wein die Schläuche, und der Wein ist verloren und die Schläuche auch; sondern man füllt neuen Wein in neue Schläuche" (Markus 2, 22).

Anhang

Neue Glaubensbekenntnisse

Im Rahmen des Projekts „Worauf ich stehe" des Spirituellen Zentrums St. Martin in München und auch schon zuvor sind neue persönliche Glaubensbekenntnisse entstanden. Einige stammen von Menschen, die mir als geistliche Freundinnen und Freunde und als Wegbegleiter/innen besonders nahestehen oder standen. Sie kommen hier zu Wort.

Dietrich Koller, Pfarrer, Autor, Geistlicher Begleiter († 2012):
Ich bin ein Gläubiger. Darum erschrecke ich vor mir selbst.
Ich bin zwar kein Abergläubischer, aber ich bin bestimmt ein Gläubiger,
ich glaube fast alles, was man über IHN SIE ES denken oder sagen kann,
poly, mono, pan, a-theistisch, da ist überall was Wahres dran,
besonders an der allerheiligsten Dreifaltigkeit der Liebesgemeinschaft, in deren Mitte das Universum kreist.

Aber wie kann mein Schuldner das alles bezahlen,
wie kann er beweisen, dass ich richtig liege und dass er zahlungsfähig genug ist,
mir meinen Riesenkredit, den ich ihm vorgeschossen habe,
pünktlich mit oder ohne Zinsen zu erstatten?

Ich glaube und glaube und glaube und zweifle an mir.
Bin ich auf Religion hereingefallen?

Sollte ich jedoch am Stichtag für meinen Glauben Null bekommen, es hat sich dennoch gelohnt.

Ich habe Vertrauen gelernt,

ich habe das Atemgebet und die Gewissenserforschung gelernt,

ich habe mit meinen Illusionen weder mir noch anderen geschadet,

ich habe mich und andere trösten können, und vor allem:

ich habe einen spirituellen Meister gefunden, der mich liebt und den ich liebe.

Er hat mich die Unterscheidung der Geister gelehrt und den Gang auf den Wassern.

An ihn glaube ich, weil er an mich glaubt. Da gibt es gewisse Indizien.

Diese meine Worte ins göttliche Ohr, in DEIN Ohr. Ich warte auf dein AMEN.

Marion Küstenmacher, Theologin, Mystikforscherin, Autorin:

Mein Glaube ist eine Frage: Herr, wohin sollen wir gehen? Und ein Bekenntnis: Du hast Worte des ewigen Lebens und wir haben geglaubt und erkannt, Du bist der Heilige Gottes.

Mein Glaube ist durch die Gemeinschaft von Christen vor Gott entstanden und durch meine Einsamkeit als Christin in Gott gewachsen.

Mein Glaube ist kinderleicht und kummerschwer, sanft wie Kerzenschein und leidenschaftlich wie ein hohes Feuer.

Mein Glaube ist ein leuchtendes Senklot in die Tiefe meiner Seele und der dunkle Magnet, der mich auch gegen meine Widerstände hin zu Gott zieht.

Mein Glaube ist eine Verneigung vor dem uralten Weg, den Millionen Christen vor mir gingen und eine Sehn-

sucht nach Weggefährten, die diesen Pfad für die Zukunft neu erschließen.

Mein Glaube ist in der Kirche, durch die Kirche und trotz
der Kirche gewachsen und erwachsen geworden. Ich
danke ihr dafür.

Mein Glaube hat mir einen Ort gewiesen: draußen, vor
der Kirchentür, jenseits der Schwelle, um bei all denen
zu sein, die sich dort nach Gott sehnen.

Mein Glaube ist ein Nichts: bloß eine offene Hand, ein
offenes Herz, ein offener Augenblick.

Mein Glaube ist ein jämmerlicher Versuch und doch eine
Meisterleistung Gottes.

Mein Glaube gehört mir nicht. Aber mit Jesus Christus
kann ich sagen: Gott und ich, wir gehören untrennbar,
für immer zusammen.

*Maike Schmauß, Studienrätin i. R., Autorin,
Meditationsanleiterin:*
Ich glaube an Jesus Christus,
den Namen, der über allen Namen ist,
den Weg zu Gott, dem Vater,
den Weg zu Gott, dem ewigen Koan:
Gott,
nah-fern,
unfasslich-greifbar,
fremd-vertraut,
verborgen-gegenwärtig,
geheimnisvoll-offenbar.

Ich glaube an Jesus Christus,
den Namen, der über allen Namen ist,
die Wahrheit im Ebenbild Gottes,
die Wahrheit, die die seufzende Schöpfung erlöst,

die Wahrheit, die mich verwandelt in mein reines, unver-
fälschtes Wesen.

Ich glaube an Jesus Christus,
den Namen, der über allen Namen ist,
das unvergängliche Leben,
das Leben, in dem ich schauen werde von Angesicht zu
    Angesicht,
in ewiger Schönheit.

Martin Dreyer, Pastor, Sozialpädagoge, Autor,
Gründer der „Jesus Freaks":
1. Das größte Glück, was ein Mensch überhaupt erleben
kann, ist die Beziehung zu Jesus. Ich glaube das wirklich.
Ich habe eine Menge ausprobiert und komme, auch über
Umwege, immer wieder zu diesem Ergebnis. Mit ihm zu
reden, ihn zu erleben, ihm zu gehören, einfach zu wissen,
dass er da ist, macht mein Leben reich und sinnvoll. Ich
wünschte, jeder könnte das erfahren, weil es einfach so
gut ist. Leider gelingt es vielen nicht.

2. Ein Mensch braucht Worte von Gott. Sonst lebt er in
die Irre. Oder eben nur so vor sich hin. Ich meine damit
auch ein Wort, was eine Richtung im Leben gibt, eine
Vision, eine Idee, ein Auftrag, einen Traum. Aber auch
eine Korrektur und eine Ermutigung. Eine lebenslange
Herausforderung ist der Lernprozess zu unterscheiden,
welche Worte von Gott sind und welche nicht. (Es gibt
leider sehr viele verwirrte Christen, die natürlich immer
glauben, etwas direkt von Gott gehört zu haben. Sie sind
nicht nur ein ganz schlechtes Zeugnis für das Christsein,
sie schaden auch sich und anderen).

3. Freunde, Familie, freundschaftliche Beziehungen, Gemeinschaft: Sie sind das höchste Gut im Leben. Dabei findet auch ein ständiger Kampf statt. Etwas will diese Beziehungen zerstören und kaputt machen. Das Ziel dieser Macht ist, dass jeder für sich alleine und einsam bleibt. Dabei braucht Mensch den Menschen, um glücklich zu sein. Das habe ich so erlebt.

4. Wirklich frei wird jemand erst, wenn er seinen Wert und sein Glück nicht in Dingen, Erfolgen, Beliebtheit, Applaus und Äußerlichkeiten festmacht. Sondern nur, wenn er sich ganz sicher geliebt von Gott weiß, und zwar so wie er ist. Dass Gott mich wirklich bedingungslos liebt, ist ein großer Schatz, den es zu entdecken gilt. An diesem Punkt hab ich noch am meisten zu lernen.

Stefan Eblenkamp, Lehrer, Meditationsanleiter, Musiker:

Credo ....

an Gott, den Vater/Mutter –
Ursprung, Ziel und Wesen allen Seins in der Liebe.
an Jesus Christus, seinen Sohn –
Gott im menschlichen Antlitz.
an den heiligen Geist –
göttliche Kraft, die uns trägt und lenkt.

Credo ....

dass Gott uns in allem – wirklich allem – begegnen will und kann.
Auch und gerade in den Situationen des Scheiterns und unseres individuellen wie kollektiven Versagens.

Credo ....

dass wir Gott nicht mit Worten und Gedanken,
schon gar nicht mit den Mitteln der Vernunft verstehen
können.
Die Möglichkeit zu glauben und alle dazu nötigen Fähigkeiten
liegen dennoch unverrückbar tief und nachhaltig in uns.
Kein Mensch kann sich dem dauerhaft verweigern.
Der Glaube selbst jedoch ist „über-vernünftig".

Credo ....

dass Gott über die Stille mit uns in Kontakt steht.
Wir müssen also in der (fremden) Sprache der Stille
hören, sehen und sprechen lernen.

Pierre Stutz, spiritueller Autor:
Ich glaube,
bewohnt zu sein
von einem großen Segen,
im Zu-Grunde-gehen
auf(er)stehen zu können,
kämpferisch-gelassen
geistbewegt
mit andern
Zärtlichkeit und Gerechtigkeit zu fördern

Christiane Müller, freie Theologin:
Ich glaube, dass mein Leben einen Wert hat.
Dass ich nicht zufällig auf dieser Welt bin.

Ich glaube, dass ich ein Kind Gottes bin
und dass ich darüber hinaus auch gar nichts sein muss.

Ich glaube, dass ich bedingungslos geliebt bin.

Ich glaube an Jesus, meinen Bruder, Freund, Herrn und
Meister.
Den einzigen, bei dem "Freund" nicht im Widerspruch
steht zu "Herr und Meister". Er ist mein innerer Lehrer,
der tiefste Grund meiner Seele.
Ganz tief drinnen sind wir EINS.
Er ist das Licht der Welt – ich bin das Licht der Welt.
Aber nicht mein Ego. Sondern ER in mir.
Er ist ich. Und ich bin Er. Wer es fassen kann …

Ich glaube, dass ich mit anderen unterwegs bin
und dass wir uns erkennen werden, wenn wir uns begegnen.
Die, die der Geist Gottes treibt. Die Kinder Gottes.
Sie erkennen einander.
Auch wenn sie Gott auf unterschiedliche Weisen lieben
und verehren.

Ich glaube, dass Er durch uns die Wirklichkeit gestaltet.

Ich glaube, dass ein Gebet die Welt verändern kann,
weil alles mit allem verbunden ist.

Ich glaube, dass der Tod eine Illusion ist.
Und dass wir erwachen werden zu einem Licht,
das wir hier höchstens ansatzweise erkennen können.

Ich glaube, dass am Ende alles gut sein wird.
In jeder Hinsicht.
Wenn es nicht gut ist, ist es noch nicht das Ende.
Am Ende werden wir lachen. Und Gott lacht in uns.

Elisabeth Groß, Autorin, (Groß-)Mutter († 2016):
Ich glaube an den Gott der Liebe, die so unermesslich ist wie seine Schöpferkraft. Er hat die Welt geschaffen, damit wir sie erforschen und nicht aufhören, zu staunen über die Weisheit, die er in sie eingegossen hat. Und in ihr die Erde, damit wir darin wohnen, glücklich sind und sie hüten und pflegen.

Den Menschen hat er aus Erde vom Ackerboden geformt nach seinem Bilde und in seine Nase seinen Lebensatem geblasen – Das heißt doch, dass er ihm seinen Geist mitgeteilt hat: den Geist der Liebe.

Jeden, ausnahmslos jeden, der Menschenantlitz trägt, erfüllt und umgibt er mit seiner Liebe. Er allein weiß ja, wie jeder ausgestattet ist, welche Kräfte zum Guten in ihm wirken, welche ihn an eben diesem Guten hindern.

Wie von einem guten Elternpaar – Vater und Mutter in Einem – wird ein Jeder auf seine Wege in das Leben hinein entlassen: Anders als irdische Eltern es vermögen geht er mit ihm über alle Straßen, durch alle Verlorenheiten und Dunkelheiten, und gibt ihn trotzdem frei. Seine Maßstäbe sind anders als die der Welt, das große Ziel all seiner Führung bleibt jedoch die Heimkehr, das Einswerden mit ihm in seiner Liebe. Um in seiner Unfasslichkeit seinen Menschen nahe zu sein, setzte er Jesus ein als seinen Interpreten, der sein gewaltiges Schweigen in Menschenworte, seine furchterregende Größe in den zärtlichen Vaternamen Abba übersetzte.

Ich glaube, dass sich in Jesus Gottes Einstellung zur Menschenwelt spiegelt. Er ist das Muster, nach dem zu fragen ist – jenseits aller Kirchendoktrin – was hat er gesagt, mehr noch gezeigt durch sein ganzes Dasein und Sosein in unserer Welt, was war ihm wichtig, worauf kam es ihm an.

Ich glaube zutiefst, dass in ihm Gott in uns leben will.

Ein Bruder, einer von uns ist er geworden, hat mit uns gegessen und getrunken in froher Gemeinschaft, hat Hunger und Obdachlosigkeit geteilt, Verehrung und Missverstehen, ja, Verachtung, Freundschaft wie Verrat, Verleugnung und letztes Verlassenwerden. Und mit allen, allen, um deren Versagen er doch wusste, hat er das Brot gebrochen und den Wein geteilt. Menschengaben, Brot und Wein, diese geheimnisvolle Durchdringung von Bild und Wirklichkeit in seinem Wort „Das bin ich für Euch!" werden zum Unterpfand seiner fortdauernden Gegenwart.

Schließlich hat er mit seinem Leben bezeugt, was zu verkünden er gesandt war. Nicht in strahlender Macht, sondern in einem elenden Tod, in Angst und Schmerzen gab er sein Leben zurück in des Vaters Hände.

Ich glaube, dass Gott ihn aus dem Tod geholt und in seine selige Gemeinschaft aufgenommen hat – und mit ihm uns, die wir zu ihm gehören.

Welch eine Verheißung, welch ein Glaube!

Peter Aschoff, Theologe, Gemeindeleiter, Autor:
Ich glaube, dass im Ursprung alles gut ist und dass es das am Ende auch wieder sein wird. In der Zwischenzeit ist es, wie wir alle wissen, ziemlich kompliziert.

Ich glaube, dass diese Welt der Quanten und Quasare nicht von Ungefähr denkende und fühlende Wesen beherbergt, dass sie geistreich, kommunikativ und schöpferisch ist: Ein Gewebe lebender Verbindungen, aus dem heraus Überraschendes geschieht – wie gute Poesie, zwischen deren Zeilen sich mehr andeutet, als ich erfasse.

Ich glaube, dass wir als Denkende und Fühlende das Potenzial haben, über uns hinauszuwachsen, oder das Gute, das wir uns wünschen, zu sabotieren. Und dass wir beides tun. Doch mitten in dieser Geschichte des zaghaften Lernens und krachenden Scheiterns begegnen manche einer Stimme, die herausruft: Aus der Stadt in die Steppe, aus dem Frondienst in die Freiheit, von den Hecken und Zäunen an den gedeckten Tisch zu Musik, Wein und Tanz.

Ich glaube, dass dieser Ruf allen gilt und sich einzigartig ausspricht im Leben Jesu von Nazareth, der diese Botschaft nicht nur bringt, sondern ist. Weil er bei den Abseitigen erscheint und ihnen eine Stimme gibt, mit seiner Zuwendung soziale, mentale und physische Wunden heilt, die Nutznießer der alten Ordnung aufschreckt, eine Gerechtigkeit an den Tag legt, die noch ihre Feinde umarmt, und Menschen in eine herrschaftsfreie Ordnung einweiht, wird er des Verrats und der Verführung angeklagt und im Namen der Staatsräson zur Abschreckung von Nachahmern am Kreuz brutalstmöglich vernichtet.

Ich glaube, dass der Autor der kosmischen Poesie, die wir „Welt" und „Geschichte" nennen, die Gerechtigkeit vor den Mächtigen gerettet und damit ein neues Kapitel aufgeschlagen hat. Sein Ruf der Liebe dringt durch das Leid, durch Hass und Gleichgültigkeit bis hinein in den absoluten Abgrund des Grabes. Das Neue beginnt dort – mit einer Person, die durch verschlossene Türen geht. Und es setzt sich fort in einer Gemeinschaft, die (gewiss oft zögernd und zweifelnd, dann aber auch wieder zielstrebig und mutig) soziale, kulturelle und ethnische Schranken überwindet.

Ich glaube, der Geist des Lebens befreit dazu, dass wir zu unserem verwundeten Menschsein stehen, mit uns selbst und anderen versöhnt leben, zerstörerischen Kräften in uns selbst und um uns her tapfer trotzen, und gelassen in die Zukunft schauen.

Ich glaube, dieses alltägliche Wunder ist der Vorbote einer großen Verwandlung.

Danksagungen

Ich verdanke mein Leben nicht mir selbst. Meine Eltern haben mir das Leben geschenkt. Sie standen auf den Schultern ihrer Eltern. Mein Bruder Mattias kennt mich seit meinem ersten Lebenstag.

Ich verdanke meinen Glauben nicht mir selbst. Lehrerinnen und Lehrer, Mentoren und Weggenoss/inn/en haben mich auf den Etappen meines Glaubens- und Lebensweges begleitet, mich unterstützt oder mich als Widersacher und Kritiker genötigt, weiter zu reifen. Manche Mitmenschen habe ich verletzt, manche haben mich verwundet. Nicht alle diese Wunden sind geheilt und versöhnt. Ich musste auswählen; auch so sind es über 100 Namen geworden. Die Betreffenden und Betroffenen wissen vermutlich, weshalb gerade sie auf dieser Liste stehen. Ohne all diese Begegnungen wäre ich nicht der, der ich bin.

Windsbach: Gerhard und Gisela Nörr, Adolf Zellfelder (†), Peter Jauk, Albrecht Häberlein, Wolfgang Schmock, Rainer Ohms, Gustav Rosenstein, Heribert Gürth (†), Gerhard Hess, Winfried Berger (†), Martin Braun, Thomas Städtler, Walter Bartholomäus (†), Martin Wirth.

Studium: Werner „Tiki" Küstenmacher, Jay Wiederanders, Hans-Gerhard Behringer, Hans Schlumberger, Andreas Richter, Laila Pachachi, Klaus Hannemann, Erhard Griese, Sybille Dettmer, Klaus Renn, Sylvia Bickel, Hans Neidhardt, Richard Rohr, Joe Metz, Walter Wink, Jim Wallis, Tilmann Haberer, Halvor und Astrid Nordhaug, Knut und Brita Grønvik, Jörg Gunsenheimer, Markus Weidemann.

Gerbrunn/Würzburg: Rudolf Freudenberger, Hartmut und Cornelia Palm, Hanns-Jörg Bergmann, Georg Hünig,

Martin Voll und viele andere Jugendliche; Dietrich und Lucia Koller aus Wetzhausen.

Nürnberg: Christian Schmidt, Herbert und Luitgart Bauer; die Mitarbeiterschaft im Lorenzer Laden, u. a. Christian Sudermann, Christine Truchsess, Wolfram Nugel, Gisela Müller, Renate Luther, Margit Schoisengeier, Gerda Fleßa (†), Peter Athmann (†), Hermann und Kathrin Kolb, Wolfgang Schürger, Frank Lorenz, Arthur Stenglein, Michael Neuber (†), Tim Ebel.

Sabbatjahr München: Marion Küstenmacher und das Team des Claudius Verlags; Karola Martin.

Celle: Reiner Blank, Eveline Schmidt und das Team; Leila und Olli Valtonen, Rolf-Dieter Seemann, Frank Puckelwald, Jochen Schmachtel, Thilo Hoppe; Suzanne Zuercher; Martin Dreyer.

Gries: Franz Jalics, Ralph Thormählen, Ernst Ritter, Istvan Mellau und die Hausgemeinschaft, Peter Musto, Claus und Kirsten Fiedler.

München: Christiane Müller, Klara Koller, Melanie Schultheiß, Anne Thormählen, Lars Müller-Marienburg, Holger Beckmann, Christian Unger, Uschi Seitz, Adse Dietz, die Schwestern Elisabeth, Erika und Ruth aus Selbitz, Susanne Szemerédy, Hans-Peter Premur, Wolfgang Zink, Helmut Frank, Pierre Stutz, Christian Herwartz, Bernhard Jahn, Ulrike Flemming, Maike Schmauß, Elisabeth Groß (†), Bernd Hawe, Dorothea Hahn, Gabi Lodermeier, Elisabeth Koch, Frank Andrae, Carol Lupu, Oliver Behrendt, Peter und Miriam Spiel, Linards Rozendāls, Johannes Schleicher, Thomas Burghart, Claus Pommer, Hagen Stanke, Stephan Riphaus, Stefan Eblenkamp, Frieder Centmeyer, Martin Falk, Tom Irschler, Barbara Schimmack, Maria Rost, Miriam Blümel; die „Weggemeinschaft": Niklas Tartler (†), Axel und Monika Beier,

Ursula und Eugen Sell, Laureen Koch, Annette Salzbrenner, Irmgard Wallner; Christian Herwartz, Peter und Martina Aschoff, Stephan Struve, Melitta Müller-Hansen; Ingeborg und Sigmund Bø, Niwar und Arez aus Kurdistan, Jean aus Syrien, Benedikt Löw; Florian Schnabel, Axel Janhsen und die Leute aus der Meditationsgruppe im Europäischen Patentamt; Michaela Fröhlich, Ilse Wagenknecht und das Team in der Anlaufstelle „Marikas", Gregor Schneider, Hanns-Hinrich Sierck Christoph und Katharina Grötzner. Mit ihnen und vielen anderen bin und bleibe ich verbunden.

Besonderer Dank auch an meine fördernde und fordernde Lektorin Laura Pöhler vom Claudius Verlag, die eine famose Sparringpartnerin ist, sowie (im Hintergrund) an Heide Warkentin: Beide haben das Werden dieses Buchs maßgeblich begleitet. Ebenso an Maike Schmauß, die das Manuskript im Vorfeld gründlich gelesen und mich mit grammatikalischen, orthographischen und inhaltlichen Anmerkungen vor allzu saloppen Formulierungen bewahrt hat.

Anmerkungen

1   Rabbiner Michael Goldberger, zitiert bei: Yvonne Domhardt, *Schwarzes Feuer auf weissem Feuer – Ein Blick zwischen die Zeilen der biblischen Wochenabschnitte.* Freiburger Rundbriefe, Jahrgang 22, Heft 4, S. 291–293. Freiburg i. Br. 2015.

2   Aus Dostojewskijs Notizen (1876–1877), zitiert nach *Sinn und Form – Beiträge zur Literatur* Nr. 5, Berlin 1993, S. 729.

3   Zu Ken Wilbers Ansatz insgesamt: *Integrale Spiritualität – Spirituelle Intelligenz rettet die Welt,* München 2007; Wilber greift dabei unter anderem Konzepte der „Spiral Dynamics" auf, die Clare Graves und andere erforscht haben, und die versuchen, die gesetzmäßige und stufenweise oder spiralförmige Entwicklung des menschlichen Bewusstseins zu beschreiben; Marion Küstenmacher, Tilmann Haberer und Werner Tiki Küstenmacher haben diese Stufen besonders im Blick auf die religiöse Entwicklung und den Wandel von Gottesbildern beschrieben: *Gott 9.0. Wohin unsere Gesellschaft spirituell wachsen wird,* Wuppertal 2010.

4   Ernesto Cardenal, *Das Buch von der Liebe,* Wuppertal 1971.

5   Zulehner, Paul, *Das Gottesgerücht – Bausteine für eine Kirche der Zukunft,* Ostfildern 1987.

6   Vgl. Spitz, Hans-Jörg: *Die Metaphorik des geistigen Schriftsinns – Ein Beitrag zur allegorischen Bibelauslegung des ersten christlichen Jahrtausends,* München 1972.

7   Walter Wink, *Bibelauslegung als Interaktion,* Stuttgart 1982.

8   Ernesto Cardenal, *Das Evangelium der Bauern von Solentiname,* Gütersloh 1988.

9   Vgl. Michael Goldberger, *Schwarzes Feuer auf weissem Feuer. Ein Blick zwischen die Zeilen der biblischen Wochenabschnitte,* Basel 2012.

10 Uta Pohl-Patalong, *Bibliolog: Impulse für Gottesdienst, Gemeinde und Schule,* Stuttgart 2013.

11 Peter Pizele, *Die Brunnen unserer Väter: Midraschim und Bibliologe über Bereschit – Genesis,* Stuttgart 2012.

12 Vgl. z. B. Eugen Biser, *Der inwendige Lehrer. Der Weg zur Selbstfindung und Heilung,* Schwerin 2002; Friedrich Schleiermacher, *Über die Religion – Reden an die Gebildeten unter ihren Verächtern,* Berlin 1799.

13 Das „Lehrhaus" war eine jüdische Einrichtung der Erwachsenenbildung in Frankfurt/Main. Erster Leiter dieser Einrichtung war Franz Rosenzweig. Er und seine Mitarbeiter entwickelten Methoden und Strukturen, in denen Lernende und Dozenten gemeinsam und nicht im Frontalunterricht an den Texten arbeiteten („Belehrung der Unwissenden durch die Unwissenden"). Inspiriert von diesem Ansatz haben wir in St. Martin im Lauf von zwei Jahren das gesamte

Glaubensbekenntnis gemeinsam „bearbeitet". Vgl. Evelyn Adunka und Alfred Brandstätter (Hrsg.), *Das Jüdische Lehrhaus als Modell lebensbegleitenden Lernens*, Wien ohne Jahresangabe.

14 David Steindl-Rast, *Credo. Ein Glaube, der alle verbindet*. Freiburg i. Br. 2012, S. 18.

15 Blaise Pascal: *Pensées / Gedanken*, ediert und kommentiert von Philippe Sellier, Darmstadt 2016., IV Nr. 277.

16 Vgl. Richard Rohr und Andreas Ebert, *Das Enneagramm – die neun Gesichter der Seele*, München 1988; Andreas Ebert, *Die Spiritualität des Enneagramms*, München 2008.

17 Vgl. z. B. Ramana Maharshi, *Über das Selbst*, Hammelburg 1996; Richard Rohr, *Zwölf Schritte der Heilung. Wege zu einem neuen Leben*, Freiburg i. Br. 2016.

18 Martin Buber, *Ich und Du*, Heidelberg 1979.

19 Seine Erlebnisse im Krieg hat er in einem kleinen Buch verarbeitet. Mein Vater, der Grafiker war, illustrierte dieses Büchlein: Claus Hubalek, *Unsere jungen Jahre*. Illustrationen Oswald Ebert. Berlin 1947.

20 Vgl. z. B.: Pascual Jordan, *Schöpfung und Geheimnis – Antworten aus naturwissenschaftlicher Sicht*, Oldenburg 1970.

21 Dietrich Bonhoeffer, *Widerstand und Ergebung – Briefe und Aufzeichnungen aus der Haft*, Gütersloh 2004.

22 Karl Barth, „Vortrag: Das Wort Gottes als Aufgabe der Theologie (1922)" in: K. Barth, *Das Wort Gottes und die Theologie*, 1924, S. 156–178.

23 Heinrich Böll, *Doktor Murkes gesammeltes Schweigen*, Köln 2013.

24 Dietrich Bonhoeffer, *Widerstand und Ergebung – Briefe und Aufzeichnungen aus der Haft*, Gütersloh 2005.

25 Ebd., S. 30.

26 Martin Buber, *Begegnung. Autobiographische Fragmente*, Heidelberg 1978, S. 68f.

27 *Pensées*, Nr. 246f.

28 August Strindberg, zitiert nach: Jörg Zink, *Dornen können Rosen tragen*, Stuttgart 1997, S. 193.

29 Zur kabbalistischen Deutung des Neuen Testaments: Friedrich Weinreb, *Innenwelt des Wortes im Neuen Testament: Eine Deutung aus den Quellen des Judentums*, Zürich 2012.

30 Zum Thema Vaterwunde und Männer-Initiation: Richard Rohr, *Adams Wiederkehr: Initiation und Männerspiritualität*, München 2013.

31 Marion Küstenmacher, Werner Küstenmacher und Tilmann Haberer, *Gott 9.0: Wohin unsere Gesellschaft spirituell wachsen wird*, Gütersloh 2010.

32 Es gibt inzwischen zahlreiche Bücher zum neuen Verhältnis von Wissenschaft und Spiritualität nach Einstein und Heisenberg. Besonders eindrücklich ein kleines Buch von Frido Mann, dem Lieblingsenkel von Thomas Mann, und seiner Frau Christine Mann, der Tochter

von Werner Heisenberg: *Es werde Licht: Die Einheit von Geist und Materie in der Quantenphysik*, Frankfurt am Main 2017.

33 Albert Einstein, *Gelegentliches*, Berlin 1929, S. 9.

34 Vgl. Jeremy Rifkin, *Entropie*, Berlin 1991; zur Diskussion um Schöpfung, Evolution und „Intelligent Design": Hansjörg Hemminger, *Und Gott schuf Darwins Welt: Evolution, Kreationismus und Intelligentes Design*, Gießen 2015.

35 Vgl. De Chardin, Pierre Teilhard, *Der Mensch im Kosmos*, München 2010.

36 Originaltext bei: Thomas R. Kämmerer: *Das babylonische Weltschöpfungsepos Enuma Elîš*, Münster 2012.

37 Walter Wink, *Angesichts des Feindes. Der Dritte Weg Jesu in Südafrika und anderswo*, München 1988; Ders. *Verwandlung der Mächte. Eine Theologie der Gewaltfreiheit*, Regensburg 2014.

38 Eine fundierte Schilderung solcher Seminare der „Visionssuche" bei Sylvia Koch-Weser und Geseko von Lüpke, *Vision quest. Allein in der Wildnis auf dem Weg zu sich selbst*, München 2005.

39 Joanna Macy hat zahlreiche Bücher geschrieben, auf Deutsch vgl. insbesondere: *Hoffnung durch Handeln. Dem Chaos standhalten ohne verrückt zu werden* (gemeinsam mit Chris Johnstone), Kindle e-Book 2014.

40 Im bereits erwähnten Buch *Adams Wiederkehr* werden wesentliche Aspekte dieser Riten geschildert.

41 Ives Leloup, „Das Herzensgebet nach Starez Seraphim vom Berge Athos", in: Andreas Ebert, Carol Lupo (Hrsg.), *Hesychia. Das Geheimnis des Herzensgebets*, München 2012, S. 267f.

42 Theologisch wurde Grundtvig in Deutschland viel weniger rezipiert als im skandinavischen und englischsprachigen Raum. Seine Werke gibt es nur in Auswahl: Knud Eyvin Bugge, Flemming Lundgreen-Nielsen, Theodor Jorgensen (Hrsg.): *N.F.S. Grundtvig. Schriften in Auswahl*, Göttingen 2010.

43 In der schottischen Kirche wird Pelagius bis heute hoch verehrt. Vgl. z. B.: Robert Van de Weyer (Hrsg.), *The Letters of Pelagius: Celtic Soul Friend*, Evesham 1995.

44 Mary C. Earle, *Celtic Christian Spirituality*, London 2012, S. 21 (Übersetzung Andreas Ebert).

45 Dietrich Koller, Andreas Ebert, *Verborgene Jesusworte, Meditationen zum Thomasevangelium*, Münsterschwarzach 2013.

46 Vgl. z. B.: Helmut Uhlig, *Das Leben als kosmisches Fest. Magische Welt des Tantrismus*. Bergisch Gladbach 1998.

47 Der ehemalige katholische Priester Pierre Stutz aus Lausanne/Schweiz hat sich nach langjährigem Ringen zu seiner Homosexualität bekannt und das Priesteramt verlassen. Frucht seiner vertieften Auseinandersetzung mit dem Verhältnis von Sexualität und Spiritualität war das Buch *Deine Küsse verzaubern mich – Liebe und Leidenschaft als spirituelle Quellen*, München 2012.

48 Der junge katholische Theologe Benedikt Löw hat in seiner Diplomarbeit auf heimliche und unheimliche Koalitionen zwischen fundamentalistischen christlichen Netzwerken und rechtsextremen Gruppierungen hingewiesen, die sich alle einig sind in der pauschalen Ablehnung von Moslems und Homosexuellen: *Christen und die Neue Rechte?! – Zwischen Ablehnung und stiller Zustimmung. Eine Problemanzeige*, Hamburg 2017.

49 Dorothee Sölle, *Meditationen & Gebrauchstexte. Gedichte*, Kleinmachnow 1982, ohne Seitenzahl.

50 „Dies sind die geheimen Worte, die Jesus, der Lebendige, sprach, und Judas Thomas, der Zwilling, aufschrieb. Und er sprach: ‚Wer die Bedeutung dieser Worte versteht, wird den Tod nicht schmecken.‘“, Einleitungssatz und Logion 1 des Thomasevangeliums. Vgl. Koller Dietrich mit Ebert, Andreas, *Verborgene Jesusworte – Meditationen zum Thomasevangelium*, Münsterschwarzach 2013. Ohne Seitenzahl.

51 Ken Wilber, *Trump and a Post-Truth World*, Boulder/Colorada 2017.

52 John Lennon und Paul McCartney, Let it Be, 1970.

53 Christa Mulack, *Maria – die geheime Göttin im Christentum*, Schalksmühle 2008.

54 Zur Geschichte katholischer Dogmen: Heinrich Denzinger und Peter Hünermann, *Kompendium der Glaubensbekenntnisse und kirchlichen Lehrentscheidungen*. = Enchiridion symbolorum definitionum et declarationum de rebus fidei et morum, 45. Auflage, Freiburg im Breisgau 2017.

55 Vgl. z. B.: Edward F. Edinger: *Ego and Archetype*, Boston 1992; mit Angabe einschlägiger Stellen bei Jung, der selbst umfänglich religionsgeschichtliches Material diskutiert.

56 http://www.credo-projekt.de/credo/

57 Johann Blumhardt: *Siege über die Hölle. Die Krankheits- und Heilungsgeschichte der Gottliebin Dittus in Möttlingen*, St. Goar 2002.

58 Traugott Roser und Gian Domenico Borasio, *Spiritual Care – Der Beitrag von Seelsorge zum Gesundheitswesen*, München 2017.

59 Siehe auch Lisl Gutwenger (Hrsg.): *„Treibt Dämonen aus!“: von Blumhardt bis Rodewyk; vom Wirken katholischer und evangelischer Exorzisten*, Stein am Rhein 1992.

60 Walter Wink, *Angesichts des Feindes: Der Dritte Weg Jesu in Südafrika und anderswo*, München 1988, S. 33–44.

61 Zur familienkritischen Einstellung Jesu insgesamt: Hans Conrad Zander, *Der erste Single: Jesus, der Familienfeind*, Gütersloh 2010.

62 René Girard, *Das Heilige und die Gewalt*, Ostfildern 2012; ders., *Gewalt und Religion: Gespräche mit Wolfgang Palaver*, Berlin 2010.

63 Referiert nach Richard Rohr, *Daily Meditations*, 12. Februar 2016. https://cac.org/incarnation-instead-of-atonement-2016-02-12/.

64 Dietrich Bonhoeffer, *Widerstand und Ergebung*, Dietrich Bonhoeffer Werke Band 8, München 1998, S. 515 f.

65 Maike Schmauß in einem persönlichen Brief an den Autor.

66 Ludwig Thoma, *Ein Münchner im Himmel*, München 2005.

67 Gerhard Schöne, *Ich bin ein Gast auf Erden*, CD. Berlin 1991.

68 Martin Buber mit Franz Rosenzweig, *Die Schrift – aus dem Hebräischen verdeutscht*. Stuttgart 1992, Bd. 1, S. 9.

69 Ebd., S. 13.

70 Zu dieser alternativen Gottesdienstform, die aus der lutherischen Kirche Finnlands stammt: Tilmann Haberer, *Die Thomasmesse: Ein Gottesdienst für Ungläubige, Zweifler und andere gute Christen*, München 2002.

71 Willigis Jäger (Hrsg.), *Die Wolke des Nichtwissens*, Freiburg i.B. 2016. Dieser Klassiker der Kontemplation stammt von einem anonymen englischen Autor des 14. Jahrhunderts. Das Buch zeigt einen Weg auf, wie der Mensch mit seinem göttlichen Urgrund wiedervereint werden kann.

72 Ken Wilber, *Integrale Spiritualität: Spirituelle Intelligenz rettet die Welt*, München 2007, S. 107–112.

73 Eine methodische Hinführung zum kontemplativen inneren Gebet (Herzensgebet, Jesusgebet) findet sich in dem Buch, das ich gemeinsam mit dem ungarischen Jesuiten Peter Musto verfasst habe: Andreas Ebert und Peter Musto, *Praxis des Herzensgebets. Einen alten Meditationsweg neu entdecken*, München 2013.

74 Wilber, *Integrale Spiritualität*, S. 90-94.

75 Vgl. dazu das Kapitel „Das charismatische Gemeindemodell" in: Dietrich Koller, *Heilige Anarchie*, München 1999, S. 57ff.

76 Ausführliche Darstellung dieses sogenannten „Glockenkurvenprinzips" in Richard Rohr, *Der nackte Gott*, München 1987, S. 45ff.

77 Dietrich Bonhoeffer Werke, *Bd.1: Sanctorum Communio: Eine dogmatische Untersuchung zur Soziologie der Kirche*, München 1986.

78 *Widerstand und Ergebung*, DBW Band 8, S. 558 ff.

79 Dietrich Koller, *Heilige Anarchie. Eine Streitschrift gegen die Ämterherrschaft in den Kirchen für das Charisma der Leitung und die Chance der Laien*, München 1999.

80 Nadia Bolz-Weber, *Ich finde Gott in den Dingen, die mich wütend machen – Pastorin der Ausgestoßenen*. Moers 2015.

81 Alfred Loisy, *Wahrheit und Absolutheit des Christentums – Geschichte und Utopie*. Göttingen 2010.

82 Soweit ich mich erinnere, erwiderte ich einmal: „Ja, ja – die unregelmäßigen Verben sind schwer zu beugen".

83 Vgl. Richard Rohr, *Adams Wiederkehr – Initiation und Männerspiritualität*. München 2013. Ende der 90er-Jahre folgten weitere große Tagungen in Tanzenberg (Kärnten) und Felbertal bei Salzburg, wo erstmals im deutschen Sprachraum eine „Initiationswoche" für

Männer durchgeführt wurde, bei der ich im Vorbereitungsteam und als Teilnehmer dabei war.

84 Sure 1: „Im Namen Allahs, des Gnädigen, des Barmherzigen. Aller Preis gehört Gott, dem Herrn der Welten, dem Gnädigen, dem Barmherzigen, dem Meister am Tag des Gerichts. Dir allein dienen wir, und zu Dir allein flehen wir um Hilfe. Führe uns auf den geraden Weg, den Weg derer, denen Du Gnade erwiesen hast, die kein Missfallen erregt haben und die nicht irregegangen sind."

85 Andreas Ebert und Carol Lupu (Hrsg.), *Hesychia – Das Geheimnis des Herzensgebets*, München 2012. Andreas Ebert (Hrsg.), *Hesychia II – Wege des Herzensgebets*, München 2014.

86 Vgl. dazu: Adolf Holl, *Jesus in schlechter Gesellschaft*, Innsbruck 2012. In den 70er-Jahren löste Adolf Holls Buch über den wahren Menschen Jesus einen Kirchenskandal aus: Holl wurde als Ketzer gebrandmarkt und seines Priesteramtes enthoben. Sein Bild von Jesus als sanftem Revolutionär und Außenseiter, der Grenzen überschritt und Dogmen in Frage stellte, als Kritiker der Kirche und Freund der Ausgestoßenen, galt als inakzeptabel. Die Lektüre lohnt sich auch heute noch.

87 Martin Luther, *Sermon von dem hochwürdigen Sakrament des heiligen wahren Leichnams Christi und von den Bruderschaften*. Martin Luther Studienausgabe, 2. Band, Leipzig 2015, Zum Fünften.

88 Konrad Stauss, *Die heilende Kraft der Vergebung: Die sieben Phasen spirituell-therapeutischer Vergebungs- und Versöhnungsarbeit*, München 2010.

89 Max Frisch, *Mein Name sei Gantenbein*, Frankfurt/Main 1975.

90 Zitiert bei Peter Zimmerling, *Wer Christ ist, übt die Beichte*, Mitteldeutsche Kirchenzeitungen, Gemeinsame Redaktion. Oktober 2009, ohne Seitenzahl.

91 Dietrich Bonhoeffer, *Auswahl*, Band 3, S. 203ff.

92 Ebd.

93 Kenneth McAll, *Familienschuld und Heilung*, Salzburg 1992.

94 Dazu gibt es umfangreiche Literatur, die solche Erfahrungen sehr unterschiedlich deutet. Siehe zum Beispiel: Ina Schmied-Knittel, „Nahtod-Erfahrungen." In: Gerhard Mayer u.a., *An den Grenzen der Erkenntnis. Handbuch der wissenschaftlichen Anomalistik*, Stuttgart 2015, S. 164–176.

95 William Paul Young, *Die Hütte. Ein Wochenende mit Gott*, Berlin 2009.

96 Richard Rohr und Mike Morell, *Der göttliche Tanz. Wie uns ein Leben im Einklang mit dem dreieinigen Gott zutiefst verändern kann*, Asslar 2017. In diesem Buch entfalten Rohr und Morell die Trinitätslehre erfrischend neu. Nicht zufällig stammt das Vorwort von William Paul Young; eine erhellende Erklärung des Terminus „Perichorese" findet sich bei Dietrich Koller, *Trinitarisch glauben, beten, Handeln*, Münsterschwarzach 1999, S. 44-49.

97 Zur Deutung der Ikone: Dietrich Koller, *Trinitarisch glauben, beten, denken*, Münsterschwarzach 1999, S. 26-28; zum Verstehen von Ikonen: Henri Nouwen, Peter Dyckhoff, *Bilder göttlichen Lebens: Ikonen schauen und beten*, Freiburg 2007.

98 Koller, *Trinitarisch ...*, S. 28–30.

99 Blaise Pascal, *Pensées IV*, Gedanke 277.

100 Ken Wilber, *Integrale Spiritualität*, S. 219.

101 Ebd., S. 18.

102 Ebd., S. 221, zum Ganzen: ebd., S. 218-224.

103 Martin Buber, *Begegnung*, S. 59f.

104 Angelus Silesius, *Der cherubinische Wandersmann*, Ditzingen 1986.

105 Karl Rahner, „Frömmigkeit früher und heute", in: *Schriften zur Theologie*, Bd. VII, Einsiedeln, Zürich Köln 1966, S.22.

106 Friedrich Schleiermacher, *Reden über die Religion*, Ditzingen 1997.

107 Ausführlich in Manfred Josuttis, *Die Einführung in das Leben – Pastoraltheologie inzwischen Phänomenologie und Spiritualität*, Gütersloh 1996, S. 20.

108 Martin Luther, *An den christlichen Adel deutscher Nation*, Weimeraner Ausgabe Bd. 6, S. 408.

109 Martin Buber, *Der Weg des Menschen nach der chassidischen Lehre*, Gütersloh 2012

110 Zum Ganzen: Fabian Vogt, *Das 1x1 der Emerging Church*, Glashütten 2006; Rob Bell: *Jesus unplugged. Authentisch gelebtes Christsein der heutigen Generation im 21. Jahrhundert*, Gießen 2006; Tobias Faix und Thomas Weißenborn: *ZeitGeist – Kultur und Evangelium in der Postmoderne*, Marburg 2007; Tobias Faix, Peter Aschoff und Thomas Weißenborn: *ZeitGeist 2: Postmoderne Heimatkunde*, Marburg 2009.

111 Samuel Huntington hat diesen Zusammenprall bereits 2002 hellsichtig prognostiziert und ist dafür heftig angegriffen worden. Die Entwicklung scheint ihm Recht zu geben: Samuel P. Huntington, *Kampf der Kulturen. Die Neugestaltung der Weltpolitik im 21. Jahrhundert*, München 2002.

112 Zum Ganzen: Marion Küstenmacher u.a., *Gott 9.0*, S. 236–265.

113 Zu Typologien zum Beispiel Richard Rohr und Andreas Ebert, *Das Enneagramm - die neun Gesichter der Seele*, München 1988.

Weiterführende Literatur

Adunka, Evelyn, und Brandstätter, Alfred (Hrsg.), *Das Jüdische Lehrhaus als Modell lebensbegleitenden Lernens*. Wien ohne Jahresangabe.

Aschoff, Peter, *Licht der Sonne, Glanz des Feuers – Die Spiritualität Irlands entdecken*. Wuppertal 2006.

Bachmann, Arne, mit Künkler, Tobias, und Faix, Tobias, *Emerging Church verstehen – Eine Einladung zum Dialog*. Halle 2012.

Biser, Eugen, *Der Freund – Annäherungen an Jesus*. München 1999.

Biser, Eugen, *Der inwendige Lehrer. Der Weg zur Selbstfindung und Heilung*. Schwerin 2002.

Bell, Rob, *Das letzte Wort hat die Liebe – Über Himmel und Hölle und das Schicksal jedes Menschen, der je gelebt hat*. Gießen 2013.

Bell, Rob, *Jesus unplugged – Authentisch gelebtes Christsein der heutigen Generation im 21. Jahrhundert*. Gießen 2006.

Bobert, Sabine, *Jesus-Gebet und neue Mystik – Grundlagen einer christlichen Mystagogik*. Kiel 2010.

Böll, Heinrich, *Doktor Murkes gesammeltes Schweigen*. Köln 2013.

Bolz-Weber, Nadia, *Ich finde Gott in den Dingen, die mich wütend machen – Pastorin der Ausgestoßenen*. Moers 2015.

Bonhoeffer, Dietrich, *Werke*. München 1986.

Buber, Martin, mit Rosenzweig, Franz, *Die Schrift*. Gerlingen 1976.

Buber, Martin, *Ich und Du*. Heidelberg 1979.

Buber, Martin, *Begegnung – Autobiographische Fragmente*. Heidelberg 1986.

Buber, Martin, *Der Weg des Menschen nach der chassi-dischen Lehre*. Gütersloh 2016.

Bugge, Knud Eyvin, mit Lundgreen-Nielsen, Flemming, und Jorgensen, Theodor (Hrsg.), N.F.S. *Grundtvig: Schriften in Auswahl*. Göttingen 2010.

Bührmann, Loren, und Griese, Erhard, „Iona und sein keltisches Erbe – Eine Erkundung". In: *Thema Gottesdienst, Evangelische Kirche im Rheinland*, Heft 36/2012.

Cardenal, Ernesto, *Das Buch von der Liebe*. Wuppertal 1971.

Cardenal, Ernesto, *Das Evangelium der Bauern von So-lentiname – Gespräche über das Leben Jesu in Latein-amerika* (4 Bände). Gütersloh 1980.

Ceming, Katharina, *Spiritualität im 21. Jahrhundert*. Palma de Mallorca 2012.

Ceming, Katharina, *Ab in die Wüste! Mut zur Selbster-kenntnis – den Wüstenvätern abgeschaut*. München 2013.

De Chardin, Pierre Teilhard, *Der Mensch im Kosmos*. München 2010.

Dreyer, Martin, *Der vergessene Jesus – auf keinen Fall von gestern und auf jeden Fall für heute*. Gütersloh 2016.

Earle, Mary C., *Celtic Christian Spirituality*. London 2012.

Ebert, Andreas, *Auf Schatzsuche – 12 Expeditionen ins Innere des Christentums*. München 1990.

Ebert, Andreas, *Die Spiritualität des Enneagramms*. München 2008.

Ebert, Andreas, mit Carol Lupu (Hrsg.), *Hesychia – Das Geheimnis des Herzensgebets*. München 2012.

Ebert, Andreas, mit Musto, Peter, *Praxis des Herzens-*

gebets – Einen alten Meditationsweg neu entdecken.
München 2013.

Ebert, Andreas (Hrsg.), *Hesychia II – Wege des Herzensgebets.* München 2014.

Edinger, Edward F., *Ego and Archetype.* Boston 1992.

Einstein, Albert, *Gelegentliches.* Berlin 1929.

Faix, Tobias, und Weißenborn, Thomas: *ZeitGeist – Kultur und Evangelium in der Postmoderne.* Marburg 2007;

Faix, Tobias, mit Aschoff, Peter, und Weißenborn, Thomas: *ZeitGeist 2: Postmoderne Heimatkunde.* Marburg 2009

Fox, Matthew, *Der Große Segen – Umarmt von der Schöpfung.* München 1991.

Frisch, Max, *Mein Name sei Gantenbein.* Frankfurt/Main, 1975.

Geyer, Iris, und Schmauß, Maike, *Übers Wasser gehen – Wie die Bibel hilft, nicht im Alltag zu versinken.* München 2011.

Gibran, Kahil, *Jesus Menschensohn – seine Worte und Taten von Menschen, die ihn kannten.* Ostfildern 2011.

Girard, René, *Gewalt und Religion: Gespräche mit Wolfgang Palaver,* Berlin 2010.

Girard, René, *Das Heilige und die Gewalt.* Ostfildern 2012.

Goldberger, Michael, *Weisses Feuer auf schwarzem Feuer. Ein Blick zwischen die Zeilen der biblischen Wochenabschnitte.* Basel 2013.

Gremmels, Christian mit Huber, Wolfgang (Hrsg.), *Dietrich Bonhoeffer Auswahl.* Gütersloh 2006.

Griese, Erhard, *Das Senfkorn wächst von unten: Texte aus 60 Jahren theologischer Existenz.* Ohne Ort 2017.

Grün, Anselm, mit Steindl-Rast, David, *Das glauben wir – Spiritualität für unsere Zeit*. Münsterschwarzach 2015.

Gutwenger, Lisl (Hrsg.), *„Treibt Dämonen aus!": von Blumhardt bis Rodewyk. Vom Wirken katholischer und evangelischer Exorzisten*. Stein am Rhein 1992.

Haberer, Tilmann, *Die Thomasmesse: Ein Gottesdienst für Ungläubige, Zweifler und andere gute Christen*. München 2002.

Halbfas, Hubertus, *Der Sprung in den Brunnen – Eine Gebetsschule*. Stuttgart 1981.

Hemminger, Hansjörg, *Und Gott schuf Darwins Welt: Evolution, Kreationismus und Intelligentes Design*. Gießen 2015.

Henning, Max (Übersetzer): *Der Koran – Vollständige Ausgabe*. Ditzingen 2010.

Herwartz, Christian, *Auf nackten Sohlen – Exerzitien auf der Straße*. Würzburg 2006.

Holl, Adolf, *Jesus in schlechter Gesellschaft*. Innsbruck 2012.

Hubalek, Claus, *Unsere jungen Jahre*. Illustrationen: Oswald Ebert. Berlin 1947.

Huntington, Samuel P., *Kampf der Kulturen. Die Neugestaltung der Weltpolitik im 21. Jahrhundert*, München 2002.

Jäger, Willigis (Hrsg.), *Die Wolke des Nichtwissens*. Freiburg i.B. 2016.

Jalics, Franz, *Kontemplative Exerzitien – Eine Einführung in die kontemplative Lebenshaltung und in das Jesusgebet*. Würzburg 1994.

Jalics, Franz, *Der kontemplative Weg*. Würzburg 2010.

Jörns, Klaus-Peter, *Notwendige Abschiede – Auf dem Weg zu einem glaubwürdigen Christentum*. Gütersloh 2006.

Jordan, Pascual, *Schöpfung und Geheimnis. Antworten aus naturwissenschaftlicher Sicht.* Oldenburg 1970.

Josuttis, Manfred, *Die Einführung in das Leben – Pastoraltheologie inzwischen Phänomenologie und Spiritualität.* Gütersloh 1996.

Jüngel, Eberhard, *Gott als Geheimnis der Welt.* Tübingen 2010.

Kämmerer, Thomas R., *Das babylonische Weltschöpfungsepos Enuma Elîš.* Münster 2012.

Koch-Weser, Sylvia, und von Lüpke, Gesiko: *Vision Quest. Allein in der Wildnis auf dem Weg zu sich selbst.* München 2005

Koller, Dietrich, *Heilige Anarchie – Eine Streitschrift gegen die Ämterherrschaft in den Kirchen für das Charisma der Leitung und die Chance der Laien.* München 1999.

Koller, Dietrich, *Trinitarisch glauben, beten, denken.* Münsterschwarzach 1999.

Koller, Dietrich, *Ein Lehrling werden – Gedichte Dritter Teil.* Norderstedt 2014.

Koller, Dietrich, mit Ebert, Andreas, *Verborgene Jesusworte – Meditationen zum Thomasevangelium.* Münsterschwarzach 2013.

Küstenmacher, Marion, *Der Purpurtaucher – Vom inneren Wachsen mit Bildern der Mystik.* Münsterschwarzach 2015.

Küstenmacher, Marion, *Integrales Christentum – Das Praxisbuch zu Gott 9.0*, Gütersloh 2018.

Küstenmacher, Marion, mit Haberer, Tilmann, und Küstenmacher, Werner Tiki, *Gott 9.0 – Wohin unsere Gesellschaft spirituell wachsen wird.* Gütersloh 2010.

Leloup, Ives, „Das Herzensgebet nach Starez Seraphim vom Berge Athos", in: Andreas Ebert, Carol Lupo

(Hrsg.), *Hesychia. Das Geheimnis des Herzensgebets.* München 2012.

Leong, Kenneth S., *Jesus – der Zenlehrer. Das Herz seiner Lehre.* Freiburg 2015.

Löw, Benedikt Maximilian, *Christen und die Neue Rechte?! Zwischen Ablehnung und stiller Zustimmung. Eine Problemanzeige.* Hamburg 2017.

Loisy, Alfred, *Wahrheit und Absolutheit des Christentums – Geschichte und Utopie.* Göttingen 2010.

Luther, Martin, *Studienausgabe.* Leipzig 2015.

Macy, Joanna, *Hoffnung durch Handeln – Dem Chaos standhalten ohne verrückt zu werden.* Kindle e-books 2014.

Maharshi, Ramana, *Über das Selbst.* Hammelburg 1996.

Mann, Frido mit Mann, Christine, *Es werde Licht – Die Einheit von Geist und Materie in der Quantenphysik.* Frankfurt/Main 2017.

Mayer, Gerhard u.a., *An den Grenzen der Erkenntnis. Handbuch der wissenschaftlichen Anomalistik.* Stuttgart 2015.

McAll, Kenneth, *Familienschuld und Heilung,* Salzburg 1992.

Merton, Thomas, *Christliche Kontemplation – Ein radikaler Weg der Gottessuche.* München 2010.

Moltmann, Jürgen, *Der gekreuzigte Gott.* Gütersloh 2002.

Mulack, Christa, *Maria – die geheime Göttin im Christentum.* Schalksmühle 2008.

Newell, John Philip, *Christ Of The Celts – The Healing of Creation.* Glasgow 2008.

Newell, John Philip, *Dem Glauben Weite geben – Das Herz der Spiritualität neu finden.* Freiburg 2016.

Nigg, Walter, *Heimliche Weisheit – Mystisches Leben in*

der evangelischen Christenheit. Zürich und Stuttgart 1987.

Pascal, Blaise: *Pensées / Gedanken*, ediert und kommentiert von Philippe Sellier. Darmstadt 2016.

Pohl-Patalong, Uta: *Bibliolog – Impulse für Gottesdienst, Gemeinde und Schule.* Stuttgart 2013.

Pizele, Peter, *Die Brunnen unserer Väter. Midraschim und Bibliologe über Bereschit – Genesis.* Stuttgart 2012.

Renz, Monika, *Der Mystiker aus Nazaret – Jesus neu begegnen. Jesuanische Spiritualität.* Freiburg 2013.

Rifkin, Jeremy, *Entropie.* Berlin 1991.

Rohr, Richard, *Der nackte Gott – Plädoyers für ein Christentum aus Fleisch und Blut.* München 1987.

Rohr, Richard, *Ins Herz geschrieben – Die Weisheit der Bibel als spiritueller Weg.* Freiburg Basel Wien 2010.

Rohr, Richard, *Pure Präsenz – Sehen lernen wie die Mystiker.* München 2010.

Rohr, Richard, *Adams Wiederkehr: Initiation und Männerspiritualität.* München 2013.

Rohr, Richard, *Zwölf Schritte der Heilung – Gesundheit und Spiritualität.* Freiburg 2013.

Rohr, Richard, mit Ebert, Andreas, *Das Enneagramm – Die neun Gesichter der Seele.* München 1988.

Rohr, Richard, mit Morrell, Mike, *Der göttliche Tanz – Wie uns ein Leben mit dem dreieinigen Gott zutiefst verändern kann.* Asslar 2017.

Roser, Traugott, *Spiritual Care: Der Beitrag von Seelsorge zum Gesundheitswesen.* Stuttgart 2017.

Satprem, Sri, *Aurobindo oder das Abenteuer des Bewusstseins.* Gladenbach 2010.

Schleiermacher, Friedrich, *Über die Religion – Reden an die Gebildeten unter ihren Verächtern.* Berlin 1799/ Ditzingen 1997.

Simpson, Ray, *Exploring Celtic Spirituality – Historic Roots For Our Future*. Suffolk 2004.

Smith, Paul, *Integral Christianity – The Spirit's Call To Evolve*. St. Paul/Minnesota 2012.

Sölle, Dorothee, *Mystik und Widerstand – „Du stilles Geschrei"*. München 1999.

Sölle, Dorothee, *Meditationen & Gebrauchstexte – Gedichte*. Kleinmachnow 1982.

Spitz, Hans-Jörg, *Die Metaphorik des geistigen Schriftsinns – Ein Beitrag zur allegorischen Bibelauslegung des ersten christlichen Jahrtausends*. München 1972.

Stauss, Konrad. *Die heilende Kraft der Vergebung: Die sieben Phasen spirituell-therapeutischer Vergebungs- und Versöhnungsarbeit*. München 2010.

Steindl-Rast, *Credo – Ein Glaube, der alle verbindet*. Freiburg 2012.

Stutz, Pierre, *Deine Küsse verzaubern mich – Liebe und Leidenschaft als spirituelle Quellen*. München 2012.

Thoma, Ludwig, *Ein Münchner im Himmel*. München 2005.

Uhlig, Helmut, *Das Leben als kosmisches Fest – Magische Welt des Tantrismus*. Bergisch Gladbach 1998.

Van de Weyer, Robert (Hrsg.), *The Letters of Pelagius: Celtic Soul Friend*. Evesham 1995.

Vogt, Fabian, *Das 1x1 der Emerging Church*. Glashütten 2006.

Weinreb, Friedrich, *Innenwelt des Wortes im Neuen Testament: Eine Deutung aus den Quellen des Judentums*. Zürich 2012.

Wilber, Ken, *Integrale Spiritualität: Spirituelle Intelligenz rettet die Welt*. München 2017.

Wilber, Ken, *Trump and a Post-Truth World*. Boulder/Colorado 2017.

Wink, Walter, *Bibelauslegung als Interaktion – Über die Grenzen historisch-kritischer Methode.* Stuttgart Berlin Köln Mainz 1976.

Wink, Walter, *Bibelarbeit – Ein Praxisbuch für Theologen und Laien.* Stuttgart Berlin Köln Mainz 1982.

Wink, Walter, *Angesichts des Feindes – Der Dritte Weg Jesu in Südafrika und anderswo.* München 1988.

Wink, Walter, *Verwandlung der Mächte – Eine Theologie der Gewaltfreiheit.* Regensburg 2014.

Young, William Paul, *Die Hütte – Ein Wochenende mit Gott.* Berlin 2009.

Zander, Hans Conrad, *Der erste Single – Jesus, der Familienfeind.* Gütersloh 2010.

Zink, Jörg, *Dornen können Rosen tragen – Mystik. Die Zukunft des Christentums.* Stuttgart 1999.

Zink, Jörg, *Jesus – Funke aus dem Feuer.* Freiburg 2005.

Zink, Jörg, *Die goldene Schnur – Anleitung zu einem inneren Weg.* Stuttgart 2008.

Zink, Jörg, *Was Christen glauben.* Gütersloh 2014.

Zulehner, Paul M., *Das Gottesgerücht – Bausteine für eine Kirche der Zukunft.* Ostfildern 1987.

Quellenverzeichnis

S. 82:   Auszug aus dem Gedicht „Als er kam" in Dorothee Sölle, meditationen & gebrauchs-texte. © Wolfgang Fietkau Verlag

S. 219   links: © Vector Art Design/Fotolia.com

S. 219   rechts: © Marek Hlavac/Dreamstime.com

S. 220   Foto: Petra Bachmann, München

S. 221:   The Yorck Project: 10.000 Meisterwerke der Malerei. DVD-ROM, 2002. DIRECT-MEDIA Publishing GmbH/Wikipedia

S. 224   Foto: Andreas Praefcke/Wikipidia

S. 275/276: Dietrich Koller, Rechte bei Lucia Koller

S. 276/277: Marion Küstenmacher, Rechte bei der Autorin

S. 277/278: Maike Schmauß, Rechte bei der Autorin

S. 278/279: Martin Dreyer, Rechte beim Autor

S. 279/280: Stefan Eblenkamp, Rechte beim Autor

S. 280:   © Pierre Stutz, www.pierrestutz.ch, Rechte beim Autor

S. 280/281: Christiane Müller, Rechte bei der Autorin

S. 282/283: Elisabeth Groß: Rechte bei der Erbenge-meinschaft

S. 283/284: Peter Aschoff, Rechte beim Autor